Budweis
Krems
LINZ
ST. PÖLTEN
WIEN
Bratislava
Amstetten
Steyr
Baden
Neu-
siedler
See
EISEN-
STADT
Windisch-
garsten
21
22
Mariazell
Bruck
a. d. Mur
23
Scheifling
GRAZ
Wolfsberg
24
25
KLAGENFURT
26
Marburg

Knut Jakubetz

Näher am Himmel

Die schönsten Bergwallfahrten
in Bayern, Österreich und Südtirol

Knut Jakubetz

Näher am Himmel

Die schönsten
Bergwallfahrten
in Bayern, Österreich
und Südtirol

Tyrolia-Verlag · Innsbruck-Wien

Alle Angaben in diesem Führer wurden sorgfältig recherchiert und erfolgen nach bestem Wissen und Gewissen des Autors. Sollten Sie trotzdem Unstimmigkeiten entdecken, nehmen Autor und Verlag gerne Verbesserungsvorschläge entgegen (buchverlag@tyrolia.at).

Die Benutzung dieses Führers geschieht auf eigenes Risiko. Eine Haftung für etwaige Unfälle und Schäden wird aus keinem Rechtsgrund übernommen.

Bibliografische Information Der Deutschen Nationalbibliothek
Die Deutsche Nationalbibliothek verzeichnet diese Publikation in der
Deutschen Nationalbibliografie; detaillierte bibliografische Daten sind im Internet
über http://dnb.d-nb.de abrufbar.

Umschlaggestaltung: Tyrolia-Verlag unter Verwendung eines Bildes des Autors (Wallfahrtskirche Latzfonser Kreuz)
Layout und digitale Gestaltung: GrafikStudio HM, Hall in Tirol
Lithografie: AS-Design, Arzl im Pitztal
Druck und Bindung: Radin-Berger-Print GmbH
ISBN 978-3-7022-3168-2
E-Mail: buchverlag@tyrolia.at
Internet: www.tyrolia-verlag.at

Inhalt

Vorwort

Dieses Buch schildert Erlebnisse und Erkenntnisse eines Menschen, der seit vielen Jahren in den Bergen unterwegs ist, dabei zwangsläufig mit dem Wunder der Schöpfung in Berührung kommt und damit auch auf die Fährten der Pilger, Wallfahrer und Bittgänger trifft. Diese waren zu allen Zeiten auf der Suche nach Gott und hinterließen überall im Gebirge ihre Spuren: an den Übergängen der Pässe, auf den Gipfeln und steinigen Pfaden. Die zahllosen Marterl, Bildstöcke und Kapellen, an denen wir oft so selbstverständlich und achtlos vorbeigehen, haben alle ihren festen Platz in unseren Bergen. Hier fühlen sich die Menschen dem Himmel ein Stück näher und niemand wird bestreiten, dass es ein gutes Gefühl ist, auf dem Gipfel ein Kreuz im Rücken zu spüren, dankbar zurückzuschauen auf den Weg, den man gerade bewältigt hat.

In den Bergen, in ihrer Erhabenheit und Grenzenlosigkeit, in ihrer Stille und Einsamkeit kann sich der Mensch wandeln, „verlangsamen". Je mehr uns Alltagsstress und Ruhelosigkeit bedrängen, desto mehr bemühen wir uns instinktiv, wieder nach der Mitte unseres Lebens zu suchen.

Die vielen Berichte über den Jakobsweg nach Santiago de Compostela in Spanien haben die Menschen neugierig gemacht und ihnen in Erinnerung gerufen, dass es gerade bei uns im Alpenraum genügend heilige Orte gibt, die es zu besuchen, zu „ergehen" lohnt. Pilgern ist wieder „in"!

Wie in vielen Religionen der Welt haben auch im Christentum die Berge eine besondere, mystische Bedeutung. Es sind Plätze der göttlichen Offenbarung, der Begegnung Gottes mit den Menschen. Mit ihrer Mächtigkeit und Standhaftigkeit sind sie Ausdruck seiner Macht und Liebe. Ihre Weite hilft uns, wieder etwas Klarheit und Ordnung in unser Dasein zu bringen, manche Dinge im Leben mit anderen Augen zu sehen.

Der Kampf ums tägliche Brot war früher in den Bergen viel härter als im Flachland. In vielen Gesprächen mit den Bergbewohnern habe ich den Eindruck gewonnen, dass hier auch eine andere Gläubigkeit zu finden ist, Glaube anders gelebt wird. Nicht nur geografisch scheinen die Menschen hier dem Himmel ein Stück näher zu sein, nein, mir ist oft ein grundsätzlich anderes, selbstverständlicheres und unkomplizierteres Verhältnis zu Gott aufgefallen. Das raue Klima, der karge Boden im steilen Gefälle, die weiten Wege und die schlechten Straßen stellten für die Bewohner gebirgiger Regionen früher oft schier unlösbare Probleme dar. Die Bitte um Hilfe im täglichen Existenzkampf drückte sich in vielen Gebeten und Bittgängen aus. Ob es nun die Heilung von schwerer Krankheit ist, die Errettung vor dem Ertrinken, der glückliche Ausgang eines Unfalls mit dem Fuhrwerk oder einer gefährlichen Situation bei der Jagd im Gebirge: Die aus diesen Anlässen errichteten, zahlreichen Votivbilder in den Wallfahrtskirchen erzählen von den alltäglichen Gefahren, der Not und dem Elend der Menschen und vom Dank an die höhere Instanz, die durch ihr Zutun Schlimmeres verhinderte. Die vielen Wegkreuze, die in der Gebirgslandschaft so malerisch herumstehen, wer hat sie aufgestellt, welches Schicksal wollen sie uns erzählen?

Nach einem Gespräch mit den Menschen, die hier wohnen und arbeiten, fängt auch manches dieser einfachen Kreuze zu reden an und erzählt uns seine Geschichte. Nicht selten entstanden aus kleinen Votivtafeln erst Bildstöcke, dann Kapellen und schließlich Wallfahrtskirchen. Es gab genügend Gründe, sich zu einer Wallfahrt zu „verloben".

Die Menschen kommen zurück zu den Gnadenorten oder ziehen sich zu Besinnungstagen in Klöster zurück. Sind manche Bittgänge von einst auch längst erloschen, so ist vielerorts eine Renaissance der alten Wallfahrten zu beobachten und auch die steigende Zahl der Bergmessen deutet auf eine innere Sehnsucht nach dem „Mehr" hin. Wir glauben alles zu besitzen und haben doch nicht genug. Getragen von dieser unstillbaren, immerwährenden Sehnsucht zieht es wieder viele Menschen zu den heiligen Orten. Die unzähligen Wallfahrtskirchen, Klöster und Kapellen unserer Heimat sind nicht selten an den schönsten Plätzen zu finden, von weitem sichtbar auf einem Hochplateau oder auch versteckt im Wald, an einer Quelle oder auf einer Lichtung. Oft sind sie prächtig ausgestattet, doch manchmal stehen sie unscheinbar, fast schon vergessen und dem Verfall preisgegeben da. Wallfahrtsort ist nicht gleich Wallfahrtsort, denn jeder heilige Ort ist einzigartig und unvergleichlich, birgt ein anderes Geheimnis in sich, auch wenn sich manche Legenden gleichen. Er lebt und gedeiht von der Hoffnung und dem Dank der Menschen, die ihn seit Jahrhunderten besuchen.

Die Wege zu diesen Orten könnten unterschiedlicher nicht sein, sie sind oft aufregend, voller neuer Erlebnisse, Erkenntnisse und Begegnungen und nicht immer führen sie direkt zur Wallfahrtskirche. Manchmal muss man einen Umweg nehmen, um wirklich „anzukommen", manchmal sollte man rechtzeitig umkehren und manchmal sogar über das eigentliche Ziel hinausgehen. Dem Besuch des heiligen Ortes kann also durchaus eine mehrstündige Wanderung, eine Bergtour oder auch mehrtägige Exkursion vorausgehen, denn bisweilen ist es gut, erst einen Berg zu besteigen, um anschließend für den Gnadenort bereit zu sein. Um wieder ein Gleichmaß zu finden in unserer Welt, in der anscheinend nur noch derjenige vorankommt, der schnell, klug und rücksichtslos ist, lohnt oft die Anstrengung und Mühe einer Gipfeltour, um nach „unten" zu schauen, „klar" zu werden. Auch unter dem Gipfelkreuz können wir mit dem Auftanken beginnen und neue Kraft schöpfen, damit wir nicht vom täglichen Erdenwahnsinn hinweggefegt werden.

Es müssen auch nicht die bekannten und eingegangenen Wege der Wallfahrer und Pilger sein, die man benutzt. Die Freiheit, einen eigenen Weg zu gehen, je nach Kondition, Laune oder innerer Bereitschaft, einfach loszugehen, eröffnet schier unendliche Möglichkeiten, den angestrebten Gnadenort zu besuchen. Ich glaube, dass die ursprünglichen Unterschiede zwischen „Pilgern" und „Wallfahren" in unserer Zeit zunehmend verschwinden. Eine Besonderheit der Pilgerfahrt ist vor allem ihre weite Entfernung zum heiligen Ort – der Weg erst macht den Gehenden

Wallfahrtskirche Maria Gern mit Watzmann, dem Wahrzeichen des Berchtesgadener Landes

zum Pilger. Wallfahrten dagegen führen zu Gnadenorten, die in der Regel mehr oder weniger nah am Wohnort liegen. Sie sind im Brauchtum und im Volksglauben verwurzelt. Jedoch: Sowohl Pilger als auch Wallfahrer hoffen, am Ort der Gnade oder an der Reliquie des Heiligen einen leichteren Zugang zu Gott zu finden.

Egal wie schön die Wanderung, wie idyllisch das Kirchlein und wie berauschend die Natur, wie beeindruckend die Berge um uns auch sind, entscheidend ist immer die eigene Einstellung und innere Bereitschaft, damit aus einer Wanderung auch eine Wallfahrt oder ein Pilgertag in den Bergen wird.

Pilger und Wallfahrer sind auch Reisende und deshalb oft nicht allein. Unterwegs begegnen ihnen andere, die einen Teil oder den ganzen Weg mit ihnen zusammen gehen. Das kann zu sehr fruchtbaren Erkenntnissen, manchmal aber auch zu Spannungen führen. Aber am Ende des Weges sind es gerade diese Begegnungen, die diese Gemeinschaft auf Zeit unvergesslich machen.

Dieses Buch erzählt von bekannten und weniger bekannten Wallfahrtsorten mit ihren großen und kleinen Geschichten und von den Menschen, die sie geprägt haben, noch immer prägen und neu beleben.

Allen, die sich ermutigt fühlen, den einen oder anderen Weg, ganz oder in mehreren Etappen nachzugehen oder auch völlig neue Routen zu erkunden, wünsche ich Gottes Segen, Inspiration und die nötige Ruhe, um sich für einen Moment dem Himmel ein Stück näher zu fühlen.

1

BAYERN

Mariä Himmelfahrt, Birkenstein

Wunder am Fuß des Wendelsteins

Anfahrt:	Autobahn A 8 München – Salzburg, Ausfahrt Irschenberg, B 472 bis Miesbach, B 307 bis Aurach, dort abzweigen Richtung Birkenstein
Ausgangspunkt:	Wanderparkplatz Birkenstein
Wegverlauf:	Wanderparkplatz Birkenstein (ca. 850 m) bei Fischbachau – Spitzingalm – Wendelsteinhaus (1740 m) – Wendelsteingipfel (1838 m) – Durhamer Alm (1315 m) – Kesselalm (1275 m) – Wallfahrtskirche (853 m); Kompass-WK 8 (Bayrischzell)
Höhenunterschied:	ca. 990 Hm
Gesamtgehzeit:	ca. 5 Stunden
Anforderung:	Technisch leichte Wanderung, bei entsprechender Kondition gut zu bewältigen
Einkehrmöglichkeit:	Wendelsteinhaus (ganzjährig bewirtschaftet), Kesselalm
Beste Jahreszeit:	Frühjahr bis Herbst
Tipp:	Auf dem Wendelstein ganzjährig zahlreiche Sonderveranstaltungen (www.wendelstein.de/bergbahnen) Jährliche Trachtenwallfahrt des Gauverbandes Oberland an Mariä Himmelfahrt in Birkenstein (www.fischbachau.de/kunst-kultur.html)

Wer auf den Gipfel des Wendelsteins will, hat heute die Qual der Wahl. Die Zahnradbahn von Brannenburg, die Seilbahn ab Osterhofen sowie ein gut ausgebautes Netz an Wanderwegen mit Aufstiegsmöglichkeiten aus allen Himmelsrichtungen. Eingebettet zwischen dem Inn- und dem Leitzachtal prägt der markante Berg die gesamte Umgebung.

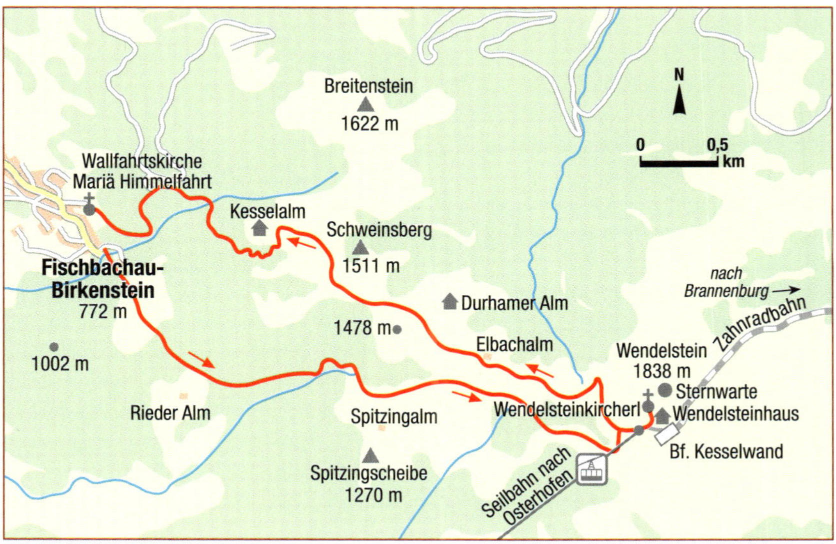

„Wendelstein bedeckt, 12 Grad, im weiteren Tagesverlauf kommt Regen auf“, meldet mein Autoradio mitten im Juli. Gut zwei Stunden bin ich an diesem Tag unterwegs vom Wanderparkplatz Birkenstein, auf einem Weg, der oberhalb der Spitzingalm zum Wendelsteinhaus führt. Sonne, Wind und Regen wechseln in schöner Regelmäßigkeit und geben dem Wetterbericht leider recht. Zwischen dem Haus und der kleinen Bergkirche führt der gemauerte Weg die letzten 100 Höhenmeter bergauf. Nur hin und wieder öffnen mir Wolkenlücken einen kurzen Blick ins Tal und auf die umliegenden Berge.

Die Station des Deutschen Wetterdienstes, ein Sender des Bayerischen Rundfunks und das Observatorium der Ludwig-Maximilian-Universität München prägen den arg verbauten, plattgewalzten Gipfel.

Der Nebel wird immer dichter, kaum 20 Meter reicht die Sicht. Gerade, dass ich die paar Touristen, die außer mir den Weg hier heraufgefunden haben, noch erkennen kann. „Die einzigartige Sicht reicht bis zu 200 km ins Alpenvorland und in die Zentralalpen“, orakelt die blecherne Frauenstimme aus dem Informationsautomaten. Das freut uns ungemein für die Leute, denen der Wettergott mehr gewogen ist als uns.

Seit 1912 bringt die Zahnradbahn als erste Hochgebirgsbahn Deutschlands die Besucher von Brannenburg auf den Wendelstein. Von weitem sieht sie aus, als hätte der liebe Gott seine Spielzeugeisenbahn ausgepackt. Auf einer Länge von 7,6 km überwindet die Gipfelstürmerin auf Schienen die 1215 Höhen-

Das Wendelsteinkircherl, das höchstgelegene Gotteshaus Deutschlands, ist ein beliebter Ort für Trauungen.

meter in 30 Minuten bis zur Bergstation. Eine geniale Ingenieursleistung zu Beginn des 20. Jahrhunderts, die es den Menschen ermöglichte, völlig ohne Anstrengung und Stress in diese herrliche Naturregion vorzudringen und auch heute noch Flachländern den Himmel etwas näher bringt.

Das Wendelsteinkircherl wurde 1890 der Gottesmutter, der *Patrona Bavariae*, geweiht und ist bis heute unbestritten die höchstgelegene geweihte Kirche Deutschlands. Alle höher gelegenen Gotteshäuser – wie zum Beispiel die Zugspitzkapelle – sind keine Kirchen im kirchenrechtlichen Sinn, sondern Kapellen.

„Es wär ja alles ganz recht und sche do herob'n, aber vom Fruajahr bis fast in Winter nei kimmst halt in ka Kirch'n mehr – und d'Deanstboten aa net. Dass i in ka Mess mehr kemma tua, geht mir schon ab", jammerte 1889 die erste Wirtin des Wendelsteinhauses, Rosa Krimbacher. Der Münchner Professor Max Kleiber, auch „Vater des Wendelsteinhauses" genannt, griff den Gedanken gerne auf und fand viele Spender, die den Bau des Kirchleins mitfinanzierten. Bei der Einweihung durch den Münchner Erzbischof Antonius von Thoma ließ er es sich auch nicht nehmen, das schwere, goldene Turmkreuz persönlich auf den Berg zu tragen.

Im Sommer finden regelmäßig Bergmessen und Trauungen statt. Allerdings sollte die Hochzeitsgesellschaft nicht zu groß sein, denn bei mehr als 40 Personen platzt die kleine Kirche aus allen Nähten.

Immer wieder finden die Menschen zurück zum Ort ihrer Eheschließung, besonders an Jubiläen, in Beziehungskrisen oder einfach nur zum Dank für viele gute gemeinsame Jahre. Vielleicht könnte man das Wendelsteinkircherl auch als eine Art Wallfahrtsort für Ehepaare bezeichnen.

Beim Abstieg über die Durhamer Alm und die Kesselalm trocknet der Boden schnell, denn die Sonne lässt sich jetzt häufiger blicken und gibt immer wieder den Blick zurück zum Gipfel des Wendelsteins frei. Nach gut eineinhalb Stunden über saftiges Bergwiesenland, oberhalb von Fischbachau, rückt zum ersten Mal die Wallfahrtskirche Mariä Himmelfahrt in idyllischer Lage, „auf einem mit Pürkenbäumen bewachsenen Felsen" ins Blickfeld.

Seit 1673 wird hier, zunächst in einer kleinen Holzkapelle, eine spätmittelalterliche Marienstatue als Gnadenbild verehrt. Zehn Jahre vorher war einem Pfarrer in einer Traumvision die Gottesmutter erschienen. Sie versprach, denen ihre Gnade zu erweisen, die sie hier anrufen und verehren.

„Eine schöne Kapelle", so äußerte sich schon der bayerische König Max Joseph I. bei seinem Besuch im Jahre 1823. Da muss man ihm schon recht geben, denn sofort prägen sich der wunderbare, offene Umgang auf dem Sockelgeschoß und die darüberliegende Kirche ein.

Die heutige, 1710 erbaute Gnadenkapelle ist eine Nachbildung des „Heiligen Hauses", in dem die Hl. Familie in Nazareth lebte. Der Legende nach wurde es von Engeln nach Loreto bei Ancona in Italien übertragen. Viel spricht dafür, dass Kreuzritter die *Casa Sancta*, das Haus Mariens oder zumindest Teile davon, vor der Zerstörung durch den Islam retten wollten, die Steine über Umwege nach Italien brachten und das Gebäude in einem Lorbeerhain (Loreto) wieder aufbauten. Es wurde zum Vorbild vieler Loretokapellen in ganz

Wallfahrtskirche Mariä Himmelfahrt „auf einem mit Pürkenbäumen bewachsenen Felsen"

Europa. Mit der Kapelle kam vermutlich auch die „Lauretanische Litanei" nach Europa, ein Gebet, das bis heute auch in Birkenstein gebetet wird.
An den Wänden des Umgangs, der über eine doppelte Freitreppe zu erreichen ist, hängen eindrucksvolle Tafelbilder, auf denen die Entstehung der Wallfahrt geschildert wird.
Im Erdgeschoß befinden sich in fünf bogenförmigen Nischen die Kreuzwegstationen I bis XII. In der kleinen Ecke zwischen Wallfahrtsladen und Kirche befindet sich der Eingang zu den letzten beiden Stationen: die Pietà und die Grablegung. Die eindrucksvolle XIV. Station entspricht in ihren Ausmaßen dem Hl. Grab von Jerusalem.

Es geht eng zu in der kleinen Gnadenkapelle, die an diesem Tag die Besucher kaum mehr fassen kann. Eine Gruppe von Wallfahrern aus Tirol ist angekommen. Voller Inbrunst klingt es aus allen Kehlen:

„Maria breit den Mantel aus,
mach Schirm und Schild für uns daraus;
lass uns darunter sicher stehn,
bis alle Stürm vorübergehn.
Patronin voller Güte, uns allezeit behüte."

Wer die Kapelle zum ersten Mal betritt, ist völlig überrascht und wie geblendet vom goldenen Glanz ihrer Ausstattung. Inmitten des riesigen, nicht enden wollenden Hochaltars steht die „Birken-

Der Freialtar für den Gottesdienst – nicht selten wird es in der Kirche zu eng.

steiner Madonna" mit dem Jesuskind, umringt von zahlreichen Engeln. Die Decke wird vom prunkvollen Sternenhimmel eingenommen, in den der Hochaltar fast nahtlos überzugehen scheint. Faszinierend und geheimnisvoll zugleich wirken die zahlreichen Sternbilder.

Die Seitenwände des Altarraumes schmücken große, goldgerahmte Bilder der 12 Apostel und über 100 Votivtafeln. Sie erzählen von den Anliegen der Menschen und ihren Bitten, die sie seit 300 Jahren nach Birkenstein tragen. Am Eingang zur Gnadenkapelle liegt seit einigen Jahren wieder ein Fürbittenbuch auf, in das die Pilger ihre Sorgen und Nöte eintragen. Sehr nahe gehen mir diese Hilferufe auf Papier. „Lieber Gott, bitte befreie meinen Bruder von seiner Trunksucht", oder: „Ich halte es vor Schmerzen nicht mehr aus, bitte hilf!" Eine letzte Hoffnung in Zeiten der Not und Verzweiflung.

Vor der Madonna beten Gesunde und Kranke, an ihr ziehen Pilger und Touristen vorbei. Hier bleiben fromme Menschen stehen oder knien bis in den Abend hinein, wenn die Massen des Tages längst schon abgezogen sind.

Das ganze Jahr über herrscht reger Betrieb. Seit vielen Jahren kommen regelmäßig Wallfahrer in Gruppen zu Fuß, manche sogar von weiter entfernten Orten wie St. Ottilien bei München oder Brandenberg im Inntal (26. Oktober), und tragen ein schweres Holzkreuz zur Madonna. Zu den Höhepunkten zählt die jährliche Trachtenwallfahrt des Gauverbandes Oberland an Christi Himmelfahrt. Der Gebirgstrachtenerhaltungsverein „Broadstoana" (Breitensteiner) aus dem nahegelegenen Fischbachau, einer der ältesten Trachtenvereine Bayerns, organisiert jedes Jahr diesen festlichen Umzug mit über 1000 Teilnehmern zur Gottesmutter von Birkenstein.

Die Armen Schulschwestern, die seit 1864 im „Klösterl" bei der Kirche wohnen, fördern seitdem die Wallfahrt. Schwester Eresta lebt seit über 50 Jahren hier und versieht seit mehr als 25 Jahren den Mesnerdienst. Sie strahlt Freude und Zuversicht aus. „Alles was man gern macht, wird auch gut", scheint ihr Leitspruch zu sein.

Das wandelnde Lexikon von Birkenstein kennt unglaublich viele Geschichten. Sie erzählt mir von schwangeren Frauen, bei denen der Verdacht einer schweren Behinderung des Kindes bestand. Die Ärzte rieten nicht selten zur Abtreibung, doch die jungen Eltern hielten dem enormen Druck stand. Manche entschieden sich nach vielen Stunden in Gebetsgruppen in Birkenstein dennoch für das Leben. Ihre Kinder kamen völlig gesund zur Welt und haben sich mittlerweile bestens entwickelt. Ein Wunder, ein Ereignis, das mit menschlicher Vorstellungskraft nicht zu erklären ist? Schwester Eresta erzählt mir noch von vielen Gebetserhörungen in den letzten Jahren und sagt, dass die Madonna auch heute noch ihr Versprechen einlöst, allen zu helfen, die sie darum bitten.

Weil wir „modernen" Menschen immer alles ganz genau wissen und begründen wollen, werden wir die tiefen Wahrheiten wohl nie erfahren.

Eine der beiden Kirchenglocken sollte während des Zweiten Weltkrieges eingeschmolzen werden. Aber sie war wohl zu klein für den großen Krieg und lag jahrelang unbeachtet auf einem „Glockenfriedhof" in Hamburg, wo sie zufällig wiederentdeckt wurde und den Weg zurück in die Heimat fand.

„Schreiben Sie in Ihrem Buch, dass die Wallfahrt lebt", sagt Schwester Eresta, als ich mich von ihr verabschiede. Kein Zweifel, die Birkensteiner Wallfahrt pulsiert und gibt kräftige Lebenszeichen von sich, die die Glocken von Mariä Himmelfahrt ins Tal hinunterschicken, Tag für Tag und Jahr für Jahr. 2010 feierte der Gnadenort sein 300-jähriges Bestehen.

Im gleichen Jahr pilgerte der Präsident des FC Bayern München, Uli Hoeneß, zur Muttergottes, ließ seinen Fan-Schal weihen und erbat den Sieg im Champions-League-Finale. Geholfen hat es dieses Mal allerdings noch nicht. Wir erinnern uns: das Spiel ging 0:2 verloren.

Zurück zum Wanderparkplatz sind es nur noch wenige Minuten. „Wendelstein 22 Grad, sonnig, gute Fernsicht", meldet die Stimme im Autoradio. Na ja, man kann eben nicht alles haben ...

2

TIROL

Johannes-der-Täufer-Kirche auf der Hohen Salve

Von Räubern und abgeschlagenen Köpfen

Anfahrt:	Inntalautobahn A 12, Ausfahrt Wörgl Ost, B 170 bis Hopfgarten im Brixental, Parkplatz unterhalb der Bergbahn-Talstation
Ausgangspunkt:	Talstation der Bergbahnen Hohe Salve
Wegverlauf:	Hopfgarten im Brixental (622 m) – Thennwirt-Mittelstation (1156 m) – Rigihaus (1532 m) – Weg Nr. 10 – Hohe Salve (1829 m); Kompass-WK 29 (Kitzbüheler Alpen)
Höhenunterschied:	ca. 1200 Hm
Gesamtgehzeit:	ca. 3 Stunden
Anforderung:	Bergwanderung ohne große Schwierigkeiten, einige steile Anstiege
Einkehrmöglichkeit:	Thennwirt, Rigihaus, Salvehaus
Beste Jahreszeit:	Frühjahr bis Herbst

„Hopfgarten selbst ist [...] ein besonders ansehnlicher, meist aus hölzernen Häusern bestehender Ort, der aber das Glück hat, am westlichen Fuße des Salvenberges zu liegen, gewöhnlich die hohe Salve genannt und seiner prachtvollen Rundschau wegen als der deutsche Rigi gepriesen. Früher war sie nur von den Umwohnern gekannt und besucht, wohl meist wegen der Kapelle, die auf der Höhe erbaut ist ...“. So schrieb Richard Püttner in den „Wanderungen durch Tirol und Vorarlberg“ über die Hohe Salve. Das war 1880. Inzwischen hat sich viel geändert. Geblieben ist die wundervolle Fernsicht. Das Gebiet der Hohen Salve aber hat sich zu einem der größten, zusammenhängenden Skigebiete Österreichs entwickelt und gewann als „Skiwelt Wilder Kaiser-Brixental“ 2010 zum zweiten Mal hintereinander den internationalen „Skigebiets-Oscar“. Ein endloses Gewirr von Aufstiegshilfen überzieht inzwischen die Berge rund um das Tiroler Brixental.

Ich parke unterhalb der Talstation der Seilbahn. Doch ich will den Gipfel nicht geschenkt bekommen. Beim Aufstieg über Wald- und Wiesensteige wird mir schnell klar, dass die Bezeichnung „Rigi Österreichs“ für die Hohe Salve durchaus berechtigt ist: Sie ist einer der schönsten Aussichtsberge der Alpen! An diesem herrlichen Julitag reicht die Sicht bis zum Großvenediger im Süden und zum bayerischen Wendelstein im Norden. Keine Wolke trübt den Ausblick auf die umliegenden Gebirgsstöcke. Eine gemütliche Wanderung inmitten einer unendlichen Bergwelt.

Im modern gestalteten Gipfelrestaurant herrscht bereits in den Vormittagsstunden Hochbetrieb. Das Personal hat alle Hände voll zu tun. Viele Familien mit Kindern sind mit der Seilbahn angekommen und lassen sich das herzhafte „Bergsteigerfrühstück“ schmecken. Zwischen den vollbesetzten Tischen der Aussichtsterrasse jonglieren Bedienungen üppig belegte Brotzeit-

Das Johanneskirchlein auf der Hohen Salve

teller, hantieren Kellner mit Spiegeleiern in großen Bratpfannen und an manchen Tischen winkt als isotonische Belohnung für den Aufstieg das gute alte Weizenbier.

Aber auch die kleine Gipfelkirche, der höchstgelegene Wallfahrtsort Österreichs auf 1827 Metern Höhe, erfreut sich regen Besuchs. Die erste Erwähnung des Gotteshauses findet sich etwa um das Jahr 1585. Um seine Entstehung ranken sich zwei Geschichten. Die erste Version berichtet von einem Bauern aus Brixen im Thale, der die Kirche nach Genesung von schwerer Krankheit gebaut habe. Viel lieber wird natürlich die schaurige, zweite Legende erzählt. Eine fromme Witwe namens Ehrentraud versuchte vergebens ihren missratenen Sohn, einen Räuberhauptmann, wieder auf den rechten Weg zu bringen. Schließlich schaffte sie es doch, dass sich der Unhold samt seinen zwei Spießgesellen dem Gericht stellte. Die drei wurden verurteilt und geköpft. Die Frau ließ ihre Köpfe auf dem Gipfel der Hohen Salve begraben.

Was es mit Träumen auf sich hat, ist bis heute nicht vollständig geklärt. Dass sie von Bedeutung sind, darin war man sich schon zu allen Zeiten einig. Nicht wir haben geträumt, sondern es träumte uns. Die Witwe in der Legende wusste jedenfalls genau, was sie zu tun hatte, als sie eines Nachts im Traum das Haupt des heiligen Johannes erblickte, umgeben von den Köpfen der drei Hingerichteten, die alle im himmlischen Licht leuchteten. Sie verkaufte ihren Hof und errichtete die Kirche auf der Hohen Salve.

Trotz des anstrengenden Aufstiegs setzte sofort ein großer Zustrom von Pilgern ein und das Kirchlein musste mehrmals erweitert werden. Sie sei erbaut worden „für die Andacht, welche der Genuß einer solchen Natur in jedem fühlenden und denkenden Beschauer hervorbringt, noch ein kleines Dächelchen bietet, unter welches die kirchliche Andacht sich flüchten kann“. Allerdings hat ihre außergewöhnliche Lage dazu geführt, dass sie immer wieder durch Blitzschläge zerstört wurde. Bis zum Jahr 1819 zählen die Chroniken über 20 Brände.

Sicher befand sich auf dem Salvengipfel bereits eine vorchristliche Kultstätte. Bereits Papst Gregor der Große (590–604) veranlasste, die vertrauten heiligen Plätze der Heiden nicht in missionarischem Übereifer zu zerstören, sondern über ihnen christliche Kirchen zu errichten.

Die Kirche auf der Hohen Salve galt als einer der bedeutendsten Orte der Johanneshauptverehrung in Tirol, ein Brauch, der bis in die Zeit der Kreuzzüge zurückgeht. Noch bis zu Beginn des vorigen Jahrhunderts befanden sich Kisten mit unzähligen Holz- und Ton-

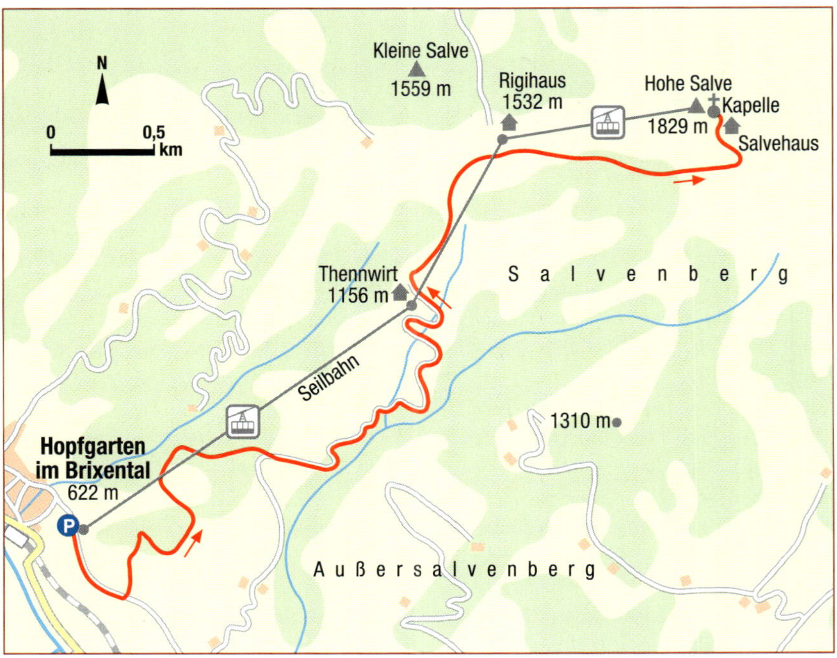

köpfen in dem Gotteshaus. Die Wallfahrer konnten sie gegen Bezahlung herausnehmen und während des Gebets dreimal um den Altar tragen. Gehbehinderte Menschen durften andere Personen als Stellvertreter damit beauftragen. „Trag mir den Kopf herum", hieß es dann. Dem alten Brauch wurde Hilfe bei Kopf- und Geisteskrankheiten zugeschrieben, aber auch Unterstützung bei der Auswahl des richtigen Ehepartners. Statt der in Wallfahrtskirchen üblichen Votivtafeln, galt es auf der Hohen Salve also realistisch nachgebildete und bemalte Köpfe mit blutenden Adern zu „bewundern". Heute sind sie bis auf das Johanneshaupt im Hauptaltar alle verschwunden.

Vielleicht könnte man den gruseligen, abgeschlagenen Köpfen auch etwas Gutes abgewinnen. Wie oft führt unser „verkopftes" Denken in eine Sackgasse und verschließt sich neuen, kreativen Ideen. Wir sollten uns nicht scheuen, unsere Kopflastigkeit öfter einmal abzugeben, zugunsten einer stärkeren Herzensbindung, und uns bei unseren Entscheidungen mehr vom Gefühl leiten lassen. Dabei können wir ungeahnte Kraftquellen in uns entdecken, die lange sprudeln.

Blick ins Innere der meist gut besuchten, kleinen Kirche

Verlobte Wallfahrten aus allen Gemeinden des Brixentals fanden seit dem Jahr 1617 statt. Johannes der Täufer ist neben der Gottesmutter der einzige Heilige, dessen Geburts- und Todestag die katholische Kirche feiert. So fand sich sowohl zum Patroziniumsfest am 24. Juni als auch zum Fest der Enthauptung am 29. August eine unübersehbare Menge von Wallfahrern auf der Hohen Salve ein. Heute ist der Berg von Hopfgarten, Söll und Brixen aus mit Gondelbahnen erschlossen und dadurch eine Attraktion für Touristen geworden. Wallfahrten finden keine mehr statt, aber zum Patrozinium und zur „Berg-Tabor-Messe" am zweiten Fastensonntag sowie zu den Bergmessen kann der Pfarrer von Brixen noch immer viele Gläubige im Salvenkirchlein begrüßen.

3

BAYERN

Petersberg bei Flintsbach im Inntal

Musikantenwallfahrt auf den Kleinen Madron

Anfahrt:	Autobahn A 93 Rosenheim – Innsbruck, Ausfahrt Brannenburg, Landstraße Richtung Brannenburg/Kufstein, in Flintsbach abzweigen Richtung Petersberg – Astenweg bis zum Wanderparkplatz
Ausgangspunkt:	Wanderparkplatz (ca. 480 m)
Wegverlauf:	Wanderparkplatz – Ruine Falkenstein – Wallfahrtskirche (847 m) – Hohe Asten (1104 m); Kompass-WK 008 (Bayrischzell)
Höhenunterschied:	ca. 620 Hm
Gesamtgehzeit:	ca. 2 Stunden
Anforderung:	Leichte, gemütliche Wanderung, vorwiegend auf Forststraßen
Einkehrmöglichkeit:	Berggasthaus Petersberg, Berggasthof Hohe Asten
Beste Jahreszeit:	Ganzjährig begehbar

Schon von weitem ist die kleine Wallfahrtskirche auf der Kuppe des Petersbergs im Mangfallgebirge zu sehen. Grabungen auf dem Kleinen Madron, wie der 847 m hohe Berg früher hieß, konnten schon eine Besiedlung in der Bronzezeit nachweisen. Mehrere Sagen, z. B. vom Teufels- oder Heidenstein, deuten auf eine vorchristliche Kultstätte hin, die möglicherweise dem Donnergott Donar geweiht war. Ein kurvenreicher Forstweg führt durch dichten Bergwald in knapp einer Stunde vom Wanderparkplatz in Flintsbach hinauf zur Kirche und weiter zur Hohen Asten.

Obwohl in den freien Hochlagen des Gebirges noch viel Schnee liegt, scheint jetzt, Ende Februar, die Kraft des Winters gebrochen. Die Schneeschmelze lässt die Rinnsale zu Bächen anschwellen und das Rauschen der Wasserfälle sagt mir, dass der Berg nach dem langen, eisigen Winter seine Stimme zurückgewonnen hat.

Gleich am Anfang des Weges thront in aussichtsreicher Lage die Ruine Falkenstein. Ihre Besatzung sollte wohl einst die Wege durch das Inntal kontrollieren.

Aber gerade hier, an solchen Zeichen von Herrschaft und Stärke, wird wieder deutlich, dass die Macht des Menschen nur begrenzt und leicht vergänglich ist. Längst haben sich Unkraut und Verfall breitgemacht, ist der Wind der Zeit über das Gemäuer hinweggezogen. Wie ein Mahnmal aus längst vergangenen Tagen ragt der mächtige Turm in den blauen Himmel.

„Was nützt es einem Menschen, wenn er die ganze Welt gewinnt, dabei aber sein Leben einbüßt", sagt Jesus im Markus-Evangelium. Wird es irgendwann eine Zeit geben, in der die Gewalt und ihre Symbole keine Rolle mehr spielen?

Nach gut 40 Minuten zweigt ein Apostelweg mit 14 Stationen vom Forstweg ab. Er führt direkt zur Wallfahrtskirche

Die kleine Wallfahrtskirche steht schon seit Jahrhunderten hoch über dem Inntal.

und ersetzt den ursprünglichen Kreuzweg, der im Jahre 1803 der Säkularisation zum Opfer fiel. Der Rosenheimer Künstler Josef Hamberger schuf 1978 die eindrucksvollen Bronzetafeln, zu denen der stets rührige Pfarrer Josef Rosenegger sehr bemerkenswerte Texte schrieb.

Gleich nach der Abzweigung fällt ein Baum an der Felswand auf. Während seine Stämme kraftvoll zum blauen Himmel streben, klammern sich die Wurzeln mit aller Macht an den Berg, so als wollte er eindringlich die Verbindung veranschaulichen, die Petrus, der Fels, mit Gott eingegangen ist.

Du bist Petrus,
und auf diesen Felsen werde ich meine Kirche bauen,
und die Mächte der Unterwelt werden sie nicht überwältigen.
Ich werde dir die Schlüssel des Himmelreichs geben;
Was du auf Erden binden wirst, das wird auch im Himmel gebunden sein,
und was du auf Erden lösen wirst, das wird auch im Himmel gelöst sein.
(Mt 16,18–19)

Die Tafeln der einzelnen Stationen beeindrucken durch ihre Schlichtheit. Sie begnügen sich mit der Darstellung der einzelnen Apostel und verzichten auf unnötiges Beiwerk. Eigentlich hätte man ihre Namen gar nicht dazuschreiben müssen, die wenigen Gesten und Andeutungen verraten sie von selbst. Bei Jakobus dem Älteren bleibe ich etwas länger stehen. Vor zehn Jahren ging ich mit einem Freund den Jakobsweg nach Santiago de Compostela. In Bezug auf alle wichtigen Fragen des Lebens wie Glaube, Freundschaft, Ausdauer oder Nächstenliebe wurde diese Erfahrung zu einer der wichtigsten meines Lebens. Ich bin dankbar, dass ich auf den Wegen gehen durfte, auf denen so viele Pilger in tausend Jahren vor mir gewandert sind, und freue mich, heute einer von ihnen zu sein. So ist über Jahre eine besondere Beziehung zwischen mir und dem einfachen Fischer aus Galiläa entstanden, den Jesus „Donnersohn" nannte, der aber selbst nie Macht besaß und doch Spanien, die Christenheit, ja die ganze Welt veränderte.

Die vierzehnte und letzte Tafel unterhalb der Kirche zeigt Petrus und Paulus. Darunter kann ich lesen: „Ihr steht auf dem Fundament der Apostel." Auf ihnen, den ersten Missionaren der Christenheit, lastete die größte Aufgabe in der stürmischen Anfangszeit der jungen Kirche. Sie hatten die Botschaft Jesu zu verkünden, den Glauben zu mehren, Zweifler in den eigenen Reihen zu überzeugen. Sie waren der Kompass am Beginn des Christentums. Eine Legende erzählt, dass der heilige Petrus, von Italien kommend, einst den Berg Madron besteigen wollte. Unterwegs aber verstellte ihm der Teufel den Weg und beanspruchte den Berg für sich. Die beiden einigten sich schließlich darauf, dass der Madron demjeni-

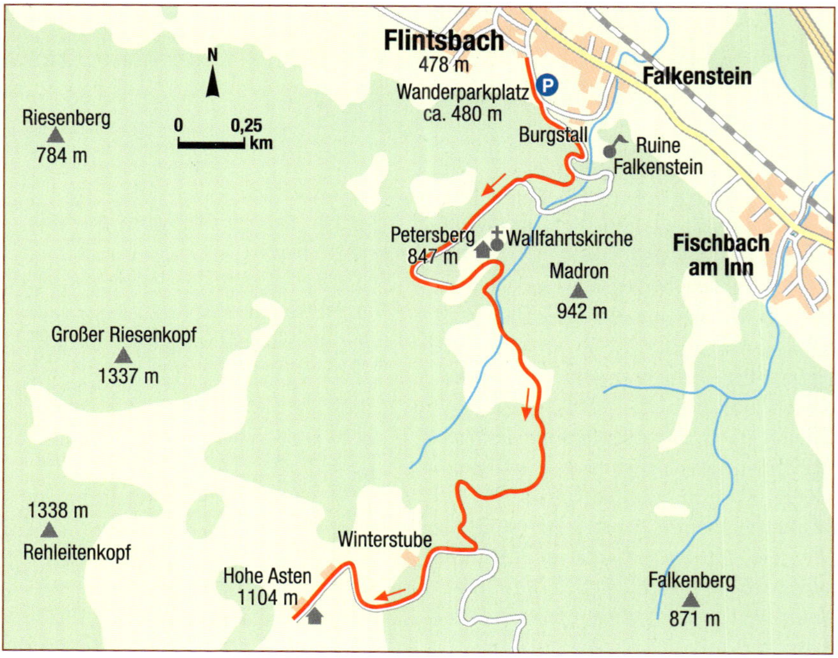

Vom Petersberg genießt man eine traumhafte Aussicht auf das Inntal.

gen gehören sollte, der zuerst seinen Gipfel erreichte. Der Teufel bahnte sich durch das sogenannte Teufelsloch einen direkten Weg nach oben. Dort musste er sich aber trotzdem dem Apostel beugen, der noch schneller war als er. Seitdem heißt der Kleine Madron Petersberg.
Hoch über dem Inntal steht die Wallfahrtskirche. Sie leuchtet an diesem Tag und der Himmel wirkt wie aus blauer Seide. Ihre Gründung geht auf das Jahr 1139 zurück, klein und bullig wirkt sie inmitten der Berge. Ihr klobiger Turm erhebt sich nur wenig über das Kirchendach und die herrliche Aussicht reicht an diesem Spätwintermorgen kilometerweit über das Tal. Das Wirtshaus neben der Kirche hat Ruhetag, was vielleicht erklärt, warum ich der einzige Besucher hier bin. Bis 1952 befand sich in dem ehemaligen Mesnerhaus auch die Volksschule für die Kinder aus den umliegenden Berghöfen. Von der ersten bis zur achten Klasse unterrichtete ein Lehrer alle Schüler in einem einzigen Raum.
Der Kirchendiener, der den Platz vor dem Gotteshaus kehrt, will mir anfangs nicht aufsperren, aber als ich ihm erzähle, dass ich in meinem Buch auch über den Petersberg schreiben möchte,

Die Wurzeln dieses Baumes erinnern an die Verbindung von Petrus mit Gott.

öffnet er mir bereitwillig und lässt mich in den Innenraum.
In der Mitte des barocken Hochaltars sitzt Petrus als Papst mit dreifacher Tiara, umgeben von sechs weiteren Heiligen. Zusammen stellen sie die Patrone der sieben Hauptkirchen Roms dar und geben Zeugnis ab von der Verbundenheit der Kirche mit dem Papst. Sieben große Ölgemälde an den Seitenwänden zeigen Szenen aus dem Leben des Petrus. Im Seitenschiff befindet sich ein kleines Fresko des Heiligen mit Spuren abgebrannter Kerzen. Im Pestjahr 1611 hat „die laidige Pest also gleich nachgelassen und ist nicht einiges Mensch mehr daran verstorben ... sobald man in das Lobwirdige Gotshaus St. Petersberg eine Wäxerne Kherzen aufzeopfern und darin ewiglich Brinnendt zu erhalten Versprochen."
Seit über 20 Jahren findet im zweijährigen Rhythmus die Sänger- und Musikantenwallfahrt auf dem Petersberg statt. Sie geht auf eine Initiative von Josef Wieland aus Flintsbach, Mitglied des berühmten Männerviergesangs „Inntaler Sänger" zurück. Der Bittgang beginnt an der Wegkreuzung zum Kleinen Madron und führt den Apostelweg

hinauf zur Wallfahrtskirche. An den einzelnen Stationen werden Texte von Pfarrer Rosenegger gelesen und musikalische Darbietungen verschiedener Gruppen geboten. Bis zu vierzig Volksmusik- und Sängergruppen nehmen bei schönem Wetter am Festgottesdienst vor der Kirche teil. Es ist den Veranstaltern ein Anliegen, Gott zu danken für die Musik und das Unterwegssein mit Freunden in dieser wunderbaren Landschaft. Wo könnte man das besser zeigen als bei einer Wallfahrt?
Da sich das Wetter weiter von seiner schönsten Seite zeigt, beschließe ich, die Rast am Petersbrunnen abzubrechen und meine Wanderung bis zur Hohen Asten auszudehnen. Eine Abkürzung über einen teilweise seilversicherten Steig bringt mich zurück auf die Forststraße. Der Boden ist noch fest gefroren und teilweise mit Schnee und Eis bedeckt, so dass ich auf einer festgetretenen Schneespur am Rand des Weges gehen muss. Immer wieder bleibe ich kurz stehen, um zurückzuschauen auf das schon schneefreie Inntal und auf die Peterskirche, die wie ein steinerner Wächter auf dem Kleinen Madron thront.
Im Schlusswort des ersten Kirchenführers aus dem Jahr 1911 heißt es: „Noch immer schaut das altersgraue Kirchlein, das die Anfänge der bayerischen Geschichte gesehen, hinab ins Tal. Weder Kriegsstürme noch Säkularisation vermochten es hinwegzufegen von seinem Felsengrunde. Als beredtes Zeugnis frommer Vorfahren, als bemerkenswertes Denkmal alter Kunst möge Gott es auch fürderhin erhalten."
Dreißig Minuten nach der Kirche der erste Blick auf die Hohe Asten, der Bergbauernhof liegt auf 1106 m Höhe inmitten von schneebedeckten Bergwiesen. In unserer medialen Welt, wo nur noch Superlative und Highlights zählen, darf er sich mit dem Prädikat „höchstgelegener ganzjährig bewirtschafteter Bauernhof Deutschlands" schmücken. Es scheint auch einer der ältesten zu sein, denn über dem Türsturz kann ich die Jahreszahl 1512 lesen. Die Wirtin erzählt mir, dass sich der Hof seit dieser Zeit ununterbrochen im Familienbesitz befindet. Neben der Landwirtschaft betreibt der Besitzer auch noch eine Wirtschaft, die von den Wanderern gut besucht wird. Im Winter wird der Weg hinunter nach Flintsbach auch gerne als Rodelbahn benutzt. Ein vielumjubeltes Vergnügen, doch die rasante Abfahrt ist bei vereister Strecke nicht ungefährlich, vor allem dann, wenn die Einkehr im Gasthaus zu feuchtfröhlich ausfällt oder die Fahrt bei Dunkelheit stattfindet. Aber ich kann mir den Spaß der Kinder, die am Petersberg zur Schule gingen, gut vorstellen.
Auf dem Rückweg habe ich stets die kleine Wallfahrtskirche vor Augen. Den Winter lasse ich hinter mir und vor mir eröffnet sich ein weiter Blick auf das Tal, in dem der Frühling bald Einzug halten wird. Ich komme mir vor wie ein Wanderer zwischen zwei Welten, in einer Art Zwischenzustand, und beschließe, nochmals über den Kleinen Madron zu gehen. Schließlich möchte ich mich an der siebten Station des Apostelweges noch bei „meinem" Jakobus verabschieden.

4 Markkirchl am Salzachjoch

TIROL

Von den Quellen der Salzach zur Kapelle der Almleute

Anfahrt:	Inntalautobahn A12, Ausfahrt Wörgl Ost, B 170 bis Kitzbühel, B 161 von Kitzbühel bis Mittersill oder von der Autobahn Salzburg – Villach, Ausfahrt Bischofshofen, B 311/B 168 bis Mittersill, B 165 Mittersill bis Wald im Pinzgau, anschl. alte Gerlosstraße
Ausgangspunkt:	Parkplatz an der alten Gerlosstraße
Wegverlauf:	Straßenabzweigung ca. 1 km westlich des Ronachgasthofs an der alten Gerlosstraße (ca. 1440 m) – Salzachjochhütte (1650 m) – Salzachalm (1795 m) – Salzachgeier (2466 m) – Markkirchl (1983 m) – Salzachalm – Salzachjochhütte – Straßenabzweigung; Kompass-WK 38 (Venedigergruppe, Oberpinzgau)
Höhenunterschied:	ca. 1030 Hm
Gesamtgehzeit:	ca. 7 Stunden
Anforderung:	Lange mittelschwere Bergtour, die Ausdauer erfordert. Ab der Abzweigung zum Salzachgeier ist wegen der durchnässten Steige Trittsicherheit erforderlich.
Einkehrmöglichkeit:	Jausenstation Salzachjochhütte, Gasthof Ronach an der alten Gerlosstraße
Beste Jahreszeit:	Spätes Frühjahr bis Herbst, je nach Schneelage am Salzachgeier

Stirnlampen sind eine segensreiche Erfindung, vor allem wenn man sehr früh unterwegs ist. Seit vielen Jahren erleichtern sie mir den Aufstieg in der Dunkelheit in große Höhen. Ich weiß nicht mehr, wie viele Nächte ich unter freiem Himmel in den Bergen erlebt habe, vor Hütten, im Zelt, vor einer Hecke, unter einem Baum oder einfach nur eingemummt im Schlafsack. Der Anblick des nächtlichen Himmels in seiner unendlichen Fülle ist jedes Mal wieder etwas ganz Geheimnisvolles, Unbegreifliches. Einschlafen mit dem Mond und den Sternen unter dem Zeltdach Gottes, aufwachen mit den ersten Strahlen der Morgensonne, was für ein Geschenk unseres Schöpfers! Grund genug, mich immer wieder mitten in der Nacht aufzumachen und staunend an diesem Wunder zu erfreuen.

Es ist wie eine Sehnsucht, die hin und wieder aufbricht. Langsam losgehen, Schritt für Schritt, bedächtig in der Dunkelheit, einen Fuß vor den anderen setzend, bevor der neue Tag erwacht, jetzt, wo alle Maschinen noch stillstehen. Ich spüre den Puls, achte auf meinen Atem und genieße die Stille. Sie ist ein seltenes Gut geworden in unserer hektischen Zeit, aber in diesem Moment habe ich reichlich davon. Heute habe ich es wieder einmal selbst in der Hand, ohne überflüssigen Ballast und nur mit leichtem Gepäck, mein Tagestempo zu bestimmen.

Knapp zwei Stunden bin ich unterwegs vom Parkplatz an der alten Gerlosstraße, oberhalb von Wald im Pinzgau. In stockdunkler Nacht reicht der Lichtkegel der Lampe nur wenige Meter weit. Mich umgibt eine endlose, stumme Finsternis. Nur die Sterne und die Silhouetten der umliegenden Berge geben in der tiefen Stille den Rahmen vor.

Meine Ziele sind der östliche Salzachgeier und die Quellen der Salzach. Erst 1799 wurden sie vom Salzburger Topo-

Gipfelkreuz auf dem östlichen Salzachgeier (2466 m)

grafen, Bergsteiger und Reiseschriftsteller Michael Vierthaler (1758–1827) entdeckt. Bis dahin hatte man den Ursprung der Salzach irgendwo im Krimmler Achental oder auf der Gerlosplatte vermutet. Ein Senner begleitete Vierthaler zum Salzachjoch, wo dieser überrascht feststellte, dass das Wasser aus einem unbekannten Graben von Westen her zufloss. Am Ende des Grabens dann, im engen Talschluss, fand er die winzigen Quelltümpel der Salzach.

„Hier stand ich also an der Quelle und freute mich innig. Mein getreuer Führer schien lebhaften Antheil an meiner Freude zu nehmen", vermerkte Vierthaler voller Begeisterung, als hätte er die Quellen des Nil entdeckt.

Längst leuchten schon die Spitzen der Hohen Tauern im ersten Sonnenlicht, während mein Weg noch immer im dunklen Schatten der Nacht liegt. Ein Anblick, der nur Frühaufstehern vorbehalten ist. Vor mir breitet sich die Salzachalpe wie ein riesiger, isolierter Raum aus. Als der neue Tag dann endlich eine erste Sicht zum Gipfel des Salzachgeiers erlaubt, verlasse ich den breiten Weg und folge dem Lauf der Salzach, die bis Krimml als Wildbach ins Tal stürzt. Eine Schinderei, zwischen Felsen, Wasser und Morast, die ich bald wieder beende. Auf etwa 1900

Meter Seehöhe, etwas unterhalb des Salzachjochs, zweigt ein steiler Steig ab, meist über Wiesengelände, hinauf zum Gipfel. Nicht gefährlich, aber sehr moosig und rutschig. Überall - aus saftig-schwarzer Erde, unter den Grasmatten, aus Felsvorsprüngen und Geröllfeldern - sprudeln zahllose Rinnsale, vereinen sich zu kleinen Bächen und strömen der Salzach zu. Wie bei anderen Flüssen auch, sind die Anfänge der Salzach bescheiden.

Einsam ist es hier oben und trotzdem voll mit Leben. Der Wind, die Blumen und das Rauschen des Wassers - überall ist Bewegung. Jetzt im August steht die Bergflora auf der Salzachalm noch in voller Spätblüte. Es ist die Zeit von Wollgras und Eisenhut. Hier auf den feuchten Matten der Hochmoore gedeihen sie prächtig.

Die letzten einhundert Höhenmeter winden sich noch einmal steil zum Gipfel hinauf. Eine gigantische Rundumsicht auf Hohe Tauern und Kitzbüheler Alpen eröffnet sich hier. Die tiefen, winzigen Teiche der Salzachquellen unter mir lassen die Bedeutung des Flusses noch nicht erkennen. Aber inmitten dieser vielen kleinen und großen Tümpel und Wasserläufe wird schnell deutlich, wie wichtig Wasser für uns ist, wie achtsam wir damit umgehen müssen, auch wenn es hier unerschöpflich scheint. Auch Quellen und Brunnen können versiegen, wenn

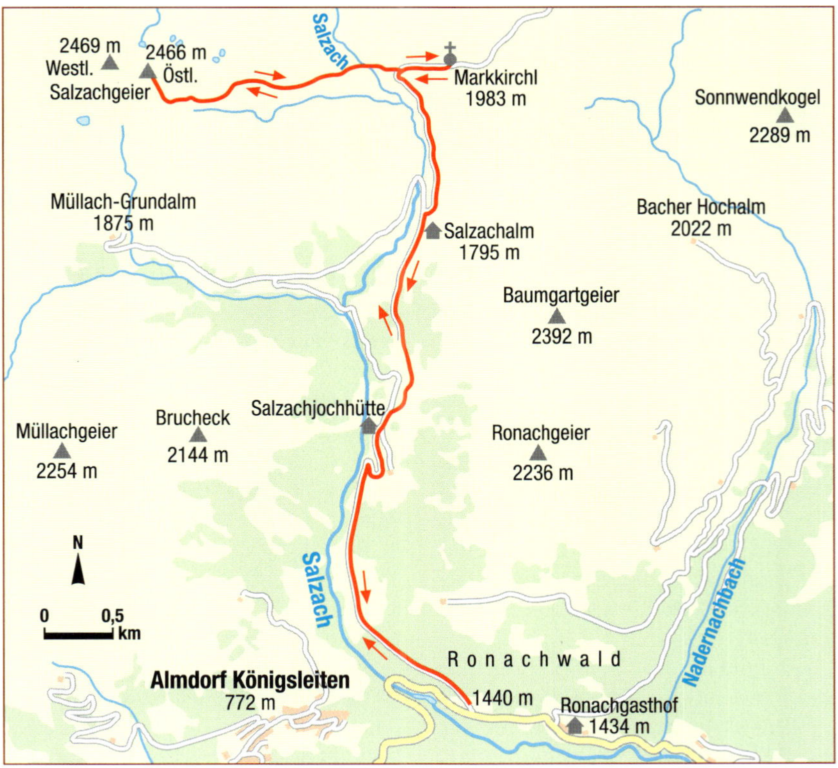

Almidyll an der Grenze zwischen Tirol und Salzburg – das Markkirchl

man zu viel aus ihnen schöpft. Es ist wohl so, dass wir das kostbare Nass nicht nur zum Leben brauchen, es ist vielmehr das Leben selbst.

Ein eigenartiges Gefühl für mich, hier ganz oben zu sitzen unter dem Gipfelkreuz und auf den Ursprung des Flusses zu schauen. In wenigen Tagen wird dieses Wasser auf seiner langen Reise bis zum Schwarzen Meer meine Heimatstadt passieren, deren Lebensader die Salzach jahrhundertelang war. Fast komme ich mir hier vor wie die Menschen aus den Donauanrainerstaaten, die von alters her Abordnungen nach Donaueschingen schicken, um an der Donauquelle „Gott für das lebenswichtige Wasser unseres Stromes" zu danken. „Wasser ist das Blut der Erde", soll Leonardo da Vinci einst gesagt haben. Wo könnte die Wahrheit dieser Worte deutlicher ihre Wirkung entfalten als hier am Salzachgeier, an dessen Fuß die Salzach mit geballter Urkraft ihren Lauf beginnt.

Nach einer Stunde Abstieg macht mich ein Wegweiser zum Markkirchl auf dem Salzachjoch neugierig. In knapp dreißig Minuten auf gut ausgebautem Weg erreiche ich die einsame, winzige Bergkapelle, genau an der Grenze (Mark) zwischen Salzburg und Tirol.

Sterbebildchen im Innenraum des Markkirchls

Die Arbeit im Gebirge war früher hart und beschwerlich. Nicht nur Weidetiere wurden gehalten, sondern auch Schweine und allerlei Federvieh. Die Zugänge befanden sich oft in schlechtem, bisweilen gefährlichem Zustand. Die Almkaser lagen meist weitab der nächsten Kirche und so verpflichtete man die Bauern, dafür Sorge zu tragen, dass die Gebetsstunden und Feiertage eingehalten wurden. Samstags wurde der Rosenkranz gebetet und einmal im Sommer musste das Almpersonal zum Beichten hinunter ins Tal. Aber auch auf Sitte und Moral hatten die Bauern zu achten. In einem alten Almvertrag von Berchtesgaden aus dem 18. Jahrhundert heißt es beispielsweise: „die Alpherrn hätten ein obachtsames Auge zu tragen, dass zwischen Sennerinnen und Kühbuben nichts Leichtfertiges und Unglückliches vorübergehen möge". In Tirol gar ließ man zeitweise nur Ehepaare auf die Bergweiden ziehen.

Auf manchen Almen, wie hier auf dem Salzachjoch, wurden Kapellen errichtet, in denen die Sennerinnen und Hirten ihren sonntäglichen Verpflichtungen nachkommen konnten. So ersparten sie sich die vielen Wegstunden hinunter ins Tal nach Wald im Pinzgau oder nach Kelchsau in Tirol. Eine Chronik aus dem Jahre 1740 berichtet, dass auf dem Joch eine kleine Kapelle mit einem großen, hölzernen Kreuz stehe. Diese sei das Bethaus der frommen Sennen und Hirten. Hier versammelten sie sich von den Alpen an den Feiertagen und hielten ihren Gottesdienst. Der Melker ist ihr Pfarrer. So könnte man das Markkirchl als kleines religiöses Zentrum in den Bergen zwischen Salzburg und Tirol bezeichnen, in das die gottesfürchtigen Almbewohner ihre kleinen und großen Sorgen hineingetragen haben. Einmal im Jahr, meist Mitte August, findet eine Bergmesse am kleinen Gotteshaus statt. Der genaue Termin kann in der Pfarrei in Wald im Pinzgau erfragt werden. Die winzige Kapelle ist innen mit Sterbebildchen buchstäblich „austapeziert". Sie stammen von Menschen aus Wald und Umgebung, die gerne zum Markkirchl heraufgewandert sind. Auf dem kleinen Altar liegt ein Heftchen auf, in dem sich die Besucher eintragen können. Hier wird mir wieder klar, dass eine Kapelle viele Beter aufnehmen kann, sei sie auch noch so klein. Erstaunliches gibt es da zu lesen. Ein Junge aus dem Chiemgau schreibt: „Unsere Klasse 5/6 b macht eine Alpenüberquerung und ich bete zu Gott, dass wir es schaffen." Und von einem Mädchen stammen die Zeilen: „Blumen ohne Ende, Sonne ohne Ende. Es gibt wirklich keinen schöneren Platz als hier. Meine Oma hängt hier an der Wand. Mein Opa sicher auch irgendwann." So direkt spricht eben nur der Kindermund.

Auf dem Rückweg ins Tal versuche ich, mich noch einmal so nah wie möglich an der Salzach zu halten, die sich schäumend und wirbelnd durch die Felsen fräst. Bei Vorderkrimml mündet sie in die Krimmler Ache, ein wesentlich größeres Gewässer, das zugunsten der Salzach seinen Namen aufgibt. Erst ab hier kann der „Hauptfluss Salzburgs", der die Trennlinie zwischen den Kitzbüheler Alpen und den Hohen Tauern bildet, auch wirklich als Fluss bezeichnet werden.

Nach einigen Wochen schlage ich zufällig eine Zeitung auf und lese, dass die 5. und 6. Klasse einer Förderschule aus Prien am Chiemsee in 11 Tagen die Alpen vom Chiemsee ins obere Ahrntal überquert hat. Eine gewaltige Leistung der jungen Leute und ihres Lehrers. Ich freue mich, dass sie es geschafft haben und dass das Gebet im kleinen Heftchen vom Markkirchl Gehör gefunden hat.

„Nichts ist so stark wie eine Idee, deren Zeit gekommen ist", heißt es und es ist einfach großartig, wenn Menschen Visionen haben und diese den Kindern auch vermitteln können. Und wenn sich heute wieder junge Leute aus unterschiedlichen Gründen zu den Gnadenorten aufmachen und neugierige Fragen nach dem Glauben stellen, dann beten wir um die richtigen Antworten.

5

BAYERN

Sachrang bei Aschau im Chiemgau

Die Gebirgsschützenwallfahrt zur Ölbergkapelle

Anfahrt:	Autobahn A 8 München – Salzburg, Ausfahrt Frasdorf, Landstraße bis Aschau (Chiemgau)
Ausgangspunkt:	Kurverwaltung in der Kampenwandstraße in Aschau im Chiemgau (615 m)
Wegverlauf:	Prientalweg nach Sachrang (738 m) in Richtung Landesgrenze bis zur Ölbergkapelle; Kompass-WK 10 (Chiemsee – Simsee)
Höhenunterschied:	ca. 120 Hm
Gesamtgehzeit:	ca. 2½ bis 3 Stunden
Anforderung:	Leichte Wanderung über ca. 13 km auf guten Wegen
Einkehrmöglichkeit:	Sachrang
Beste Jahreszeit:	Der Prientalweg ist fast ganzjährig begehbar.

Wenn Bayern und Tiroler früher ihre gemeinsame Grenze überschritten, konnte das sehr unangenehme Folgen haben, denn dies geschah nicht selten in kriegerischer Absicht. 2009 gedachten die Bewohner beider Länder der bayerischen Besetzung Tirols und der entsetzlichen vier Schlachten am Bergisel vor 200 Jahren. Bayern konnte sich in Tirol nicht behaupten und musste es an die Donaumonarchie zurückgeben. Wie nach jedem Krieg blieben unsägliches Leid und die Erkenntnis, dass Feindschaft letztendlich nur Verlierer hinterlässt.

Aus ehemaligen Feinden sind längst gute Freunde geworden. Die Gebirgsschützen von Bayern und Tirol, einst gegründet zur Verteidigung ihrer Heimat und zur Bewachung der Grenzen, sind nun schon seit vielen Jahrzehnten kameradschaftlich miteinander verbunden. Grenzwächter wandelten sich zu Traditionswächtern. Ein sichtbares Zeichen dafür ist seit über 40 Jahren die gemeinsame bayerisch-tirolerische Grenzwallfahrt zur Ölbergkapelle bei Sachrang im Priental.

Das Gotteshaus ging aus einer kleinen Klause hervor, die der Sachranger Pfarrer Johann Nutzinger in der 2. Hälfte des 17. Jahrhunderts zum Schutz „gegen die Tirollerischen Gränizen“ gebaut hatte. Sein Nachfolger errichtete einen Altar und aus der Klause wurde eine Kapelle. 1674 schließlich entstand die gemauerte „Ölbergkapelle in der Grenzhueb“, in der man, entsprechend der barocken Volksfrömmigkeit, die Todesangst Christi am Ölberg verehrte und jeden Donnerstag die Andacht feierte. 1679 bewilligte der Stiftspropst von Herrenchiemsee ganz offiziell eine Messe „herauß auf dem Platz“. In den Jahren vor 1700 erreichte die Wallfahrt zur Ölbergkapelle ihren Höhepunkt. Seit 1734 besitzt die Kapelle ihr heutiges Aussehen.

Etwa um das Jahr 1800 begann der Verfall der Kirche. Dank des berühmtesten Sohnes von Sachrang, Peter Huber, dem „Müllner Peter“ (1766–1843),

Bergmesse vor der Ölbergkapelle mit dem Erzbischof von Salzburg

konnte eine erste Restaurierung durchgeführt werden. Nicht nur als Müller und Bauer, sondern auch als Musiker, Heimatforscher und Heilkundiger war er eine Art „dörfliches Universalgenie". Mit großem persönlichem und finanziellem Einsatz nahm er sich der kleinen Kapelle an. Der gute Zustand des Kirchleins ist heute aber vor allem dem „Freundeskreis Müllner Peter von Sachrang" zu danken, der sich tatkräftig um seinen Erhalt bemüht.

Das Gotteshaus, das von außen aussieht wie eine einheitliche Kirche, besitzt vier Innenräume. In der Hauptkapelle befinden sich zahlreiche Votivtafeln und die holzgeschnitzte Ölberggruppe. Die beeindruckende Szene im Garten Gethsemane zeigt die schlafenden Jünger und darüber den betenden Christus, der von einem Engel gestärkt wird. Für Gottesdienste im Freien eignet sich das Obergeschoß der Ostseite mit seinen aufklappbaren, bemalten Läden in geradezu einmaliger Weise. Dieses kann als imposante Kanzel verwendet werden, während sich die Gläubigen auf der großen Wiese vor der Kapelle versammeln.

Die Ölbergkapelle liegt malerisch im Wald an einem Berghang zwischen der Tiroler Landesgrenze und Sachrang. Sie ist von beiden Seiten in nur wenigen Minuten zu Fuß oder mit dem Auto zu erreichen. Ich bin knapp drei Stunden unterwegs auf dem gut markierten

Prientalweg, der mich von Aschau im Chiemgau zur Kapelle führt.
Traditionell am 3. Sonntag im September marschieren zwei festliche Kirchenzüge zur Gnadenkapelle. Die Tiroler Vereine werden begleitet von den Kaiserjägern aus Kufstein, den Schützen aus Niederndorf und aus Lana in Südtirol. Die bayerische Formation setzt sich aus verschiedenen Gebirgsschützenkompanien und örtlichen Vereinen zusammen, angeführt von der Kompanie aus Aschau. Auf der großen Wiese vor der Ölbergkapelle werden sie musikalisch empfangen. Beim Anblick der vielen Vereine und ihrer bunten Fahnen fühle ich mich wie auf einer Zeitreise, zurückversetzt in längst vergangene Zeiten. Stolz stehen sie in Reih und Glied: die Kaiserjäger in ihren felsgrauen, mit Orden geschmückten Uniformen. Die Bayern mit grauen, grünen und braunen Trachten und die Südtiroler mit dem Adler auf der Brust und der Birkhahnfeder am Hut. Die Schützenkompanie „Franz Höfler" aus Lana, einem malerischen Ort vor den Toren Merans, kommt seit nunmehr 30 Jahren zur Ölbergkapelle. Sie ist ein fester, nicht mehr wegzudenkender Bestandteil der Wallfahrt geworden.
Den Veranstaltern gelingt es immer wieder, hochkarätige Würdenträger der katholischen Kirche als Zelebranten des Gottesdienstes zu gewinnen. Ein gern gesehener Gast ist der Erzbischof von Salzburg, Dr. Alois Kothgasser. Durch seine früheren Tätigkeiten als Rektor der Salesianer-Hochschule in Benediktbeuern sowie als Bischof von Innsbruck steht er in besten Beziehungen zu Bayern und Tirol.
Tausende Besucher feiern zusammen mit den Vereinen die Messe unter freiem Himmel. Die Stimmung ist spürbar getragen von einem starken „Wir-Gefühl" der Teilnehmer über alle Grenzen hinweg. Heutzutage, wo uns vielfach die Lust zum Feiern vergehen will, angesichts von Wirtschaftskrise, Korruption, Kriegen, Hunger und Umweltkatastrophen, scheint die Glut der Zuversicht oft nur noch schwach zu glimmen. Wir sorgen uns um den Frieden zwischen Jung und Alt, Arm und Reich, Kranken und Gesunden, Ausländern und Einheimischen. Gerade hier an der Ölbergkapelle aber, mitten im Wald, spürt man etwas ganz anderes, Ermutigendes: den Willen zur Einigkeit, das Bekenntnis zur Tradition und zum friedlichen Miteinander unter der schützenden Hand Gottes.
Ein Salut „zur Ehre Gottes" von den Aschauer Gebirgsschützen, das Absingen der Hymnen Tirols und Bayerns sowie ein tausendfaches „Großer Gott wir loben dich" beenden die stimmungsvolle Festmesse vor der Kapelle und lassen Feindschaft zwischen beiden Ländern zu einer heute undenkbaren Vorstellung werden.
Auf meinem langen Weg zurück durch das Priental nach Aschau mache ich noch eine kurze Pause im romantischen Gebirgsdorf Sachrang, das schon vielen Heimatfilmen als Kulisse diente, u. a. der „Chronik Sachrangs". Sie wurde 1978 verfilmt und spielt in den Jahren zwischen 1791 und 1814. Das Leben des „Müllner Peter" zieht sich dabei als roter Faden durch die Geschichte.
Ein wahres Kleinod ist die prächtige Kirche Mariä Himmelfahrt mit dem angrenzenden Friedhof. Ich sehe mich gerne auf alten Gottesäckern um, denn sie sagen viel über die Geschichte eines Ortes aus, über vergangenes Leben. Alte Familien- und Hofnamen, die es

längst nicht mehr gibt, die verschwunden sind, Geschichten aus dem Leben, von Krankheiten und Unfällen, Kriegen und Hungersnöten, von Hoffnungen und letzten Wünschen. Ähnlich verhält es sich für mich, wenn ich an den Gräbern bekannter Persönlichkeiten stehe. An ihren Ruhestätten beginne ich erst ihre Existenz zu begreifen. Menschen aus Fleisch und Blut, oft getrieben von unersättlichen Begierden oder aber von der Liebe zur Heimat und ihren Menschen, wie der „Müllner Peter". Ein alter Mann zeigt mir sein Grab. Ich bewundere die gepflegten Ruhestätten mit den vielen alten und neuen schmiedeeisernen Grabkreuzen. „Ach, wissen Sie", meint er, „tot ist tot, egal wer man einmal war. Da kommt es auf die Schönheit der Gräber nicht mehr an." Da hat er recht, denn wenn Gott uns einst beim Namen ruft, zählt vor allem, wie wir zu unseren Nächsten standen. Aber darüber, denke ich, musste sich der „Müllner Peter von Sachrang", dem der Ort und die Ölbergkapelle so viel zu verdanken haben, keine Sorgen machen. Manchmal sind es eben auch die Toten, die uns Lebenden die Augen öffnen.

6

TIROL

Klobenstein bei Kössen

Auf dem Schmugglerpfad

Anfahrt:	Autobahn A 8 München – Salzburg, Ausfahrt Bernau, B 305 bis Marquartstein, B 307 bis Schleching, Ortsteil Ettenhausen
Ausgangspunkt:	Parkplatz Geigelsteinbahn
Wegverlauf:	Parkplatz (630 m) – Schmugglerweg (ca. 660 m) – Hängebrücke Entenlochklamm (ca. 500 m) – Wallfahrtskirche (617 m); Kompass-WK 10 (Chiemsee – Simsee)
Höhenunterschied:	Aufstieg ca. 150 Hm, Abstieg ca. 280 Hm
Gesamtgehzeit:	ca. 1½ Stunden
Anforderung:	Leichte Wanderung, größere Höhenunterschiede nur im Bereich der Entenlochklamm
Einkehrmöglichkeit:	Mehrere Gasthäuser in Ettenhausen, Gasthaus Klobenstein
Beste Jahreszeit:	Frühjahr bis Herbst

Die Ortschaften Reit im Winkl, Schleching und Kössen gelten im Winter gemeinhin als „Schneelöcher". Während in den Weiten des Alpenvorlandes schon die ersten Frühlingsboten zu sehen sind und der Chiemsee sich längst vom Eis befreit hat, ruht die idyllische Natur im Grenzgebiet zwischen den Chiemgauer Alpen und dem Tiroler Unterland oft noch weit bis in den März hinein unter einer dicken Schneedecke.

Mein erster Versuch, im Februar die Wallfahrtskirche Maria Klobenstein über den alten Schmugglerpfad entlang der Großache nach Tirol zu erreichen, musste also auf Grund einer durchgehenden Neuschneedecke zwangsläufig scheitern. Auch der Almenweg über die kleine Streichenkapelle zeigte sich tiefverschneit, sein Verlauf ließ sich höchstens erahnen. Als letzte Möglichkeit bot sich mir nur die wegen Schneemassen und Lawinengefahr gesperrte Bundesstraße 307 an.

Unterwegs war ich an einem herrlichen, sonnigen Tag mit bester Fernsicht auf das Kaisergebirge. Die kleine Kirche und das Gasthaus, beide natürlich fest verschlossen, lagen wie vergraben in menschenleerer Einsamkeit. Die Kreuzwegstationen präsentierten sich unter dicken Hauben von glitzerndem Weiß. Ein Wallfahrtsort wie im Dornröschenschlaf, fast so, als bräuchten auch Gnadenorte eine Phase der Erholung, Zeit zum Auftanken, um ihre Kräfte neu zu ordnen, die sie dann weitergeben, wenn die Besuchermassen wieder strömen.

Bestes Wetter dann beim zweiten Versuch im Sommer. Beim Schlechinger Ortsteil Ettenhausen am Geigelstein beginnt der alte Schmuggler- und Säumerweg zwischen Tirol und Bayern. Die alten Grenztafeln mit der Aufschrift „Übertrittszeit 6–21 Uhr" erinnern noch an vergangene Zeiten. Allerdings sollte man auch heutzutage den Ausweis nicht vergessen.

Im August 1704, während der Wirren des Spanischen Erbfolgekriegs zwischen Österreich und Spanien, versuchten hier, unweit des Säumerweges,

Wallfahrtskirche mit dem „gekloben" Stein, dem Namensgeber des heiligen Ortes

österreichische Kroatenverbände in den Chiemgau einzudringen, ein Vorhaben, das die bayerischen Gebirgsschützen gerade noch verhindern konnten. Es kam zu blutigen Kämpfen und Chroniken berichten von hohen kroatischen Verlusten. Unvorstellbar, was sich hier abgespielt haben muss.
Zum ersten Mal fällt mein Blick auf die kleine Klobensteinkirche, hoch über dem Tal der Tiroler Ache in der wildromantischen Landschaft. Über eine zwanzig Meter lange Hängebrücke, die den Klobenstein mit dem alten Säumerweg verbindet, überquere ich die Engstelle der Großache, die Entenlochklamm. Der Gebirgsfluss ist ein Dorado für Wildwassersportler. Natürliche Strandlandschaft wechselt mit steil aufsteigenden Felsformationen, eine grandiose Natur und ich spüre förmlich die Urkraft des Wassers, das sich in hunderttausenden Jahren seinen Lauf durch die Felsen erzwungen hat. Hier erreicht die Ache erstmals deutsches Gebiet und mündet bald in den riesigen Chiemsee.
An der nur fünfzehn Meter breiten Engstelle verfing sich in früheren Zeiten oft das Treibgut, was zu einem gefährlichen Rückstau des Wassers und im österreichischen Kössen zu erheblicher Überschwemmungsgefahr führte. In den letzten Jahren des 20. Jahrhunderts wurde ein Strafgefangener in die Schlucht abgeseilt. Er brachte eine

Sprengladung an und die anschließende Explosion erweiterte den steilen Einschnitt auf seine heutige Breite. Dem Sträfling schenkte man als Dank für seinen lebensgefährlichen Einsatz die Freiheit.

Noch einige Minuten bergauf und ich stehe vor dem zehn Meter hohen, gespaltenen Felsblock zwischen Kirche und Gasthaus, dem „geklobenen Stein". Die Legende erzählt von einer Frau, die einen großen Felsblock auf sich stürzen sah, dem sie nicht mehr ausweichen konnte. Sie warf sich zu Boden und rief die Gottesmutter um Hilfe an. Ihr Gebet wurde erhört und der Felsen spaltete sich in zwei Teile. Die eine Hälfte neigte sich nach Bayern, die andere nach Tirol.

Bei näherer Betrachtung der Kirche fällt auf, dass es sich um drei zusammengebaute Kapellen handelt, eine Loreto-, eine Mariahilf- und eine kleine Brunnenkapelle. In der Mariahilf-Kapelle befindet sich ein seit dem 17. Jahrhundert verehrtes Gnadenbild mit barocker Bekleidung. Das älteste Votivbild stammt aus dem Jahr 1664 und berichtet von zwei Männern aus Grabenstätt im Chiemgau und Kössen in Tirol, die aus Dankbarkeit vor Errettung aus schwerer Krankheit das erste Kirchlein – vermutlich noch aus Holz – gebaut haben. Zuvor wurde bereits ein Marienbild verehrt, das an einem der beiden Felsen, in der Nähe einer Quelle, angebracht war. Auch um dieses Bild rankt sich eine Legende, die mit den häufigen Grenzstreitigkeiten zwischen Bayern und Tirol in früheren Zeiten in Zusammenhang steht. Die Bayern behaupteten, dass der Klobenstein noch auf ihrem Gebiet läge, die Tiroler waren gegenteiliger Ansicht. Eines Morgens fand man den Felsen gespalten vor. Die Hälfte, an dem sich das Bild befand,

neigte sich in Richtung Tirol und Bayern fand sich mit der „Entscheidung" der Gottesmutter ab. Durchreisende legten hier eine Pause ein und tranken von dem Wasser, dem Wunderwirkung nachgesagt wurde. Dass die Menschen hier auch Geld niederlegten, deutet auf eine beginnende Wallfahrtstätigkeit hin. 1701 begann man mit dem Bau einer gemauerten Kirche, die dem Gnadenbild von Loreto geweiht wurde. 1733 erfolgte die Einweihung der Mariahilf-Kapelle. Seit 1788 schließlich sind die Kapellen vereint.

1916 stellte man fest, dass es sich bei dem in der Ursprungskapelle verehrten Gnadenbild nicht um die Gottesmutter, sondern um eine umgearbeitete St.-Anna-Statue mit Maria als Kind (Anna selbdritt) handelte. Ein Jahr später wurde sie durch die neue Madonnenstatue, eine „Königin des Friedens", ersetzt.

Zu den Wallfahrtsbräuchen zählte neben dem Umschreiten der Kirche mit einem Holzkreuz auch das Opfern von gefassten Münzen. Sehr wahrscheinlich ist hier auch der alte Ritus des Durchschliefens (Durchkriechens) durch den gespaltenen Felsen praktiziert worden, weil eine Seitentür von der älteren Kapelle direkt zum „gekloбenen Stein" hinführt. Das Schlüpfen durch den Schliefstein geht auf einen uralten heidnischen Geburts- und Fruchtbarkeitskult zurück. Kinderlose Frauen wie Schwangere krochen durch den Stein, in der Hoffnung auf Kindersegen und gute Geburt.

Bittgänge nach Klobenstein sind seit dem Jahr 1777 urkundlich nachweisbar. Bis zum Anfang des 20. Jahrhunderts gingen die Gläubigen nach der Osterbeichte nach Klobenstein und beteten dort den Rosenkranz. Nach der Heimkehr durften die Wallfahrer die „Beichtnudeln", Nudeln aus Hefeteig und Rosinen, verzehren.

Das urige Gasthaus, einst beliebt bei Schmugglern und Säumern, ist gut besucht und voller Leben, ganz anders als bei meinem ersten Besuch. Was für ein Unterschied! Im Winter vermittelte es den Eindruck, als sei es fluchtartig verlassen worden. Eine gusseiserne Ofenplatte mit der Jahreszahl 1765 an der Außenfassade deutet auf die lange Tradition des Hauses hin, das aus einer Einsiedelei entstanden ist. Erst seit dem Jahr 2000 besitzt es ein eigenes Stromaggregat. Seitdem muss auch der Gast nicht mehr bei diffusem Kerzenlicht nach dem Trinkgeld kramen.

Die kleine Wallfahrtskirche direkt an der Grenze zwischen Bayern und Tirol liegt, etwas versteckt, nur wenige Meter unterhalb der ehemaligen Römerstraße. Wenn nicht die leuchtend goldene Kugel auf ihrer Turmspitze zwischen den hohen, grünen Baumkronen herausragte, wer weiß, ob sie nicht oft einfach übersehen würde. Klobenstein wird vor allem in der schönen Jahreszeit gerne besucht. Nicht nur von Wallfahrern und Wanderern, sondern auch von vielen Autofahrern, die hier mehr oder weniger zufällig vorbeifahren, eine Rast einlegen und den wunderbaren Blick auf das Durchbruchtal der Großache genießen, die sich tief unten im Tal durch die Felsen der Entenlochklamm gesägt hat.

Gottesdienste finden von Mai bis Oktober regelmäßig am Samstag um 9.00 Uhr statt. Traditionell haben die drei Goldenen Samstage nach Michaeli besonders regen Zulauf. Fußwallfahrten aus Reit im Winkl, Marquartstein und Kössen kommen noch jedes Jahr nach Klobenstein.

7

BAYERN

Taborkirche am Hochfelln und Maria Eck

Fellnerfest und Trachtenwallfahrt

Anfahrt:	Autobahn A 8 München – Salzburg, Ausfahrt Bergen
Ausgangspunkt:	Parkplatz Hochfellnseilbahn
Wegverlauf:	Von der Talstation der Seilbahn (564 m) über Brünndlinghaus (1160 m) zum Hochfellngipfel (1669 m) und zur Taborkirche. Über Brünndling- und Hocherbalm zur Wallfahrtskirche Maria Eck (780 m) und über Mühlwinkl zurück nach Bergen. Kompass-WK 16 (Traunstein – Waginger See)
Höhenunterschied:	Aufstieg und Abstieg je ca. 1110 Hm
Gesamtgehzeit:	ca. 5½ Stunden
Anforderung:	Technisch unschwierige Tour, die aber Ausdauer erfordert
Einkehrmöglichkeit:	Hochfellnhaus, Klostergasthof Maria Eck
Beste Jahreszeit:	Frühsommer bis Herbst
Tipp:	Im Hochfellnhaus ist keine Übernachtung möglich! Betriebszeiten der Hochfellnseilbahn: www.hochfelln-seilbahnen.de

Von den Chiemgauer Bergen zählt der Gipfel des Hochfelln sicher zu den schönsten Aussichtspunkten. Vom „Bayerischen Meer", dem fast 80 km² großen Chiemsee im Norden, reicht der Blick im Westen zu den Berchtesgadener Alpen und im Süden über die Loferer und Leoganger Steinberge bis hin zur Großglockner- und Venedigergruppe.

Meine Wanderung zur Wallfahrtskirche Maria Eck beginnt in Bergen im Chiemgau am Parkplatz bei der Talstation der Bergbahn. Das Bergwetter ist ideal, trotzdem kommt mir der Andrang an der Kasse außergewöhnlich vor. Das macht mich neugierig und ich erkundige mich nach dem Grund. „Heute ist Tabor-Tag und das Fellnerfest. Außerdem kommt heute der neue Erzbischof und hält seine erste Bergmesse", erzählt mir ein sportlicher Diakon freudestrahlend, der - wie ich - zu Fuß unterwegs ist. „Die größten Erlebnisse schenkt uns doch immer wieder der Zufall", fährt es mir über die Lippen.

Unterwegs treffe ich auf immer mehr Menschen, die zum Hochfelln unterwegs sind, während über mir die Gondeln der Seilbahn eine Sonderschicht nach der anderen fahren. Nonnen aus dem Kloster von Bad Adelholzen, Mönche aus Maria Eck, Priester, Trachtengruppen, Pfadfinder, Landjugend, Senioren und Bergwanderer aus der ganzen Umgebung. Eine buntgemischte, endlose Karawane steuert in bester Stimmung dem Gipfel entgegen. Kurz nach der Bergstation ist dann fast kein Weiterkommen mehr. Stau bis zur Taborkirche.

Das kleine Gotteshaus hat sich heute festlich herausgeputzt für den hohen Besuch. Die Fahnenabordnungen nehmen Aufstellung, eine allerletzte Kontrolle der Lautsprecheranlage, dann ist alles bereit.

Gut besuchte Bergmesse bei herrlichem Wetter auf dem Hochfelln

Eine Aussicht wie im Bilderbuch; Chiemsee, Wilder Kaiser, Kampenwand, die Grasberge des Alpenvorlandes und der Alpenhauptkamm scheinen zum Greifen nahe. Was für ein wunderbarer Rahmen für einen Gottesdienst.

Der Pfarrer von Bergen begrüßt den Erzbischof von München und Freising, Reinhard Marx, und sagt, dass diese Bergmesse nicht nur seine erste sei, „sondern auch seine schönste, denn eine schönere könne es nicht geben“. Sichtlich beeindruckt von dieser Kulisse und den über 2000 Gläubigen, ruft dieser die Menschen dazu auf, die Schöpfung zu schützen und zu bewahren. Dazu gehöre es auch, die Städte und Dörfer zu Orten zu machen, in denen von Christus gesprochen und unser Glaube bezeugt werde. Das „Fellnerfest“ sieht er als eine Ermutigung, zum Glauben und zur Heimat zu stehen. Persönlich bekennt der Erzbischof, dass er glücklich sei, hier in Bayern eine neue Heimat gefunden zu haben. Er fühle sich, angesichts so vieler Menschen, wie auf einer Wallfahrt.

Beim jährlich am 6. August stattfindenden Fellnerfest wird die Verklärung Jesu auf dem Berg Tabor in Galiläa gefeiert. Seit 1457 ist dieses Fest, das die

Gipfelkreuz auf dem Hochfelln mit Blick auf den Chiemgau

Ostkirche schon seit dem 5. Jahrhundert begeht, auch im liturgischen Kalender der lateinischen Kirche verankert. An diesem Tag beten außerdem die Gläubigen für einen unfallfreien Sommer auf den Almen und gedenken der verstorbenen Sennerinnen und Senner.

Die Idee, hier auf dem Gipfel eine Kapelle zu errichten, stammte von Pfarrer Otto von Mayer. Dieser brachte aus dem Heiligen Land etwas Erde vom Berg Tabor mit, die unter dem Gipfelkreuz und unter dem Fundament der Kapelle ausgestreut wurde. Die Weihe erfolgte am 6. August 1891. Die erste Kirche auf dem Hochfelln brannte nach einem Blitzschlag im Jahre 1970 ab. Mit ihrem Neubau begann man bereits ein Jahr später. Die Reste der beim Brand geschmolzenen Glocke sind in der Außenwand eingemauert.

Nach der Messe statte ich noch dem riesigen, gusseisernen Gipfelkreuz einen Besuch ab. Es ist sieben Meter hoch und unvorstellbare 1,8 Tonnen schwer. Ende des vorletzten Jahrhunderts wurde es in der Maximilianshütte in Bergen gegossen. In Teile zerlegt, trugen 68 Männer das Kreuz bis zum Gipfel und bauten es dort zusammen. Errichtet zu Ehren des bayerischen Königs Ludwig I. und als Dank für die Wiedereröffnung des Franziskanerklosters Maria Eck nach den Wirren der Säkularisation von 1803, schaut es nun weithin sichtbar über das Alpenvorland.

Nach ausgiebiger Rast im Gasthaus unterhalb des Gipfels, führt der Weg vorbei an Brünndling- und Hocherbalm, durch Wälder und auf Almwiesen hinunter nach Maria Eck, meinem Hauptziel. Viele Wege zweigen unterwegs ab und als ich dort ankomme, bin ich wieder ganz allein.

Der beliebte Wallfahrtsort liegt, etwas versteckt, auf einem Bergrücken der Chiemgauer Voralpen. Wieder genieße ich den wunderbaren Panoramablick auf den Chiemsee. Der Abt des Benediktinerklosters Seeon erwarb ab 1618 hier Wälder und Sommerweiden auf der Höhe des nordöstlichen Vorberges des Hochfelln, da sich sein Kloster am Chiemsee mitten in einem Sumpfgebiet befand. Bald danach ließ er eine erste Kapelle bauen.

Die Ursprünge der Wallfahrt gehen bereits bis in jene Zeit zurück. Der Legende nach waren dem Kapellenbau immer wieder mystische Lichterscheinungen vorangegangen, die von Holzfällern beobachtet wurden. Erst als zur Ehre der Dreifaltigkeit drei Altäre errichtet wurden, hörten die Erscheinungen auf. Im Jahre 1636, mitten im Dreißigjährigen Krieg, entstand ein größeres Gotteshaus auf dem heutigen Kirchenhügel. Angesichts der ständig wachsenden Wallfahrerzahlen während der Hochblüte der Marienverehrung im 17. Jahrhundert erhielt die Kirche mehrere Anbauten und schließlich mit der Zeit ihr heutiges Aussehen.

Das Mirakelbuch von Maria Eck hält seit dem Jahr 1626 auf 515 Seiten alle Wunder und wundersamen Geschichten fest. Solche Verzeichnisse sind auch kulturhistorisch äußerst interessant. Man erfährt viel von den Leiden, Ängsten und Nöten aus der damaligen Zeit. Oft sind es spontane Berichte von einfachen Menschen, welche diese aus Dankbarkeit und Freude über die eben erlangte Hilfe niederschrieben. Auch ist es erstaunlich, welche Strecken die Menschen früher zurücklegten, um ihr Gelöbnis einzulösen. Da ist zum Beispiel von einer Frau mit schwerer Krankheit die Rede, die durch ihr Gelöbnis an Maria von „Stund an" geheilt wurde, oder von wunderbarer Heilung der früher weit verbreiteten Syphilis. Viele Geschichten erzählen von verunglückten Kindern, die nach einem Gelöbnis der Eltern und Verwandten gesund wurden. Manche Geschichten sind für uns aus heutiger Sicht oft unbegreiflich, etwa wenn Eltern um den Tod ihrer behinderten Angehörigen bitten.

Über manche Einträge kann man hingegen auch durchaus schmunzeln. So ist eine Frau, die sich nach Maria Eck verlobt hatte, nach Altötting gegangen, worauf sie erneut erkrankte und erst gesund wurde, als sie, durch eine Marienerscheinung auf ihr Fehlverhalten hingewiesen, endlich nach Maria Eck pilgerte.

Das prachtvolle Gnadenbild im Hochaltar der Rokokokirche ist eine Kopie des Muttergottesbildes aus der Kirche Santa Maria Maggiore in Rom. Eine russische Ikone von 1631 und eine gotische Pietà in der Antoniuskapelle zählen zu den wertvollsten Schätzen der Kirche.

Für die Beliebtheit der Wallfahrt sorgte ein vom Papst im Jahr 1791 verliehener, vollkommener Ablass, den alle Gläubigen bei einem Besuch von Maria Eck nach Empfang der Sakramente und dem Beten von fünf Vaterunsern gewinnen konnten. Dies war zugleich die höchstpäpstliche Anerkennung als Friedenswallfahrt. In den schlimmen Jahren der Säkularisation sollte die Kirche abgebrochen werden. Doch die Bauern aus der Umgebung stellten sich dem Abrisskommando wutentbrannt entgegen und verjagten es wieder. Der Pfarrer aus dem nahegelegenen Siegsdorf, der zu den größten Befürwortern der Demontage gehörte, wurde von der aufgebrachten Bevölkerung gestellt und sogar verprügelt. Trotz Säkularisation, Entfernung des Gnadenbildes und vorübergehender Schließung der Kirche kam die Wallfahrt nie ganz zum Erliegen. Mit der Einrichtung des Klosters der Franziskaner-Minoriten im Jahr 1891 begann die neue Blüte des Gnadenortes.

Heute ist Maria Eck einer der beliebtesten Wallfahrtsorte in den bayerischen Alpen. Viele Pilger reisen mit dem Bus an, etliche alleine oder in kleinen Gruppen. Manche bewältigen sogar den langen Weg zu Fuß von Orten wie Obing und Pittenhart jenseits des Chiemsees. Die Krieger- und Behindertenwallfahrten zeugen von lebendigem Wallfahrtsbetrieb. Ihre Kreuze, die die Menschen tragen müssen – hier am Berg in der Gemeinschaft erscheinen sie allen etwas leichter.

Die jährliche Trachtenwallfahrt am Sonntag nach Christi Himmelfahrt zeigt in besonders eindrucksvoller Weise, wie Glaube und Brauchtum in der Bevölkerung verwurzelt sind.

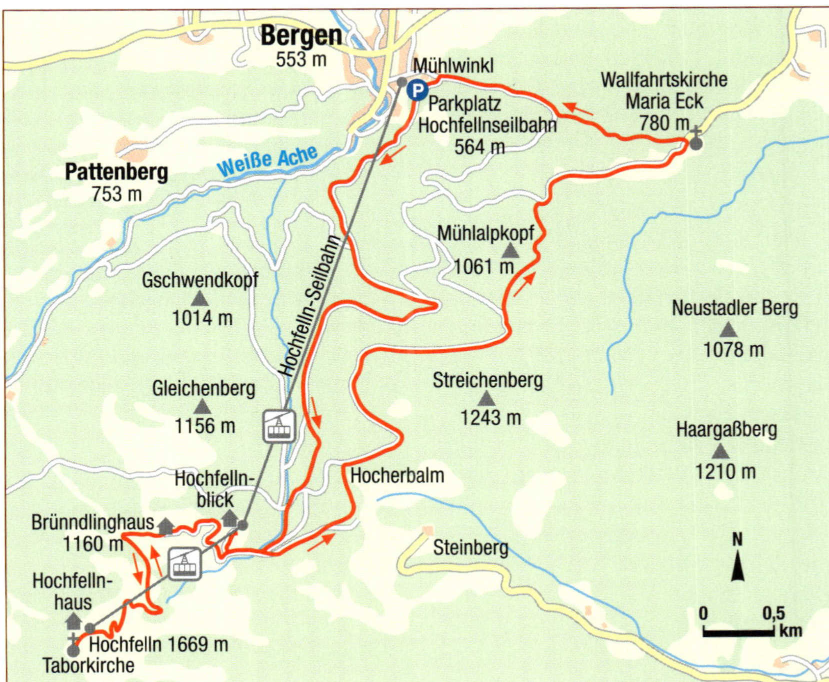

Maria Eck – meistbesuchter Wallfahrtsort des Chiemgaus

Selbst das schlechte Wetter, mit Regen, Wind und nur wenigen Graden über Null, hinderte die fast 2300 Teilnehmer aus 100 Gauvereinen nicht, an der Jubiläumswallfahrt 2010 mitzuwirken. Fünf Kilometer lang ist der Weg von Siegsdorf herauf zur Wallfahrtskirche. Bruder Christian, der Guardian des Klosters, gewann dem schlechten Wetter sogar noch eine gute Seite ab: „Wenn es stimmt, dass jeder Regentropfen ein Kuss vom Himmel ist, dann sind wir heute schon ganz schön abgebusselt worden!“ Er dankte den Teilnehmern, dass sie trotz des „Sauwetters“ gekommen waren, um ihre Anliegen der Gottesmutter vom „Ecker Berg“ ans Herz zu legen.

8 Maria Kirchental

SALZBURG

Die Rösserwallfahrt über den Römersattel

Anfahrt:	Autobahn A 12 Innsbruck – München, Ausfahrt Kufstein, B 173 bis St. Johann in Tirol, B 164 bis Hochfilzen oder Autobahn A 10 Salzburg – Villach, Ausfahrt Bischofshofen, B 164 bis Hochfilzen. In Hochfilzen abbiegen zum Truppenübungsplatz (Trübl)
Ausgangspunkt:	Parkplatz am Trübl
Wegverlauf:	Parkplatz (960 m) – Römersattel (1202 m) – Vorderkaserklamm (730 m) – Luftenstein (656 m) – Maria Kirchental (880 m); Kompass-WK 30 (Saalfelden – Leoganger Steinberge) und WK 14 (Berchtesgadener Land – Chiemgauer Alpen)
Höhenunterschied:	Aufstieg ca. 480 Hm, Abstieg ca. 560 Hm
Gesamtgehzeit:	ca. 3½ bis 4 Stunden
Anforderung:	Unschwierige Tour mit steilem Anstieg kurz vor dem Ziel
Einkehrmöglichkeit:	Jausenstation Vorderkaser, Gasthaus Maria Kirchental
Beste Jahreszeit:	Frühjahr bis Herbst
Tipp:	Informationen über den genauen Zeitpunkt der Pferdewallfahrt sowie über Rückfahrmöglichkeiten nach Hochfilzen unter www.pillerseetal.at

Wer den steilen Ölbergweg ab der Mautstraße in St. Martin bei Lofer zum ersten Mal hinter sich gebracht hat, wird überrascht sein, in der Abgeschiedenheit des schattigen Kirchentals auf ein stattliches barockes Gotteshaus zu treffen, das auch großen Städten sehr gut zu Gesicht stehen würde. Zusammen mit dem „Regentiegebäude“ und dem Mesnerhaus liegt die Wallfahrtskirche ideal eingebettet inmitten herrlicher Natur vor der Felsengalerie der Loferer Steinberge.

Im Jahre 1677 wurde die gotische Pfarrkirche St. Martin unten im Tal barockisiert und da hatte man für eine zweihundert Jahre alte gotische Marienfigur mit Jesuskind keine Verwendung mehr. Man überließ sie dem Waldbauern Rupert Schmuck, der sie sich für eine kleine Holzknechtkapelle im Hochtal oberhalb von St. Martin erbat. Durch zahlreiche Wunder wurde sie bald zum Mittelpunkt religiöser Verehrung der hiesigen Bevölkerung. Besucher berichteten immer wieder davon, dass die Madonna mit dem mütterlichen Gesichtsausdruck manchmal sehr traurig schaue und zu weinen beginne. Der Salzburger Erzbischof Johann Ernst Graf Thun mühte sich mit seinem Tross mehrmals den steilen Viehsteig hinauf und krönte 1691 das Gnadenbild persönlich. Drei Jahre später fiel die Entscheidung zugunsten des Kirchenbaus. Ein Baumeister aus Lofer errichtete die Basilika in nur sieben Jahren nach den Plänen des berühmten Bernhard Fischer von Erlach. Da keine Straße in das Hochtal führte, musste das Baumaterial mühsam mit Ochsengespannen hinauftransportiert werden. Kein gesunder Wallfahrer durfte damals ohne Baumaterial in der „Kraxe“ (Lastkorb) zum Gnadenort aufsteigen.

Das Gnadenbild mit der Madonna und dem Jesuskind stellt eine Besonderheit dar, denn der kleine Christus deutet mit dem Zeigefinger auf einen kleinen Vogel, den er in der linken Hand hält.

Der „Pinzgauer Dom" – die Wallfahrtskirche zu Unserer Lieben Frau vor den Loferer Steinbergen

Ist es ein Distelfink, der sich ja vom Samen der Distel ernährt, so deutet die religiöse Auslegung darauf hin, dass Jesus auf der Seite der Trostsuchenden, Armen und Kleinen steht, die unter der Last des Alltags zu leiden haben.

„Betrachtet die Vögel des Himmels: Sie säen nicht, sie ernten nicht und sammeln nicht in Scheunen. Und doch ernährt sie euer himmlischer Vater. Wie viel mehr seid ihr wert als alle Vögel zusammen?" (Lk 12, 24)

Eine andere Legende erzählt, dass der Fingerzeig des Jesuskindes auch die Wahl des Bauplatzes beeinflusst hat. Drei Kornähren hätten in einem Schneefeld zu blühen begonnen. Eine dieser Ähren wird auch heute noch in einer kleinen Monstranz aufbewahrt.

Erstaunlicherweise hat Maria Kirchental trotz seiner Lage in schwierigem Gelände und einem beschwerlichen Anstieg nie an Anziehungskraft verloren. Davon erzählen rund 1200 Votivtafeln, die größte Sammlung in Österreich. Diese Zeichen gläubiger Dankbarkeit wurden aufwändig renoviert und sind im Wallfahrtsmuseum teilweise zu besichtigen. Die Geistlichen zeigen ihre Schätze allerdings nur zögernd her. „Leider sind wir oft schon Dieben und Betrügern aufgesessen", erzählt mir ein Pater von den Herz-Jesu-Missionaren, die seit 1939 für die

Seelsorge in dem 880 Meter hoch gelegenen Gebirgstal zuständig sind. Aber auch im Innenraum der Kirche sind bedeutende Votivbilder zu bewundern, zum Beispiel die Verlobung Kitzbühels mit Kirchental im Jahr 1747 oder ein Bild eines Salzburger Kaufmanns von 1742, das die Piazzetta von Venedig zeigt.
Seit nunmehr über 300 Jahren pilgern Salzburger, Tiroler, Italiener, Bayern, Ungarn und viele andere zur Gnadenmutter. In den Hochzeiten der Wallfahrt, im 18. und 19. Jahrhundert, kamen bis zu 50.000 Besucher jährlich in die abgeschiedene Gegend und machten Kirchental zu einem ganz besonderen Gnadenort im Salzburger Land. Erzbischof Georg Eder bezeichnete ihn einmal gar als „Bergkristall unter den Wallfahrtsorten". Neben vielen tausend Einzelpilgern kommen auch regelmäßig große Wallfahrten aus nah und fern hierher.
Erst seit wenigen Jahren findet am letzten Freitag im Juni die jährliche „Rösserwallfahrt" des österreichischen Bundesheeres von Hochfilzen zum „Pinzgauer Dom" in Maria Kirchental statt. Aber die Wallfahrer nehmen jedes Jahr zu und so hat sich der Bittgang innerhalb kürzester Zeit zu einer der beliebtesten Wallfahrten im Pinzgau entwickelt.
Ich parke am Truppenübungsplatz Hochfilzen und lege die Strecke bis

Die Salzburger Dragoner nehmen Aufstellung zum Feldgottesdienst.

zum Römersattel zu Fuß zurück. Ständig überholen mich Heerestransporter, die die vielen Teilnehmer zum Startplatz bringen. Ich bin überrascht von der bunten Blumenflora am Weg. Türkenbund, Teufelskralle, Silberdistel und Kohlröserl finden sich in verschwenderischer Vielfalt vor der imposanten Kulisse der Loferer Steinberge.
Heuer haben sich etwa einhundert Soldaten und gut fünfhundert „Zivilisten" entschlossen, den anstrengenden, vierstündigen Bittgang über Stock und Stein auf sich zu nehmen. Die Hauptrolle spielen aber, wie in jedem Jahr, die „Soldaten auf vier Hufen", zwanzig Haflingerpferde vom Tragtierzentrum aus Hochfilzen und zehn Mulis der bayerischen Gebirgsjäger aus Bad Reichenhall. Punkt acht Uhr begrüßt der Salzburger Militärkommandant die Wallfahrer auf dem Römersattel. Ein gemeinsames Gebet und ein Lied aus über fünfhundert Kehlen stimmen uns ein für unseren kollektiven Gang nach Maria Kirchental. Der Saumpfad entlang des Römerbaches bis zur Vorderkaserklamm ist eng, steinig und manchmal sehr steil. Die Formationen lösen sich bald auf, vermischen sich zu einem kunterbunten Durcheinander aus Soldaten, Zivilisten und Tragtieren. Über einen mitgeführten Lautsprecher spricht Militärdekan Peter Kahr Gebete und stimmt immer wieder Marienlieder an. Trittsicher bleiben die geübten Pferde auf ihrem Weg, selbst die schwierigsten Stellen werden gemeistert.
Es geht eine wohltuende Ruhe von den Tieren aus. Auffallend ist der gute Kontakt zwischen den Pferden und ihren Führern. Kein lautes Wort, kein Auf-

Maria Kirchental besitzt die größte Sammlung an Votivbildern in Österreich.

bäumen, keine Verweigerungshaltung. Beruhigend reden sie auf die gutmütigen Tiere ein. Hier wird wieder einmal deutlich, wie wichtig es ist, sorgsam mit unseren Mitgeschöpfen umzugehen. Ob Baum, Blume, Tier oder Mensch: Wir alle atmen die gleiche Luft, bewohnen den gleichen Planeten. Uns ist es aufgetragen, die Verantwortung für diese Welt zu übernehmen.
War der Himmel beim Beginn der Wallfahrt noch bedeckt mit Regenwolken, zeigt sich im Laufe des Vormittags immer mehr die Sonne und es wird schwülheiß. Ich bin froh, immer wieder in den schattigen Bergwald eintauchen zu können. Vor der Klamm mündet der Steig in einen Forstweg ein, der uns zur Jausenstation Vorderkaseralm führt. Während der Rast gibt es eine Stärkung für Mensch und Tier.
Ein junger Soldat aus Bad Reichenhall erzählt mir, dass die Mulis im Alter von drei bis vier Jahren zur Tragtierkompanie kommen. Meist werden sie in Italien oder Spanien gekauft. Es gibt Tiere, die schon zwölf Jahre im Einsatz sind. Maultiere können bis zu 150 kg Last tragen, Haflingerpferde 100 kg. 25 kg für den Sattel muss man abziehen. Beide besitzen enorme Ausdauer und Trittsicherheit im alpinen Bereich.

Trotz moderner Hubschraubertechnik sind Tragtiere bei extremen Wetterverhältnissen und schwierigem Gelände für die Versorgung der Soldaten unersetzlich.

Nach der Rast geht es zügig im Talboden entlang der Schüttach und Saalach bis nach St. Martin bei Lofer. Hier schließt sich uns eine Abordnung des historischen Dragonerregiments Nr. 6 aus Salzburg an. Mit ihren großen Pferden und blauen Uniformen heben sie sich deutlich vom Feldgrau der Gebirgsjäger ab.

Jetzt wartet noch ein steiler, halbstündiger Aufstieg in der Hitze des späten Vormittags auf die Teilnehmer. Die Wallfahrtskirche, den „Pinzgauer Dom", sehen wir erst kurz vor dem Ziel in Maria Kirchental, wo wir von der Militärmusik Salzburg und hunderten freundlichen Menschen empfangen werden.

Soldaten und Tragtiere nehmen Aufstellung zum Feldgottesdienst. Die feierliche Messe zelebriert wieder Militärdekan Peter Kahr. In seiner Predigt erinnert er uns an die jahrtausendealte Verbundenheit zwischen Menschen und Pferden, spricht von ihrer Treue und Zuverlässigkeit und von der Verpflichtung, die wir ihnen gegenüber haben. Zum Abschluss spricht er das „Gebet eines Pferdes", dann segnet er die Tiere und beendet die Rösserwallfahrt nach Maria Kirchental.

Gebet eines Pferdes:
Bitte sei gut zu mir und ich werde dir noch freudiger dienen und dich gerne haben.
Reiß nicht an den Zügeln, greif nicht zur Peitsche, wenn es aufwärts geht.
Schlage und stoße mich nicht, wenn ich dich missverstehe, sondern gib mir Zeit, dich zu verstehen.
Halte mich nicht für ungehorsam, wenn ich deinen Willen nicht erfülle.
Vielleicht sind Sattelzeug und Hufe nicht in Ordnung.
Verkaufe mich nicht.
Liefere mich nicht einem Fremden aus, der mich langsam zu Tode quält und mich verhungern lässt.
Sei gütig und bereite mir einen schnellen, barmherzigen Tod.
Gott wird es dir lohnen, hier und in Ewigkeit.
Lasse mich dies von dir erbitten und glaube nicht, dass es mir an Ehrfurcht fehlt, wenn ich es im Namen dessen tue, der in einem Stall geboren wurde.

Nach einer Einkehr im einzigen, jedoch sehr empfehlenswerten und gemütlichen Gasthaus, trete ich, beeindruckt von dieser außergewöhnlichen Wallfahrt zu einem besonderen Ort, den Rückweg nach St. Martin an. Wer hätte wohl vor vielen Jahren gedacht, dass aus einer Marienstatue in einer bescheidenen Holzknechtkapelle, die vor über 300 Jahren vor der Zerstörung bewahrt wurde, einer der bedeutendsten Wallfahrtsorte in den Alpen werden würde. Am allerwenigsten wohl der Bauer Rupert Schmuck, der sich die Gottesmutter in St. Martin erbeten hatte.

9

SALZBURG

Einsiedelei St. Georg am Palfen

Freiwillig einsam

Anfahrt:	Inntalautobahn A 12 Innsbruck – München, Ausfahrt Kufstein, B 173 bis St. Johann in Tirol, B 164 bis Saalfelden am Steinernen Meer oder Tauernautobahn A 10 Salzburg – Villach, Ausfahrt Bischofshofen, B 164 bis Saalfelden am Steinernen Meer
Ausgangspunkt:	Saalfelden, Ortsteil Pabing
Wegverlauf:	Pabing (759 m), Rundweg über Schloss Lichtenberg – Einsiedelei (1004 m) – Bachwinkl – Pabing; Kompass-WK 30 (Saalfelden – Leoganger Steinberge)
Höhenunterschied:	Auf- und Abstieg je ca. 250 Hm
Gesamtgehzeit:	ca. 2 Stunden
Anforderung:	Leichte Wanderung durch den Bergwald
Beste Jahreszeit:	Je nach Schneelage Anfang Frühjahr bis Spätherbst

Wer mit dem Auto von Zell am See nach Lofer unterwegs ist, kann die kleine Einsiedelei hoch über Saalfelden leicht übersehen. Wie ein Adlernest klebt sie an einem Felsen des Palfen, über Schloss Lichtenberg, vor der eindrucksvollen Kulisse des Steinernen Meeres.

Schon 1560 wurde hier dem „Patron für unser liebes Vieh" in einer Felsengrotte

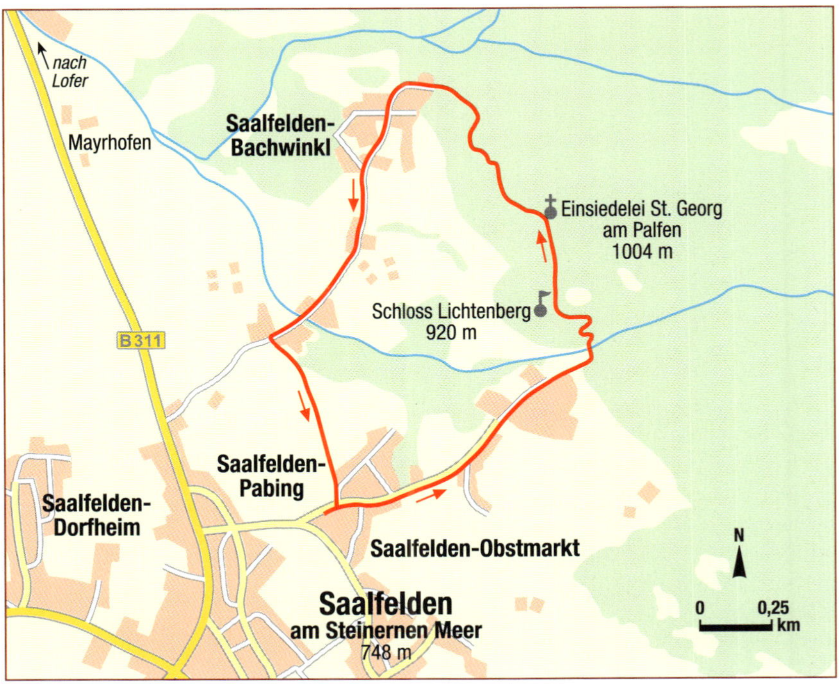

Einsiedelei am Palfen

ein Altar errichtet, wo man „auch die heilige Messe feiern darf". 1664 bezog der erste Klausner, Tomas Pichler aus Embach, mit erzbischöflicher Erlaubnis die Felsenhöhle am Palfen. Er baute das kleine Grottenheiligtum des Märtyrers, Soldatenheiligen und Nothelfers aus und machte daraus eine vielbesuchte Kapelle. Unterhalb der Höhle, an einen Felsen gebaut, entstand die steinerne Einsiedelei mit Kapelle, Zwiebelturm und Glocke, die er läuten musste, sobald er im Tal einen Brand bemerkte. Mit Hilfe einer Bruderschaft richtete er sich ein, so gut es ging. Auch ein kleiner Gemüsegarten gehört seitdem zur Ausstattung der Eremitage.

Pichler lebte 35 Jahre in der Einsiedelei, bevor er seinem Leben ein vorzeitiges Ende machte, indem er aus einem Fenster des Dechanats in Saalfelden sprang. Es hieß damals, er habe ein „verbotenes Buch" gelesen, was „eine schwere Betrübnis in seinem Herzen verursacht" und zum Selbstmord geführt habe.

Obwohl das Eremitentum Anfang des 19. Jahrhunderts verboten wurde, blieb die kleine Klause oberhalb von Saalfelden selten unbewohnt, außer in manch kalten Wintermonaten.

Mehr oder weniger schillernde Gestalten leben seit nunmehr fast 350 Jahren auf dem Palfen. Weder von der Gemeinde noch von der Kirche werden sie bezahlt. Ihren Lebensunterhalt bestreiten sie selbst. Auch auf Kühlschrank, Radio oder Fernsehen müssen sie verzichten, hier oben gibt es keinen Strom. Ihre Wasservorräte müssen die Einsiedler vom nahegelegenen Schloss Lichtenberg herauftragen und die Winter verbrachten sie zumindest früher im Pfarrhof oder bei Bauern.

1969 erregte der damalige Eremit Karl Kurz aus Leoben Aufmerksamkeit durch einen Fernsehauftritt. Danach besuchten ihn die Leute in Scharen in seiner Einsiedelei. Später gab er an, überfallen worden zu sein, was ihm erneut viel Publikum einbrachte.

Nur wenige Jahre später lebte ein ehemaliger Bezirkshauptmann aus dem Lungau als Einsiedler in der Klause. Dieser führte 1977 die Weihnachtsandacht vor der Grotte ein. Auf Grund seines Hangs zu geistigen Getränken konnte er diese leider nicht mehr oft miterleben, er starb drei Jahre später.

Wenn ich unterwegs bin in das Steinerne Meer, zur Weißbachscharte oder zum Großen Hundstod, lege ich auf dem Rückweg gerne eine Rast bei der Einsiedelei auf dem Palfen ein. Derzeit wird sie von Bruder Raimund aus dem Benediktinerkloster St. Lambrecht in der Steiermark betreut. Bei günstiger Witterung bleibt er hier von April bis Anfang November. Wer will, kann sich bei ihm ein Getränk oder eines seiner sehr lesenswerten Bücher kaufen. Auch Spenden nimmt er gerne an. Ein erstaunlicher Mann, der in diesen Publikationen ganz offen über die Höhen und Tiefen seines Lebens spricht. Letztere hatten ihn bis an den Abgrund getrieben, es ging für ihn nicht mehr weiter und er stand am Scheideweg. Im Jahr 2000 leitete er eine radikale Lebenswende ein. Mitten in seiner „Lebenssackgasse“ begab er sich auf Pilgerfahrt und wurde aus seiner Seelennot befreit. Nach einer Krebsoperation ging er zu Fuß von Vorarlberg nach Lourdes, zur Gottesmutter. Dort geschehen seit dem Jahr 1858 unerklärliche Heilungen, die selbst skeptische Wissenschaftler zum Grübeln bringen. Aber auch viele von den Menschen, die nicht geheilt werden, finden dort ein neues Verhältnis zu ihrem Leid, zu ihren Abgründen und vor allem zu Gott. 2003 trat Bruder Raimund als Laienbruder in den Konvent der Benediktiner von St. Lambrecht ein. Seit 2004 lebt er auf dem Palfen als Eremit. „Wenn ich nun als Benediktinermönch und als Saalfeldner Eremit lebe, so kann ich Gott nur danken, dass er mein Leben ‚zugelassen‘ hat, dass er mich gelehrt hat, sich seiner Führung anzuvertrauen“, sagt er. Er ist jetzt nach einer langen Reise mit vielen Umwegen angekommen, und ruht, befreit von störendem Beiwerk, in sich selbst.

Manche Besucher seien schon neugierig und wollen sehen, was für ein „Spinner“ da oben haust, meint der Eremit. Gerade bei Menschen, denen Gott fremd geworden ist oder die nichts mehr mit der Kirche anfangen können, stößt Bruder Raimund auf Interesse. Einsiedler sind Eigenbrötler, bewegen sich außerhalb der Schablonen unserer Gesellschaft, leben nach anderen Normen und haben dennoch eine klare Vorstellung von ihrem Leben.

> *Wenn du vollkommen werden willst, verkaufe all deine Habe, gib den Erlös den Armen, dann komm und folge mir nach und du wirst einen Schatz im Himmel haben (Mt 19, 21).*

Es braucht wohl solche Grenzerfahrungen, wie sie Bruder Raimund erlebte, um sich für ein Dasein in der Nachfolge des hl. Antonius (251–356), des ersten Einsiedlers, zu entscheiden. Es geht um mehr, als die Grenzen des eigenen Körpers zu überwinden. Es geht darum, Gott zu suchen in den Dunkelheiten des Lebens, den Kampf aufzunehmen mit den eigenen Gewohnheiten und Lastern, die eigenen Bedürfnisse zurückzuschrauben, die Stille auszuhalten, das eigene Schweigen vor sich selbst und vor Gott, sich an jedem Tag erneut klein zu machen in Andacht und Gebet.

Der Tag dieses erstaunlichen Mannes beginnt um 6 Uhr morgens und besteht aus Beten, Kochen und Arbeiten. Er betreut die beiden Höhlen mit der Georgskapelle und der Kalvarienberggruppe oberhalb seiner Behausung, begrüßt die Wanderer und Besucher. Wenn diese es möchten, betet Bruder Raimund mit ihnen. Jeden Abend läutet er außerdem zum Angelusgebet. In der Georgskapelle, dem Ursprung der Klause, werden am ersten Samstag im Monat die beliebten „Palfenmessen" gefeiert.

„Zur Heiligabendmesse kommt eine schier unübersehbare Menschenmenge zur Palfenhöhle", berichtet mir der Pfarrer von Saalfelden, „Bruder Raimund kommt dafür extra aus seinem Winterquartier in St. Lambrecht angereist." Er erwähnt auch das gute Verhältnis zwischen der Pfarrei und dem Eremiten. Wer zusammen mit den vielen Gläubigen durch den tiefverschneiten Bergwald hinauf zur kleinen Klause stapft, spürt an Weihnachten nicht nur eine besondere Romantik, sondern bekommt auch eine Ahnung von der Not und Beschwerlichkeit, denen Eremiten ausgesetzt sind. Traditionell wird die Einsiedelei auch am 23. April, dem

Bruder Raimund verbringt einen Großteil des Jahres in seiner bescheidenen Behausung.

Georgitag, viel besucht. Dann herrscht dichtes Gedränge und halb Saalfelden scheint an diesem besonderen Ort versammelt zu sein.

Von der Einsiedelei hat man eine schöne Sicht in den Pinzgau, auf das pulsierende Saalfelden, auf den dichten Verkehr im Tal, auf die Hektik und das Getriebe des Alltags. Bruder Raimund braucht nur einige Schritte zu gehen, um sich das alles anzusehen. Wie anders ist doch sein jetziges Leben, für das er sich nach seinem Tiefpunkt entschieden hat. Bei meinem letzten Besuch war ihm nicht nach Reden zumute. Auf meine Frage, wie viele Jahre er sich vorstellen könne, noch hier oben in der Einsamkeit zu leben, deutete er mit dem Zeigefinger zum Himmel, zuckte mit der Schulter und meinte: „Das weiß nur der da oben." Sprach es und verschwand in seiner steinernen Behausung.

10 Maria Kunterweg, Ramsau

BAYERN

Spurensuche

Anfahrt:	Autobahn A 8 München – Salzburg, Ausfahrt Bad Reichenhall, B 21 bis zum Gasthaus Kibling (Anfang Saalachsee)
Ausgangspunkt:	Gasthaus Kibling
Wegverlauf:	Kibling (486 m) – Saalachsee bis Fronau/Unterjettenberg (517 m) – Überquerung B 21 – weiter auf B 305 (Alpenstraße) – nach ca. 2 km rechts abzweigen – Schwarzbach-almen – Brunnhaus/Schwarzbachwacht (870 m) – Soleleitungsweg bis Gasthaus Hindenburglinde – Kunterwegkirche (850 m); Kompass-WK 14 (Berchtesgadener Land – Chiemgauer Alpen)
Höhenunterschied:	ca. 400 Hm
Gesamtgehzeit:	ca. 4 Stunden
Anforderung:	Konditionell anspruchsvolle Wanderung, technisch unschwierig
Einkehrmöglichkeit:	Gasthaus Schwarzbachwacht, Gasthaus Hindenburglinde, Gasthaus Zipfhäusl
Beste Jahreszeit:	Frühjahr bis Spätherbst
Tipp:	Bei einer Tour im Winter ist gute Ortskenntnis erforderlich, besonders im Bereich der Schwarzbachalmen. Als Alternative bietet sich nur die Bundesstraße an.

Die Witterung ist sehr einladend, als ich meinen Wagen am Saalachsee-Parkplatz bei Bad Reichenhall abstelle. Die Meteorologen haben schönes Wetter und gute Fernsicht vorhergesagt an diesem Januartag. Kälte und Frost bestimmen die kurzen Tage im Berchtesgadener Land. Die Quecksilbersäule zeigt minus 11 Grad, als ich losmarschiere. Aber mit dem Wetter ist es ja bekanntlich wie bei Wahlen, wie es wirklich ausgeht, weiß man immer erst hinterher.

Die enge Straße entlang des Stausees, der die Deutsche Bahn und etwa 1000 Bewohner rund um Bad Reichenhall mit Strom versorgt, ist eisglatt und ich bin froh, sie bei Fronau wieder verlassen zu können. Ein tiefverschneiter Wanderweg führt mich durch einen Zauberwald, in dem die Bäume weiße Kapuzen tragen. Meine Spuren scheinen die ersten seit Tagen zu sein.

Ob im Sand oder im Schnee: Spuren verwehen, sind etwas Vorübergehendes. Welche Spuren werden wir eines Tages hinterlassen? Bleiben überhaupt Spuren von uns zurück? Wer wird sie suchen, wen werden sie interessieren? Wird überhaupt jemand danach forschen? Haben wir unsere Ziele erreicht, oder endeten die Spuren schon vorher? Wir gehen viele Wege, die uns verändern. Anstrengende Wege, nicht nur für Beine und Rücken. Schwielen und Blasen nicht nur an den Füßen, sondern auch in unseren Köpfen und Herzen?

Entlang des Schwarzbachs führt mein Weg bis zum Brunnhaus bei der Schwarzbachwacht in 868 m Höhe. Ab hier marschiere ich auf dem Soleleitungsweg weiter. In einer Holzleitung wurde hier über 160 Jahre, bis 1958, die Sole aus dem Salzbergwerk Berchtesgaden zur Saline Bad Reichenhall gepumpt. Die Pumpe, die das flüssige Salz fördern konnte, war eine Erfindung des bayerischen Ingenieurs Georg Friedrich von Reichenbach und

Schön zu jeder Jahreszeit – Am alten Viehweg zwischen Ramsau und dem Lattengebirge liegt die Wallfahrtskirche „Unserer Lieben Frau am Kunterweg".

machte 1817 den Bau der ersten „Pipeline" der Welt überhaupt erst möglich.
Der fast ebene Weg bietet einmalige Ausblicke auf das Reitersteingebirge, den Hochkalter, den Hohen Göll und das Watzmannmassiv. Keine einzige Wolke trübt meinen Gipfelblick. Nur das Berchtesgadener Becken präsentiert sich noch dunstverschwommen am späten Vormittag und wird von einigen Nebelschwaden durchzogen. Wie Handtücher breiten sie sich über das Tal und verleihen der winterlichen Natur etwas Zauberhaftes und Geheimnisvolles.
Nach 30 Minuten verlasse ich den Soleleitungsweg wieder und wandere über schneebedeckte Wiesen zur Kirche „Unserer Lieben Frau vom Kunterweg". Während die drei anderen Wallfahrtskirchen Berchtesgadens schon von Weitem zu sehen sind, liegt das kleine Heiligtum verborgen mitten in der Waldeinsamkeit zwischen der Queralpenstraße und dem Dorf Ramsau. Dabei müsste es sich gar nicht verstecken, denn an Ausstrahlung steht es den Kirchen in Bartholomä, Maria Gern und Ettenberg in nichts nach.
Schwer ächzt die Eingangstür, als mir die Mesnerin öffnet und wir über die abgetretene steinerne Schwelle das kleine Gotteshaus betreten. Die Füße wie vieler Beter waren wohl nötig, um das Gestein so tief abzuschleifen? Seit nunmehr 23 Jahren versehen Hilde und Sepp Grill hier ihren Dienst. Der Sepp ist außerdem auch noch der Or-

ganist der kleinen Rokokokirche.
Der Berchtesgadener Fürstpropst Freiherr Julius von Rehlingen ließ diese ab 1731 in zweijähriger Bauzeit errichten. Schon seit 1690 hatte man hier in einer Felsnische die Kopie des Gnadenbildes von Maria Gern verehrt. Das älteste Votivbild datiert auf das Jahr 1702. Die Kirche diente den Bauern, Sennern und Sennerinnen, die hier wohnten oder über den Viehweg (Kunterweg) ihre Almen versorgten, als Wallfahrtskirche. Der reichgeschmückte Hochaltar wirkt massiv und ist doch vollständig aus Holz geschnitzt. Die nachträgliche Marmorierung ist dem Untersberger Marmor nachempfunden und wirkt täuschend echt. Die Mesnerin schaltet für mich die Altarbeleuchtung ein, gleichzeitig fällt durch die hohen Kirchenfenster das Sonnenlicht ins Gotteshaus. Eine wahrhaft himmlische Stimmung breitet sich in der kleinen, lichterfüllten Kirche aus. Überraschend ist für mich die Vielzahl der Votivbilder. Hilde Grill kann über diese eine Menge erzählen. Sie berichten von Bauern, die durch Krankheit fast um ihre Existenz kamen, von Holzfällern, die im Winter vorm Lawinentod gerettet wurden, und von Menschen, die von Feuersbrunst verschont blie-

ben. Ex voto (lat.: in Verlobung) und Gott hat geholfen.
Ungewöhnlich ist das Deckenfresko. Zieren es in der Regel himmlische Visionen, so wird hier die Vertreibung der Protestanten aus Berchtesgaden verherrlicht. „Es ist die dunkle Seite unserer Kirche", meint die Mesnerin und spricht ungern davon. Bei der letzten Innenrenovierung schlug sie dem Pfarrer vor, das Bild zu übermalen. Doch der lehnte mit der Begründung ab, dass man Tatsachen ins Auge sehen müsse und nicht einfach übermalen könne. Die neue Lehre Martin Luthers war vom salzburgischen Dürrnberg auch nach Berchtesgaden getragen worden. Knappen aus Sachsen hatten sie im dortigen Salzbergwerk verbreitet und so fanden die neuen Ideen bald auch hier viele Anhänger. Nachdem in den Jahren 1731 und 1732 etwa 20.000 Salzburger Protestanten ihre Heimat verlassen mussten, baten auch die Berchtesgadener um Ausreiseerlaubnis, die ihnen unter Verlust von Hab und Gut, Zurücklassung ihrer Kinder unter zwölf Jahren und Zahlung von fünf Gulden schließlich gewährt wurde. 1100 von 9000 Bewohnern verließen damals die Fürstpropstei, ein gewaltiger Aderlass, Holzwirtschaft und Salinenbetrieb lagen darnieder. Die Auswanderer fanden in Deutschland, Ungarn, Holland und sogar in den USA eine neue Bleibe. Im Jahr des Auszugs wurde die neue Wallfahrtskirche am Kunterweg fertiggestellt und eingeweiht. Die Auseinandersetzung mit den Protestanten wird die Menschen im Berchtesgadener Tal gespalten und tief bewegt haben. Schließlich ging der Konflikt ja oft mitten durch die Familien, trennte Freunde und Verwandte. Glaube oder Heimat hießen die Optionen und wer aus der Heimat fortzog, der ging für immer. Aus der Sicht der Katholiken wurde diese Auswanderung im Deckengemälde als Triumph dargestellt. Im Chronogramm ist auf Latein nachzulesen: „Auf Fürbitte der unbefleckten Jungfrau und Mutter ist der verderbende Irrglaube hier von dieser Kirche ausgetrieben worden (1733)."
Das Mesner-Ehepaar lädt mich in seinem gemütlichen Holzhaus zu Kaffee und Kuchen ein. Hilde Grill erzählt mir, dass einige Nachfahren der ausgewanderten Protestanten auch heute noch Kontakte untereinander pflegen und sich mehr oder weniger regelmäßig treffen. Sie sind fremd in der Heimat ihrer Vorfahren und dennoch zieht es sie zurück zu ihren Wurzeln. Vor zwei Jahren kamen Nachfahren der damals Ausgewanderten in die kleine Kunterwegkirche. Der Sepp wusste nicht, was er für sie auf der Orgel spielen sollte und stimmte intuitiv das Lied „Näher mein Gott zu dir" an. Da liefen den Leuten die Tränen übers Gesicht und sie sangen voller Hingabe mit. „Das ist unser Lied", sagte ihr Sprecher, „woher wussten Sie das"?

Näher, mein Gott, zu dir, näher zu dir!
Drückt mich auch Kummer hier, drohet man mir,
soll doch trotz Kreuz und Pein dies meine Losung sein:
Näher, mein Gott, zu dir, näher zu dir.

So mahnt uns das Deckenfresko heute, aus den Katastrophen der Geschichte zu lernen und mit aller Kraft für eine gerechte, menschenwürdige Zukunft einzustehen. Ein Aufruf zu Toleranz im Glauben und für mehr Ökumene und eine Erinnerung an eine längst vergangene Zeit.

11

SALZBURG/ BAYERN

St. Bartholomä am Königssee

„Mit Musik übers Gebirge“

Anfahrt:	Autobahn A 8 München – Salzburg, Ausfahrt Traunstein/Siegsdorf, B 306 bis Schneizlreuth, B 21/B 178 bis Lofer, B 311 bis Saalfelden, B 164 bis Maria Alm oder Autobahn A 10 Salzburg – Villach, Ausfahrt Bischofshofen, B 164 bis Maria Alm. Mit dem Bus am Tag der Wallfahrt: Samstag nach dem Bartholomäus-Tag (24. 8.) vom Parkplatz am Königssee/Berchtesgaden nach Maria Alm, Abfahrt ab 2 Uhr morgens (keine Anmeldung erforderlich)
Ausgangspunkt:	Maria Alm, Taxitransfer zum Start beim Wanderparkplatz Riemannhaus
Wegverlauf:	Wanderparkplatz Riemannhaus (ca. 1160 m) über den „Ramseider Klettersteig“ zum Riemannhaus (2177 m) – Überquerung Steinernes Meer – Kärlingerhaus am Funtensee (1630 m) – Saugasse – St. Bartholomä am Königssee (620 m); Kompass-WK 30 (Saalfelden – Leoganger Steinberge) und WK 14 (Berchtesgadener Land – Chiemgauer Alpen)
Höhenunterschied:	Anstieg ca. 1200 Hm, Abstieg ca. 1600 Hm
Gesamtgehzeit:	ca. 7 bis 9 Stunden, im Zug der Wallfahrer ca. 11 bis 12 Stunden
Anforderung:	Lange, anspruchsvolle Strecke, die eine gute Kondition erfordert, beim Aufstieg zum Riemannhaus ist Trittsicherheit erforderlich.
Einkehrmöglichkeit:	Riemannhaus, Kärlingerhaus, Gasthaus St. Bartholomä, Fischerstüberl St. Bartholomä
Beste Jahreszeit:	Frühjahr bis Herbst je nach Schneelage
Tipp:	Die Fahrkarten für die Königsseeschifffahrt können bereits am Riemannhaus zum ermäßigten Preis gekauft werden. In St. Bartholomä ist keine Übernachtung möglich. Es ist daher wichtig, das letzte Schiff nicht zu versäumen (Abfahrt: 18.30 Uhr). Am Tag der Wallfahrt fahren die Schiffe bei Bedarf aber auch noch länger. Vom Parkplatz in Königssee bringen Busse die Wallfahrer zurück in den Pinzgau. Information zum genauen Zeitpunkt der Wallfahrt: www.koenigssee.de, zur Schifffahrt: www.seenschifffahrt.de

Die letzten Teilnehmer an der Bartholomä-Wallfahrt, die am Parkplatz unterhalb des Riemannhauses aufbrechen, müssen sich sputen, um noch rechtzeitig zur Bergmesse einzutreffen. Mitten in der Nacht brechen die Ersten auf. Die Wallfahrer aus Bayern besteigen schon ab 2 Uhr morgens die Busse am Königssee, die sie in den Pinzgau bringen.

Die Ursprünge dieser im Alpenraum wohl einzigartigen Traditionswallfahrt vom österreichischen Maria Alm zum bayerischen Königssee liegen im Dunkeln. Geprägt ist ihre Geschichte natürlich durch das katastrophale Unglück vom 23. August 1688, als 71 Menschen in den Fluten des Sees ums Leben kamen.

Gegen 3.30 Uhr beginnt in finsterer Nacht der Aufstieg über den seilversicherten „Ramseider Klettersteig“. Nach 2,5 Stunden taucht dann das Riemannhaus in 2177 m Höhe auf. Es steht genau zwischen dem bedrohlich wirkenden Sommerstein und dem Breithorn, das bereits von der Sonne verwöhnt wird, während sich der Pinzgau noch in dichten Nebel hüllt. Darüber reicht der traumhafte Ausblick bis zum Kitzsteinhorn und zum Großvenediger.

Immer wieder treffen wir auf Abordnungen der Blaskapelle Maria Alm, die die Teilnehmer mit ihrem Spiel unter-

Bergmesse am Riemannhaus

halten. Bis in die Mitte der Zwanzigerjahre des vorigen Jahrhunderts begleiteten die Musikanten regelmäßig die müden Wallfahrer über das Gebirge. Während dieser Zeit wurde am Kirchweihsonntag in St. Bartholomä nach dem Gottesdienst ein „Vergleichsrankln“ (Ringen) zwischen Pinzgauern und Berchtesgadenern veranstaltet, was oftmals in fürchterliche Schlägereien ausartete. Solche Vorkommnisse sowie Kriege, Notzeiten und das Wallfahrtverbot während der Zeit des Nationalsozialismus führten dazu, dass das „Bartlmä-Gehen“ in der Folgezeit fast einschlief. Natürlich gab es immer einzelne Personen, die an Bartholomä übers „Gebirg“ gingen, aber es fanden keine organisierten Wallfahrten mehr statt. 1951, nach 25-jähriger, kriegsbedingter Unterbrechung, erinnerte man sich wieder an die alte Tradition des Bittgangs, knüpfte alte Verbindungen neu und unter der Leitung der Almer Musikkapelle wagte man wieder den „Sprung übers Gebirge“. Die Musikanten treten seither als Veranstalter und Organisatoren der Wallfahrt auf und ihnen ist es im Wesentlichen auch zu danken, dass es den Bittgang heute noch gibt.
Langsam sammeln sich die Teilnehmer in dem natürlichen Felsentheater vor

dem Riemannhaus. Dieses Mal sind es bei herrlichem Wetter über 2000 Menschen. Alles freut sich auf den Beginn der Wallfahrt, die Bergmesse. Die Kapelle aus Maria Alm intoniert jedes Jahr die Deutsche Messe von Schubert. Was für ein feierlicher Rahmen in dieser herrlichen Umgebung.

In seiner eindrucksvollen Predigt erinnert uns der Pfarrer von Maria Alm daran, dass die wirklich wichtigen Dinge des Lebens umsonst sind, dass man sie geschenkt bekommt. Der Schoß der Mutter, das Lachen eines Kindes, die Liebe und die Treue, Tag und Nacht, Ruhe und Stille, die Schönheit der Berge. Wer will, kann in diesem Bewusstsein die Wallfahrt beginnen. Manche sehen in dieser schillernden Veranstaltung bestenfalls eine Art hochalpinen Volkslauf oder eine Almwanderung mit religiösem Charakter. Aber bei vielen Wallfahrern hat der Gang über das Gebirge zu einer anderen Sicht der Dinge geführt. Die eingefleischten „Bartlmä-Geher“ kommen jedes Jahr wieder und es werden immer mehr. Wie ein unsichtbares Band verbinden sie der gleiche Weg und das gleiche Ziel. Für einige von ihnen wurde dieser Bittgang ein Weg zurück zur Quelle unseres Lebens. „Wallfahrer, auf geht's in Gottes Na-

Fixpunkt beim „Bartlmä-Gehen" – der Almsegen am Funtensee

men". Mit diesem Satz aus dem Mund von Georg Imlauer, dem Vorgeher, beginnt der lange Marsch über das Steinerne Meer. Langsam setzt sich die Karawane in Bewegung. Es kann durchaus 30 Minuten dauern, bis sich alle Teilnehmer „eingefädelt" haben, trotzdem herrscht eine sehr ruhige und besinnliche Stimmung. Bei gutem Wetter ist der Zug bis zu drei Kilometer lang. Der Vorgeher mit seinem mit Blumen geschmückten Stab geht voraus, dahinter der Pfarrer und die Musikkapelle. Bald löst sich der Stau auf und die Unterhaltungslaune bestimmt die Abstände zwischen den Teilnehmern. Ansonsten hängt jeder seinen Gedanken nach und bewundert die Schöpfung am Wegrand, inmitten der riesigen, 65 qkm großen Hochfläche, ein Labyrinth aus Fels und Gestein.

Das ist das Besondere am „Bartlmä-Gehen": statt der üblichen Gebete sprechen hier die Berge. Es ist eine Wallfahrt über das Hochgebirge, durch verschiedene Klima- und Vegetationszonen, über Landesgrenzen, mitten hinein in den Nationalpark Berchtesgaden. Im stundenlangen Gehen erinnert sie uns daran, dass auch wir Menschen die Grenzen untereinander einreißen müssen, dass wir nach Streitigkeiten wieder miteinander reden, Hass und Zwietracht abbauen sollten.

Wasser finden wir hier nur selten. Lediglich die Struktur des Gesteins erinnert uns an gefrorene Wellen und somit an das Meer. Allerdings ist das Gebirge von einem weitverzweigten, unterirdischen Flusssystem durchzogen, welches bisher aber nur wenig erforscht ist.

Es geht bergauf und bergab. Eine eigenartige, ja einzigartige Faszination geht von dieser kahlen Hochfläche aus. Mit jedem Schritt über Rinnen und

Spalten wird unser Weg vertrauter, beseelter und wir fühlen uns alle dem Himmel ein Stück näher.
Beim „Salzburger Kreuz“ erreichen wir den höchsten Punkt unserer Wallfahrt. Ein schmuckloses Kreuz aus Holz und Blech in gut 2000 m Höhe. Es ist der Scheitelpunkt, denn ab jetzt geht es langsam bergab und je weiter wir hinuntersteigen, desto mehr säumen Latschen und Zwergsträucher unseren Weg. Im Bereich des Schottmahlhorns gesellen sich die ersten Bäume dazu, Lärchen und Kiefern bringen nun etwas Farbe in unsere Wallfahrt. Grün und Grau wechseln sich jetzt immer mehr ab. Grün und Grau, wie die Farben der bayerischen Tracht. Nicht umsonst heißt diese Gegend hier das „Baumgartl“. Von hier aus haben wir einen besonders schönen Blick auf den Hohen Göll, den Kehlstein und die Gotzenalm.
Natürlich bilden sich an unübersichtlichen, steilen und rutschigen Stellen immer wieder kleinere Staus. Dafür kommen wir wieder mit unseren Nachbarn ins Gespräch und nach einer kurzen Pause geht’s dann auch schon wieder weiter. Wohlweislich sind gerade an solchen neuralgischen Punkten wieder die Musikanten zur Stelle und vertreiben den Wallfahrern mit ihrem Spiel die Zeit. Seltsamerweise sind sie die Letzten, die nach einer Pause aufbrechen, und die Ersten, die bei der nächsten Rast schon wieder aufspielen. Das Überholen hunderter Teilnehmer mit dem oft schweren Instrument auf dem Rücken verlangt manchmal „gämsenartige Geschicklichkeit“.
Wir nähern uns dem „Grenzstein“. Seit dem Jahr 1818 verläuft die bayerisch-österreichische Grenze hier mitten im „Baumgartl“. Über die Wipfel der Bäume schauen wir zum ersten Mal hinunter zum Funtensee und zum Kärlingerhaus. Die riesige Almfläche strahlt eine himmlische Ruhe aus. Hier, etwas oberhalb des Funtensees, findet um die Mittagszeit traditionell der „Almsegen“ durch den Pfarrer von Maria Alm statt. Alle freuen sich über den herrlichen Tag und danken dem Himmel, dass sie heute dabei sein dürfen. Der Bürgermeister aus Maria Alm bittet um Einlass in Bayern und sein Amtskollege aus Schönau, der „Hausherr“, heißt die Wallfahrer herzlich willkommen. Das hat alles eine lange Tradition.
Der Funtensee ist der Kältepol Deutschlands. Im Januar 2002 wurden hier 45,9 Grad minus gemessen, die tiefste Temperatur seit dem Beginn der Wetteraufzeichnungen in Deutschland. Schuld daran ist vor allem die Lage des Sees in einer tiefen Mulde. Die Berge ringsum verhindern eine intensive Sonneneinstrahlung und halten die kalte Luft am Boden, so dass sie nicht entweichen kann. Es findet kein Luftaustausch statt. Weil die kalte Luft schwerer ist als die warme, läuft sie in der Mulde zusammen, wird zu Boden gedrückt und erzeugt so die außergewöhnlich tiefen Temperaturen.
Am Kärlingerhaus ist natürlich am meisten los. Es zählt zu den ältesten Hütten des Deutschen Alpenvereins in Bayern und blickt auf eine über 130-jährige Geschichte zurück.
„Auf geht’s, wir ziehen weiter“, mahnt der Vorgeher zum Weitermarsch, denn Müßiggang schadet auch dem Wallfahrer und so setzt sich der offizielle Teil der Karawane wieder in Bewegung. Der gut angelegte Weg führt nun durch eine übergrünte Karstlandschaft. In einer Höhe von ca. 1650 m werden die Hänge der umliegenden Berge bereits

Die psychologische Schlüsselstelle der Wallfahrt – die „Saugasse", überwindet 400 Höhenmeter in 36 Spitzkehren.

vom lockeren Zirbenwald eingenommen. Aus der Ferne sieht der mächtige Watzmann auf uns herunter. Beeindruckend ist es für jeden, der zum ersten Mal die „Saugasse" betritt. Eine markante Schlucht, deren Felskämme sich umso mächtiger auftürmen, je tiefer wir hinuntersteigen. 400 Höhenmeter sind in 36 Spitzkehren zu bewältigen, zu einer Tageszeit, in der die Sonne am höchsten steht und den Einschnitt gnadenlos aufheizt. Wie an einer Perlenschnur aufgereiht, ziehen die Teilnehmer durch die riesige Engstelle. Die Saugasse ist die psychologische Schlüsselstelle der gesamten Wallfahrt und wenn man durch sie hindurch ist, ist das Schlimmste geschafft. An ihrem Ende, auf einer Höhe von 1200 m, eine kurze Trinkpause beim „feisten Herrgott in der Tränz", einer ehemaligen Viehtränke. Hier treffen wir auf einen dichten Bergmischwald. Nicht mehr nur Lärchen, sondern Buchen, Fichten, Tannen und Bergahorn umgeben uns hier. Überall Schmetterlinge und Blumen, die wie bunte Sterne vom Himmel gefallen zu sein scheinen, um uns müde Wallfahrer aufzumuntern.
Die ganze Zeit schon begleitet uns beim Abwärtsgehen ein eigenartiges Rauschen, das wir zwar hören, aber nicht recht einordnen können. Als schließlich der Abfluss des Funtensees,

St. Bartholomä am Königssee – das Ziel der Pinzgauer Wallfahrer

der Schreinbach, aus seinem unterirdischen Flussbett schießt und sich mit mehr oder weniger großen Bächen und Rinnsalen zu einem ansehnlichen Gebirgsbach vereinigt, ist das Rätsel gelöst. Am letzten Steilabfall vor dem Königssee gibt es dann Wasser in ungewohnter Fülle. Was für eine Wohltat, nach so vielen Stunden im fast wasserlosen Steinernen Meer, etwas von der kühlen Frische einzuatmen.
Dann endlich der erste fantastische Blick auf unser Ziel, den Königssee. Michael Vierthaler schrieb 1816 in seinem Buch „Meine Wanderungen durch Salzburg, Berchtesgaden und Österreich“: „St. Bartholomä gleicht einer Insel im stillen Meer [...] Die Gegend scheint nur für die Tiere des Waldes und der Berge, für Fischer und Jäger geschaffen zu sein. Dennoch findet man an einem Tag des Jahres, am Feste des Apostels, das Eiland ganz mit Menschen bedeckt. Sie kommen größtenteils aus dem Pinzgau, über Tauern und Alpen herab und aus Klüften und Schründen heraus, wo selbst Tiere nicht ohne Gefahr wandeln können. Ihr religiöses Gefühl erhält einen höheren Schwung durch die romantische Gegend.“ Die Zeiten von Michael Vierthaler liegen nun schon ein paar Jahre zurück und heutzutage herrscht im Sommer am Königssee wohl jeden Tag ein Betrieb wie damals zum „Feste des Apostels“. Einzigartig ist die Landschaft

aber noch immer. Die Aussicht über Königs- und Obersee reicht weit ins östliche Steinerne Meer.
Noch eine Stunde schmerzhafter Abstieg auf dem „Hochstieg“, ein gemauerter Zickzackweg, dann ist das Ufer des Sees erreicht. Jetzt atmet jeder auf. Nach ca. 11 bis 12 Stunden Fußmarsch reißen sich viele Wallfahrer die Schuhe von den Füßen und waten im Wasser umher. Schnell kehren bei den meisten die Lebensgeister zurück.
Traditionell rudern die Schönauer Holzknechte der Berchtesgadener Nationalparkverwaltung den Wallfahrern mit Musik und in Berchtesgaden gebrautem Bier, frisch vom Fass, entgegen. Die Maßkrüge sind immer wieder schnell im See ausgewaschen und neu gefüllt. Die Holzknechte haben alle Hände voll zu tun. Einige besonders abgehärtete Wallfahrer versuchen schwimmend zur Breitseite des Bootes vorzudringen, in der trügerischen Hoffnung, nicht in der langen Schlange anstehen zu müssen.
Dann sind es nur noch einige hundert Meter bis zum Ziel St. Bartholomä. Die Kirche auf der kleinen Halbinsel ist 1134 erstmals erwähnt. Sie war der Gottesmutter und der Dreifaltigkeit geweiht. Man hat das höchste Patrozinium wohl deshalb gewählt, weil die Bevölkerung in dieser einsamen Gegend zwar getauft war, aber trotzdem noch ihren alten Bräuchen anhing. Aber irgendwann, als der Glaube gefestigt schien, hat man das Patrozinium zugunsten des Apostels der Almleute, der Jäger, Sammler und Hirten geändert. Im Jahr 1522 wird in alten Schriften bereits von der „Kapelle des hl. Bartholomäus“ gesprochen. Ihren entscheidenden Umbau erhielt das Kirchlein ab dem Jahr 1695 mit der Erweiterung nach Osten, durch den Anbau der weltbekannten drei Konchen. In ihnen sind Haupt- und Seitenaltäre untergebracht. Die Rotunde, der ovale Verbindungsbau zwischen Kirche und angebautem Gasthaus, der ehemaligen Sommerresidenz der Augustiner-Chorherren, entstand Anfang des 18. Jahrhunderts.
Aber jetzt kommt der Leib zu seinem Recht. Im schattigen, völlig überfüllten Biergarten künden frühherbstlich gefärbte Blätter und nackte Baumkronen vom Ende des Sommers. Ich bin froh, einen Platz erkämpft zu haben, und lasse mir die Radlermaß gut schmecken. Um 18.00 Uhr beginnt die Schlussandacht. Ich muss mir frühzeitig einen Platz in dem kleinen Gotteshaus suchen, denn sie wird brechend voll. Als der offizielle Einzug der Pinzgauer Wallfahrer mit allen Honoratioren erfolgt, wird es wirklich sehr eng in der Kirche, wer Platzangst hat, geht besser wieder ins Freie. Mit einer Bergmesse am Riemannhaus hat der Pfarrer von Maria Alm die Wallfahrt eröffnet und mit einer Schlussandacht beendet er sie wieder. Ein inbrünstiges „Großer Gott wir loben dich“ aus über 200 Wallfahrerkehlen beendet den mühsamen, aber wunderschönen Bittgang über das Steinerne Meer.
Wenn am Abend wieder Ruhe einkehrt auf der Halbinsel am See, wenn das letzte Schiff nach Königssee abfährt, dann heißt es auch für mich Abschied nehmen, von einem Bittgang, der an Stimmung und landschaftlicher Schönheit kaum zu überbieten ist. Wir nehmen Abschied von St. Bartholomä, von der Wallfahrt, vom Königssee und vom Steinernen Meer, bis es nächstes Jahr im Pinzgau wieder heißt: „Auf geht’s, Zeit ist’s wieder zum Bartlmä-Geh“.

12

BAYERN

Maria Gern und Maria Ettenberg am Untersberg

Gnadenorte am Sagenberg

Anfahrt:	Tauernautobahn A10 Salzburg – Villach, Ausfahrt Salzburg Süd, B 160/B 305 bis Berchtesgaden, Landstraße bis Maria Gern
Ausgangspunkt:	Wallfahrtskirche Maria Gern
Wegverlauf:	Wallfahrtskirche Maria Gern (ca. 800 m) – Stöhrweg – Stöhrhaus (1894 m) – Berchtesgadener Hochthron (1972 m) – Stöhrhaus – Scheibenkaser – Wanderparkplatz Ettenberg (ca. 780 m) – Wallfahrtskirche Maria Ettenberg/Mesnerwirt (834 m) – Almbachklamm – Kugelmühle (500 m), über den Bachwaldweg und Hintergern zurück nach Maria Gern. Kompass-WK 14 (Berchtesgadener Land – Chiemgauer Alpen)
Höhenunterschied:	Aufstieg und Abstieg je ca. 1500 Hm
Gesamtgehzeit:	ca. 10 bis 12 Stunden
Anforderung:	Sehr lange, konditionell anspruchsvolle Bergtour
Einkehrmöglichkeit:	Stöhrhaus, Mesnerwirt Ettenberg, Gasthaus Kugelmühle
Beste Jahreszeit:	Frühsommer bis Herbst
Tipp:	Wer nicht durch die Almbachklamm steigen möchte, kann sich ab der Wallfahrtskirche auf dem Weg über die Theresienklause ca. 1 Stunde Gehzeit nach Maria Gern ersparen.

Die Sennerin der Zehnkaseralm stieg einst hinauf zum Berchtesgadener Hochthron. Sie wollte zum Gipfelkreuz auf dem höchsten Punkt des Untersbergs und hatte ihn schon fast erreicht, als sie plötzlich vor sich ein seltsames, kleines Männlein sah. Es war dunkel gekleidet und trug auf dem Kopf einen Hut mit einer riesigen Krempe, die sein Gesicht verdeckte. „Das ist sicher ein Untersberger Mandl aus den Höhlen im Berg", dachte sich das Mädchen, wollte zu dem Zwerg hingehen und ihn gleich ansprechen. Der aber war – schon zum Greifen nahe – mit einem Male verschwunden, als hätte ihn der Wind verweht.

So lautet eine der unzähligen Geschichten vom Untersberg, dem Sagenberg der Alpen und nördlichsten Gebirgsstock der Berchtesgadener Alpen, über den die bayerisch-österreichische Grenze verläuft.

Ein Herbsttag wie im Bilderbuch. Wie ein Gemälde liegt die kleine Wallfahrtskirche Maria Gern inmitten der Berchtesgadener Berge. Im Süden das Steinerne Meer und der Watzmann, das Wahrzeichen Berchtesgadens. Im Norden präsentiert sich der Untersberg mit seinen steil abfallenden Wänden im Licht der Vormittagssonne. Ich habe mich kurzfristig zu einer Bergtour entschlossen und bin deshalb spät dran, will aber dem kleinen Gotteshaus im Gerer Hochtal trotzdem erst einen Besuch abstatten.

Seine Ausstattung zählt mit zum Schönsten, was der Barock im Berchtesgadener Land zu bieten hat. Wie ein Zelt Gottes wirkt das Dach der 1728 vollendeten Kirche. Erste bescheidene Anfänge einer Wallfahrt zu einem Marienbild lassen sich aber bis zum Anfang des 17. Jahrhunderts zurückverfolgen. 1666 vermachte der Berchtes-

Wallfahrtskirche Maria Gern mit dem Untersberg – einem der mystischen Sagenberge in den Alpen

Blick vom Gipfel des Berchtesgadener Hochthrons

gadener Wolfgang Hueber, der lange in Tirol gearbeitet hatte, seiner alten Heimat eine selbstgeschnitzte Gnadenstatue. Der rege Zulauf von Wallfahrern führte zur Errichtung eines steinernen Gotteshauses, das die erste kleine Holzkapelle ablöste. Die Zahl der Bittgänger nahm in den Folgejahren so zu, dass 1708 mit dem Bau der heutigen Kirche begonnen wurde. Mit ihren kleinen „Ochsenaugenfenstern“ und dem doppelten Zwiebelturm fügt sie sich ideal in die malerische bayerische Gebirgslandschaft ein.

Über die breite Freitreppe betrete ich das imposante Kirchenschiff. Die lebendige, barocke Architektur, die man hier gar nicht so üppig vermuten würde, spiegelt die Freude an der Gestaltung und die tiefe Marienfrömmigkeit jener Zeit wider. Nicht zu Unrecht wird die kleine Kirche auch gerne als „eine der originellsten Wallfahrtskirchen Süddeutschlands“ bezeichnet. Die beiden ältesten Votivbilder datieren auf das Jahr 1618. Typisch für die barocken Wallfahrten sind die auf samtbezogenen Holztafeln drapierten, silbernen Votivgaben mit Herzen, Gliedmaßen und Gebärmutterkröten.

Große Wallfahrten finden in der „Gern“ heute nicht mehr statt. Hauptsächlich sind es Einzelpilger, Bergwanderer und Ausflügler, die in das 800 m hoch gelegene Tal nördlich von Berchtesgaden kommen. Ein Höhepunkt ist das Kirchweihfest im Oktober, am zweiten Sonntag nach Michaeli. Bereits am Samstagabend wird es mit einer feierlichen Lichterprozession eingeleitet. Zum Hauptfest am Sonntag bilden die Weihnachtsschützen von Maria Gern den volkstümlichen Rahmen. Gegenüber der Kirche feuern sie ihre Salven ab, die weit über das Tal bis hinunter nach Berchtesgaden zu hören sind. Diese Tradition des Kirchweihschießens pflegen die Schützen seit dem 200-jährigen Jubiläum der Wallfahrtskirche im Jahr 1924.

Anfangs über die Teerstraße (diese endet nach ca. 3 km), zieht sich der Weg weiter bergauf bis zum Stöhrhaus. Ein kurzer Blick zurück in das idyllische Hochtal mit der kleinen Wallfahrtskirche, die sich in weißer und rosa Farbe wie eine Perle vom herbstlich gefärbten Bergwald abhebt. Das goldene Kreuz auf der Spitze des Daches flimmert im Sonnenlicht.

Hat man das Stöhrhaus der Alpenvereinssektion Berchtesgaden auf knapp 1900 m Höhe erst einmal erreicht, geht es relativ flach zwischen Latschen und Gras auf gut markiertem Weg über den Karstbuckel des Untersbergs. Er besteht größtenteils aus wasserdurchlässigem Kalkstein, der die Verkarstung förderte und zur Entstehung von über 400 Höhlen führte. Die meisten von ihnen hat noch nie ein Mensch betreten. Immer wieder stoßen die Forscher auf Neu-

land, ahnen nicht, was sie erwartet. Gewitter und Schneeschmelze begünstigen seit hunderttausenden von Jahren die Höhlenbildung, die nie beendet ist, denn Eishöhlen wachsen und vergehen, verändern sich ständig. Der Eiskeller, die Riesending-Schachthöhle (längste und tiefste Höhle Deutschlands) und die Schellenberger Eishöhle sind die bekanntesten. In der Kolowratshöhle, einst Europas höchstgelegener Eislaufplatz, fanden im 19. Jahrhundert die bei der Salzburger Stadtbevölkerung besonders beliebten Eisfeste mit Musik und Schlittschuhlaufen statt. Erst der unbedachte Drang der Höhlenforscher machte dem Vergnügen ein Ende. Der Eingang wurde durch Sprengung erweitert, die Sonnenstrahlen drangen in die Höhle ein und ließen die etwa zehn Meter dicke Eisschicht abschmelzen. Ich kann mir vorstellen, dass so eine Attraktion auch heutzutage noch viele Anhänger hätte.

Dieses gewaltige Höhlensystem sowie die isolierte Lage des Gebirgsstocks haben die Fantasie der Menschen wohl schon zu allen Zeiten beflügelt. Dies führte zu einem unerschöpflichen Sagen- und Mythenschatz um den Untersberg. Helfende und strafende Wesen leben hier. Von Zwergen, Riesen, Wildfrauen, Mönchen und unerschöpflichen Reichtümern im Inneren des Berges ist da die Rede. Dass hier eine Spiegelwelt existiert, glaubt auch noch heute manch Einheimischer. Viele Erzählungen ranken sich um Zeitlöcher und Zeitsprünge sowie um die Entrückung von Menschen, die am Untersberg verschwanden und nach Tagen, Monaten oder Jahren wieder unversehrt auftauchten.

Am eindringlichsten wird dieses Verschwinden und Wiederauftauchen in der ausführlichen Geschichte des angeblichen Bad Reichenhaller Stadtschreibergehilfen Lazarus Gitschner beschrieben. Diese Erzählung machte den Untersberg zu einem der sagenreichsten Berge des gesamten Alpenraumes. Sie stammt aus dem 16. Jahrhundert und berichtet von einer Begegnung des Mannes mit einem barfüßigen Mönch, der ihn in eine riesige, unterirdische Klosteranlage mit blühenden Wiesen und prächtigen Obstgärten führt, ein Paradies im Inneren des Berges. Ebenso gewaltig ist die Klosterkirche mit dreihundert Altären und dreißig Orgeln. Er wird von den Mönchen bewirtet und erreicht durch einen unterirdischen Gang St. Bartholomä am Königssee, wo die Gemeinschaft eine nächtliche Messe feiert. Er sieht verstorbene Kaiser, Herzöge und Bischöfe, die in den Höhlen des Berges hausen. Geprägt ist die Geschichte von den düsteren, apokalyptischen Endzeitvisionen ihrer Zeit. Nach sieben Tagen kann Lazarus Gitschner schließlich den Untersberg wieder verlassen und kehrt zurück nach Bad Reichenhall. Bereits im Jahre 1782 erschien in Brixen in Südtirol ein Büchlein mit Sagen vom Untersberg, in der die sogenannte „Lazarusgeschichte" eine besondere Stellung einnimmt.

Von der mystischen Kraft, die die Menschen dem Gebirgsstock seit hunderten Jahren zuschreiben, zeugen allein fünf Wallfahrtskirchen. Der Untersberg ist Kraftzentrum seit der Zeit der Kelten und Illyrer und auch heute für viele noch eine spirituelle Herausforderung. Nach gut 4 Stunden ab Maria Gern erreiche ich den höchsten Gipfel, den Berchtesgadener Hochthron in 1972 m Höhe. Seine besondere Lage vor der Alpenkette zwischen Salzburg und Berch-

„Wen Gott liebt, den lässt er fallen in dieses Land" – Wallfahrtskirche Mariä Heimsuchung in Ettenberg vor der Kulisse des Untersbergs

tesgaden macht den Untersberg zu einem fabelhaften Aussichtspunkt. An diesem klaren Herbsttag glaube ich im Norden den Bayerischen Wald zu erkennen und im Süden ist die Sicht auf den Alpenhauptkamm fast grenzenlos. Beinahe möchte ich mich ehrfürchtig verneigen vor dieser Kulisse. „Wen Gott liebt, den lässt er fallen in dieses Land", hat Ludwig Ganghofer einmal gesagt. In der unendlichen Weite der Natur mit ihren Farben und Formen fühle ich mich als ein lebendiger Teil der göttlichen Schöpfung und kann mir seiner grenzenlosen Liebe sicher sein.

Ich schaue hinunter nach Ettenberg und erkenne mein zweites Tagesziel, die kleine Wallfahrtskirche, von der ich noch etwa 4 Stunden entfernt bin. Die Bergdohlen scheinen noch keine schlechten Erfahrungen mit uns Menschen gemacht zu haben, denn sie fressen mir furchtlos aus der Hand. Zu Tausenden bevölkern sie den Untersberg, müssen sich aber der Geier aus dem Salzburger Zoo erwehren, die ihnen die Lufthoheit streitig machen.

Der lange Abstieg nach Ettenberg führt entlang der steilen Südwände. Unterhalb des Scheibenkasers erreiche ich die Baumgrenze und nach einer weiteren Stunde rückt das kleine Kirchlein wieder in mein Blickfeld. Trotz seiner malerischen Lage gehört Maria Etten-

Der hl. Christophorus, Patron der Reisenden

berg heute zu den stillen Wallfahrtsorten in unseren Bergen.
Die im 17. Jahrhundert wiedererstarkte Marienfrömmigkeit erfasste auch das Berchtesgadener Land. Am 12. August 1695 ist „ein liebreiches Mariae bildt an eine große Lindten baumb angehenckth in aller frü̈e erfundten wordten", wie in einem Bericht des Schellenberger Pfarrers Sartorius an das Berchtesgadener Konsistorium nachzulesen ist. Nach langen Nachforschungen habe er erfahren, dass ein unbekannter armer Bauer bei einem Salzburger Bildhauer das Marienbild in Auftrag gegeben hatte. „ehr hat nit vil gelt, soll nit vil dafür beghrn, wie er dan dis auf zwaymall fleißig bezahlt", erwähnt die authentische Meldung vom 11. November des gleichen Jahres. Seither, berichtet der Pfarrer, finden sich täglich viele Leute aus Salzburg, Hallein und vielen Orten aus der näheren und weiteren Umgebung ein, um das Marienbild am Lindenbaum zu verehren. Erstaunlicherweise legt er bereits in den ersten Monaten ein Verzeichnis mit Gebetserhörungen an, die die Wundertätigkeit des neuen Marienbildes bezeugen sollten. Zahlreiche Votivbilder zeigen die weitere Entwicklung der Wallfahrt. Einer kleinen Holzkapel-

le folgte eine größere Holzkonstruktion mit zwei Türmchen und bereits drei Altären im Inneren. 1705 kommen Reliquien aus Rom und zwei Jahre später feiern Geistliche aus Salzburg die Messen. 1710 wird ein eigener Mesner bestellt. Die Kapelle platzt aus allen Nähten, die Ettenberger Wallfahrt blüht und macht einen Neubau des inzwischen auch baufällig gewordenen Gotteshauses erforderlich, mit dem 1724 begonnen wird. Bis 1750 wird an der Ausgestaltung des Kirchenraumes gearbeitet. Ganz in edlem Grün und Weiß gehalten, besticht dieser durch reichen Stuck. Beherrschend ist das gewaltige Deckenfresko. In einem seiner Seitenbilder ist die Mithilfe Marias in der Seeschlacht von Lepanto im Jahre 1571 gegen die Türken dargestellt, die damals als ständige Bedrohung des Christentums galten. Auf der Empore befindet sich neben der Orgel eine eindrucksvolle, lebensgroße Christophorus-Statue.

Höhepunkt im Ettenberger Kirchenjahr ist das traditionelle Annafest am letzten Julisonntag. Eine große, farbenprächtige Prozession zieht dann um den Kirchberg herum. Vor jedem Bauernhof hält der Zug zu einer Andacht. Beim Mesnerwirt neben der Kirche finden sich nach dem offiziellen Teil alle Besucher ein und lassen sich von der Musikkapelle unterhalten. Mit den Ehrensalven der Ettenberger Weihnachtsschützen und einem gemütlichen Beisammensein klingt der Festtag schließlich aus.

Durch die wildromantische, unberührte Almbachklamm führt mein Weg hinunter nach Marktschellenberg. Wie ein scharfer Schnitt zieht sich die drei Kilometer lange Klamm durch den Untersberg. Über den „Sulzer Wasserfall" stürzt das Wasser 114 Meter in die Tiefe. Er gehört zu den wildromantischsten Schluchten der Alpen. Auch heute noch bezieht die Stadt Salzburg Wasser aus den Quellen des Berges. Am Eingang der Klamm kommt der Weg an der ältesten und letzten Kugelmühle Deutschlands vorbei. Schon seit 1683 werden hier aus dem berühmten Untersberger Marmor Kugeln in unterschiedlicher Größe hergestellt.

Der letzte Bus nach Berchtesgaden ist längst abgefahren und ich muss notgedrungen noch einige Kilometer marschieren. Als ich endlich am Parkplatz unterhalb der Wallfahrtskirche von Maria Gern ankomme, ist es stockdunkel. Im Gerer Hochtal ist es Nacht geworden und der Untersberg ist gerade noch als klobiger, schwarzer Klotz erkennbar. Wie eine riesige drohende Wolke baut er sich vor mir auf. Erst im Licht des neuen Morgen wird er sich wieder in einer imposanten Beleuchtung zeigen.

Der Berg scheint auch beliebter Schlafplatz zu sein, denn in seinem Inneren wohnen edle Verstorbene. Neben Fürsten und Königen lebt hier auch Kaiser Karl der Große mit seinem Hofstaat und schläft einen todesähnlichen, tiefen Schlaf. Sein langer weißer Bart reicht schon zweimal um den Tisch herum. Wenn er dreimal herumgewachsen ist, beginnt das Ende der Welt. Alle hundert Jahre erwacht der Kaiser und fragt die „Untersberger Mandln", ob denn die Raben immer noch um den Berg fliegen. „Ja", sagen sie, „in Mengen." Da wird der Kaiser traurig und seufzt: „Dann müssen wir halt noch hundert Jahre warten!" Das mit den vielen Raben kann ich bestätigen, schließlich haben sie mir ja aus der Hand gefressen.

13 St. Pankraz am Haunsberg

SALZBURG

Die Heiligkeit des Sonntags

Anfahrt:	Westautobahn A 1 Salzburg – Wien, Ausfahrt Salzburg Nord, B 156 bis Acharting/ Anthering, Landstraße bis zur Dopplalm
Ausgangspunkt:	Gasthaus Dopplalm
Wegverlauf:	Dopplalm (580 m) – Adelsberg (ca. 620 m) – Panoramaweg – Gabrielenaussicht (ca. 750 m) – Haunsberg-Gipfel (835 m) – Radaranlage – Kaiserbuche (766 m) – Hochberg (ca. 650 m) – Schlössl/Wallfahrtskirche (500 m); Kompass-WK 16 (Traunstein – Waginger See)
Höhenunterschied:	Aufstieg ca. 260 Hm, Abstieg ca. 340 Hm
Gesamtgehzeit:	ca. 2 bis 2½ Stunden
Anforderung:	Leichte Wanderung mit einigen kurzen Anstiegen
Einkehrmöglichkeit:	Gasthof Dopplalm, Gasthof Kaiserbuche, Wirtshaus Schlössl
Beste Jahreszeit:	Ganzjährig bei trockenem Wetter
Tipp:	Während der kalten Jahreszeit (von Oktober bis Ostern) ist das Gasthaus Schlössl Montag und Dienstag nicht geöffnet, dann ist auch der Zugang zur Kirche verschlossen.

„Wenn's an Pankratius gefriert, so wird im Garten viel ruiniert. Pankratius und Servatius bringen oft noch viel Verdruss." Die „Eisheiligen" Pankratius, Servatius, Bonifatius und die kalte Sophie haben ihren Beinamen deshalb, weil an ihren Festtagen im Mai oft noch mit empfindlichen Kälteeinbrüchen zu rechnen ist. Während also in den Tagen zwischen 12. und 14. Mai Eis und Schnee oft für böse Überraschungen sorgen können, sind sie bei meiner Wanderung über den Haunsberg im März noch an der Tagesordnung.

Meine Tour beginnt an der Dopplalm im Flachgau, nördlich von Anthering bei Salzburg. Ziel ist die kleine Wallfahrtskirche St. Pankraz, die dem mächtigen Frostheiligen geweiht ist und an der Westseite des Berges thront, der wie ein langgestreckter, zottiger Bär die Landschaft einnimmt. In einigen Talböden des Flachgaus halten sich noch ein paar hartnäckige Nebelfelder an diesem eisigen Sonntagmorgen, bei dem mein Thermometer deutlich gegen Minus 10 Grad tendiert. Nach knapp 30 Minuten endet beim Weiler Adelsberg die Teerstraße und mündet in einen Feldweg ein, der bald in den Bergwald hineinführt. Raureifkristalle bedecken Felder, Wiesen und Bäume und verleihen dem jungen Tag etwas Märchenhaftes. Noch zaghaft suchen die ersten Sonnenstrahlen ihren Weg durch die hohen Stämme des winterlichen Mischwaldes.

Ein leichter Südwind trägt den Klang der Kirchenglocken von Anthering den Berg herauf. Sie laden ein zum sonntäglichen Gottesdienst. Ich muss an die Leute vom Kleinwalsertal denken, die im 14. Jahrhundert an Sonn- und Feiertagen über 20 Kilometer zu Fuß zurücklegten, nur um in ihre Pfarrkirche zu kommen. Sie hatten selbst noch keine eigene Kirche und gehörten damals zur Pfarrei Fischen im Allgäu. Eine unglaubliche Leistung, die zeigt, wie fest und selbstverständlich der Sonntag in den Menschen verankert war, denn nach dem Gottesdienst mussten sie

Verstecktes Kleinod am Ausläufer des Haunsberges – die Wallfahrtskirche St. Pankraz als „Kopie" des Salzburger Doms

den ganzen Kirchweg schließlich wieder zurückgehen.

Wie sieht es eigentlich mit meinem Sonntagsverhalten aus, wie oft nehme ich diese Einladung noch an? Wie viel Sonntag lasse ich noch zu in mir? Der Tag des Herrn scheint etwas aus der Mode gekommen zu sein, dabei ist er doch der „Urfeiertag, den man der Frömmigkeit der Gläubigen eindringlich vor Augen stellen soll [...], denn der Herrentag ist Fundament und Kern des ganzen liturgischen Jahres" (Konstitution des 2. Vatikanischen Konzils über die heilige Liturgie „Sacrosanctum Concilium", Nr. 106).

„Achte auf den Sabbat: Halte ihn heilig, wie es dir der Herr, dein Gott, zur Pflicht gemacht hat. Sechs Tage darfst du schaffen und jede Arbeit tun. Der siebte Tag ist ein Ruhetag, dem Herrn, deinem Gott, geweiht. An ihm darfst du keine Arbeit tun … (Dtn 5,12–14)

Immer wieder gab und gibt es Versuche, das Sonntagsgebot zu lockern, auszuhöhlen, und ständig müssen Gerichte bemüht werden, um die zunehmende Rundum-Kommerzialisierung unseres Lebens einzudämmen. Wohin man schaut, überall bestehen Ausnahmen, die das Ladenschlussgesetz umgehen. Der Wettlauf der Gier findet immer neue Schlupflöcher. Hat der Nachbar geöffnet, will man sich natürlich auch ein Stück vom großen Kuchen abschneiden und für ein Schnäppchen kann man die Sonntagsruhe schon mal unterbrechen. Wer heute regelmäßig sonntags einkauft, wird aber auch möglicherweise bald sonntags regelmäßig arbeiten müssen. Das ist eine der Kehrseiten der Verbraucherfreundlichkeit.

Der Sonntag ist mehr als irgendein freier Tag der Woche, anders als jeder andere Tag; es ist der Tag des Herrn. Der Tag der Ruhe ist ein Geschenk Gottes,

der selbst am siebten Tag der Woche ruhte und sah, dass seine Werke gut waren. Bestimmt verlangt Gott nicht, dass ich ständig die Kirche besuche, denn zu Abrahams Zeiten gab es noch keine Messe. Die ganze Woche über kühlen die Gefühle ab, durch Stress, Hektik und die Knechtschaft der Termine. Aber nicht Produktion und Auslastung müssen im Vordergrund stehen, sondern der Mensch. Den Sonntag heiligen heißt, die Arbeit niederzulegen, zu leben, auszuruhen, Brachzeit zu halten. Wir sind sehr viel mehr wert, als nur nach unserer Leistung beurteilt zu werden, auch in Alter und Krankheit.
Es lohnt sich, über diesen unendlich kostbaren Tag nachzudenken. So wird der Feiertag heilig nach Gottes Denken und Gebot. Den Sonntag als großes Geschenk zu begreifen und dabei etwas von der Ruhe dieses Tages in die neue Woche hineinzuretten wäre ein guter Start, denn auch dem Alltag tut ein wenig „Sonntag“ gut.

Und Gott segnete den siebten Tag
und erklärte ihn für heilig,
denn an ihm ruhte Gott,
nachdem er das ganze Werk der Schöpfung vollendet hatte
(Genesis 2, 3)

Meine Sonntagsgedanken haben mich tief in den Wald hineingetragen. Der breite Weg windet sich in einigen Kurven ständig bergauf. Ich folge der rot-weiß-roten Markierung, bis ich auf die Beschilderung des Haunsberg-Panoramawegs treffe. Hier entscheide ich mich für die linke Variante, die zwar et-

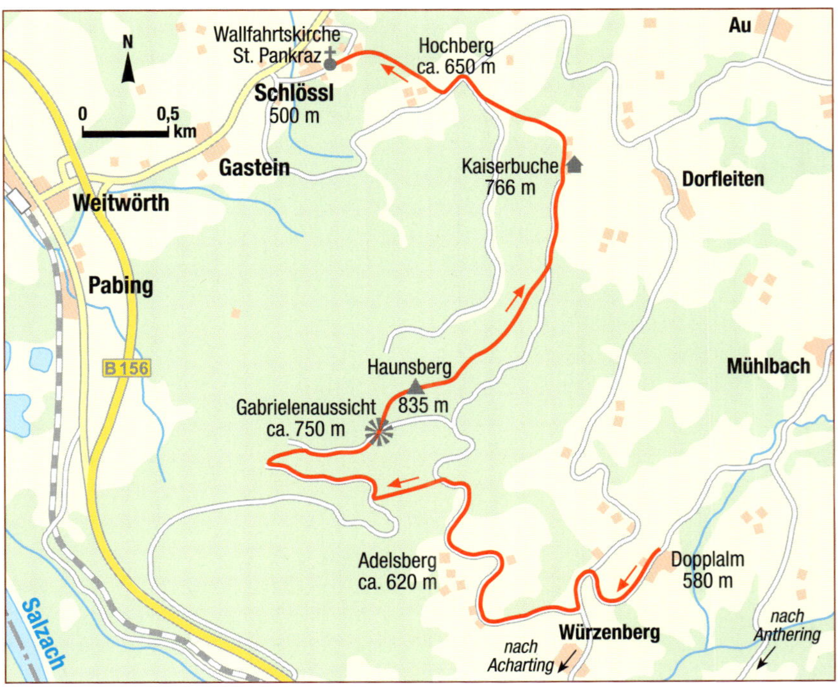

was anstrengender, aber wesentlich interessanter ist.
Zum ersten Mal lese ich auf einer Tafel die Geschichte vom „Forstteufel", dessen Skulptur mir schon an der Kirchenmauer von Anthering aufgefallen ist; eine bedauernswerte Kreatur, welche das Pech hatte, „anders" zu sein. Während einer erzbischöflichen Jagd am Haunsberg fingen Treiber im Jahr 1531 ein furchterregendes Geschöpf, das sie als den „Forstteufel" bezeichneten. Eine Chronik berichtet, dass er wild und besonders menschenscheu war und außerdem von gelber Hautfarbe. Er „hatte ein Menschenangesicht mit Bart, Adlersfueß, schier Lewendatzen (Löwentatzen) und einen Hundsschweif". Auf seinem Haupt trug er einen „Hahnenkamm" und versteckte sich in einem Winkel. Da er weder Essen noch Trinken zu sich nahm, starb er bald an Hunger. Wahrscheinlich handelte es sich um einen ausgesetzten, verkrüppelten oder missgebildeten Menschen, dessen Aussehen man in schrecklichsten Versionen schilderte. Früher galt es als Schande, körperlich oder geistig behinderte Kinder in der Familie zu haben. Sie wurden nicht selten verleugnet, ein Leben lang eingesperrt oder einfach ausgesetzt, in der Hoffnung, dass sie irgendwann von selbst zu Grunde gehen.
Nach einigen hundert Metern zweigt beim nächsten Schild der Weg nach rechts ab und führt steil bergauf. In wenigen Minuten erreiche ich die „Gabrielenaussicht". Ein phänomenaler, wenn auch leider kaum bekannter Aussichtspunkt. Der seltene Panoramablick nach Süden erstreckt sich auf das Salzburger Becken, das Saalach- und das Salzachtal, die Salzburger und Chiemgauer Alpen, die Kalkalpen und auf Teile der Tauern. Das idyllische Plätzchen auf 750 Metern Höhe im lichten Buchenwald zählt zu den schönsten Aussichtspunkten des gesamten Flachgaus. Eine kleine Steinpyramide erinnert an die Fürstin Gabriele von Auersperg-Trautson, die diesen herrlichen Platz entdeckt hatte. Die Enthüllung des Denkmals fand im Jahr 1873 unter großer Beteiligung der Bevölkerung statt. Das Salzburger Volksblatt schrieb darüber euphorisch im Stil der damaligen Zeit: „[...] Möge derselbe (Platz) dazu beitragen, dass die entzückende Gabrielen-Aussicht für immer dem unverdientem Dunkel entrissen bleibe, [...]". Dieser Wunsch ging leider nicht in Erfüllung, denn der Platz führte jahrzehntelang ein kümmerliches Dasein und war nur wenigen Wanderern ein Begriff. Im Jahr 2008 wurde jedoch der Aussichtspunkt in den neuen Haunsberg-Panoramaweg miteinbezogen und erlebt seither eine Renaissance.
Nach wenigen Minuten zweigt rechts von der Wallanlage mit den Holztieren ein steiler, unmarkierter Pfad ab, der nach 200 Metern den Gipfel des Haunsbergs erreicht. Ihn ziert kein Kreuz, sondern eine schmucklose Steinsäule, die an die Landvermessung von 1930 erinnert. Ich beschließe, nicht mehr zurück zum Rundweg zu gehen, sondern folge der gut sichtbaren Spur, die vom Gipfel Richtung Osten zur weithin dominierenden, vierzig Meter hohen Radaranlage der österreichischen Flugsicherung führt. Von hier aus erreiche ich in gut zwanzig Minuten auf breitem Weg die Kaiserbuche und die Kaiser-Franz-Josef-Jubiläumskapelle. Die Buche erinnert an den Besuch von Kaiser Joseph II. im Jahr 1779 auf dem Haunsberg. Im Frieden von

Die majestätische und wunderschöne Kaiserbuche wurde im Jahr 2004 leider Opfer eines Sturms.

Teschen (1779) verzichtete die Donaumonarchie auf alle Ansprüche in Bayern und erhielt trotzdem als Ausgleich das bayerische Innviertel. Um sich ein Bild von seinem neuen Land zu machen, reiste der Kaiser im selben Jahr in geheimer Mission auf den – zum Gebiet des selbstständigen Fürsterzbistums Salzburg gehörenden – Haunsberg, von dem er sich einen guten Überblick über seine neuen Ländereien verschaffen konnte. Joseph II. war trotz seiner vielen Kirchen- und Klosteraufhebungen bei der einfachen Bevölkerung als Aufklärer und „Volkskaiser" beliebt, weil er weniger Zehent- und Zinsleistungen einforderte und sich für die Aufhebung der Leibeigenschaft einsetzte. Allein die Tatsache, dass hier der Kaiser gestanden hatte, dürfte wohl zum Entschluss geführt haben, die Kaiserbuche zu pflanzen. Sie wurde zum alles beherrschenden Wahrzeichen des Flachgaus. Über zweihundert Jahre hielt sie Wind und Wetter stand, bevor sie im August 2004 ein Sturm entwurzelte. Reste des bis zu sechseinhalb Meter dicken Stammes sind neben der kleinen Kapelle noch zu bestaunen. Im Mai 2005 pflanzte Dr. Otto von Habsburg eine neue Buche, südlich des alten Standortes. Hoffentlich ist auch ihr ein langes Leben auf dem Haunsberg beschieden.

Hundert Meter nach der kleinen Kapelle, die im Jahr 1898 anlässlich des 50-jährigen Regierungsjubiläums von Kaiser Franz Joseph erbaut wurde, folge ich einem Feldweg, der nach links abzweigt und nach einigen Minuten bei einer bemalten Tafel durch ein kurzes Waldstück führt. Anschließend erreiche ich über einen Forstweg wieder die Autostraße, die ich schon von weitem sehen kann. Die Abkürzung durch den Wald ist lohnend, weil als Alternative sonst nur die viel längere Teerstraße bleibt. Nach der ersten Kurve führt vor der Hochbergalm beim Schild „St. Pankraz" ein Weg in den Wald hinein. Ich überquere ein Rinnsal, halte mich links und erreiche nach zehn Minuten schließlich das „Schlößl" mit der Wallfahrtskirche.

Das Gebäudeensemble aus Kirche und urigem Gasthaus liegt auf einem steilen Felsvorsprung und wirkt ausgesprochen romantisch, wie eine Raubritterburg. Hier befand sich einst die wesentlich größere Burganlage der Haunsberger, die auch dem Berg ihren Namen gaben. Die Anfänge des Geschlechts reichen bis ins 6. Jahrhundert zurück. In einer kleinen Burgkapelle verehrte man den hl. Pankraz. Der Beginn der Wallfahrt lässt sich nicht mehr genau zurückverfolgen. Möglicherweise zogen die Menschen aber schon seit Urzeiten zu einem Wasserheiligtum, denn unterhalb des Burgfelsens entspringen mehrere Quellen, deren Wasser als heilkräftig galten. Im 14. Jahrhundert ging die Burg in den Besitz des Erzbistums Salzburg über. Zu Beginn des 17. Jahrhunderts begann der Verfall von Burg und Kirche. Da aber die Wallfahrten nie aufhörten, entschloss sich Erzbischof Graf von Thun zum Neubau der Kirche. Dieser wurde im Jahr 1707 erneut dem hl. Pankratius geweiht. Seither thront das Gotteshaus malerisch in exponierter Lage und schon von weitem sichtbar in der Flachgauer Landschaft. Der sehr harmonisch wirkende, kreuzförmige, barocke Bau ist mit seinen Konchen (Rundanbauten) eine Miniaturnachbildung des Salzburger Doms (1628 fertiggestellt). Das Gotteshaus reiht sich in eine Gruppe von Kleinkirchen ein, die um diese Zeit unter dem Einfluss Salzburgs im Chiemgau und im Salzburger Land entstanden.

Es sind nur wenige Leute hier an diesem kalten Sonntagvormittag, so dass ich dieses Kleinod unter den Kirchen Salzburgs in aller Ruhe bestaunen kann. In der Mitte des Hauptaltars steht der Wetterheilige Pankratius als junger römischer Krieger mit dem Schwert, flankiert von den Patronen Salzburgs, den Heiligen Rupertus und Virgil. Pankratius war besonders bei der Ritterschaft sehr beliebt und erlitt schon als Vierzehnjähriger den Märtyrertod. Er gilt als Bild der Unschuld und der Neugetauften. Besonders stolz sind die Gläubigen hier auf eine winzige Reliquie des Heiligen, die vor einigen Jahren in den neuen Volksaltar eingearbeitet wurde. Zu diesem Zweck öffnete man extra das Grab des Pankratius in seiner römischen Titelkirche.

Kirche und Gasthaus sind hier auf dem Felsen des Haunsbergs eine ideale Verbindung eingegangen. Im Sommer kämen an schönen Tagen erstaunlich viele Einzelwallfahrer, die nach dem Besuch der Kirche bei ihr einkehrten, erzählt mir die Wirtin vom „Schlössl", dem ehemaligen Mesnerhaus.

Gottesdienste finden jeden ersten Samstag im Monat um 19.00 Uhr statt. Die größte Wallfahrt kommt vom nur wenige Kilometer entfernten Nußdorf. Jedes Jahr am 12. Mai ziehen die Gläubigen zum Patrozinium des Heiligen zu ihrer Filialkirche am Haunsberg.

14 Maria Elend, Taxenbach

SALZBURG

Die Träne einer Mutter

Anfahrt:	Tauernautobahn A 10 Salzburg – Villach, Ausfahrt Bischofshofen, B 311 bis Taxenbach
Ausgangspunkt:	Parkplatz Kitzlochklamm
Wegverlauf:	Parkplatz Kitzlochklamm (ca. 780 m) – Maria Elend (1125 m) ; Kompass-WK 39 (Glocknergruppe)
Höhenunterschied:	ca. 350 Hm
Gesamtgehzeit:	ca. 2 Stunden
Anforderung:	Steile, gut versicherte Steige mit vielen Stufen in der Klamm, anschließend steiler Pfad im Hochwald, konditionell durchaus anspruchsvoll
Einkehrmöglichkeit:	Gasthof Maria Elend
Beste Jahreszeit:	Frühjahr bis Herbst
Tipp:	Aktuelle Öffnungszeiten der Kitzlochklamm: www.kitzlochklamm.at

Es ist der Alptraum jeder Mutter, wenn ihr ein Kind abhandenkommt, unauffindbar bleibt, irgendwo im dichten Getümmel oder in menschenleerer Einsamkeit verschwindet. Genau das ist im Jahr 1551 der Taxenbacherin Ursula Penninger passiert. Die Frau war mit ihrer zwölfjährigen, blinden und geistig behinderten Tochter nach Embach unterwegs zum Beerensuchen, als das kleine Mädchen plötzlich im dichten Bergwald verlorenging.
In ihrer Not und Verzweiflung wandte sie sich an die Gottesmutter und gelobte, an der Stelle eine Kapelle zu bauen, wo ihre Tochter lebend aufgefunden würde. Nach drei Tagen intensiver Suche wurde das Kind tatsächlich wohl-

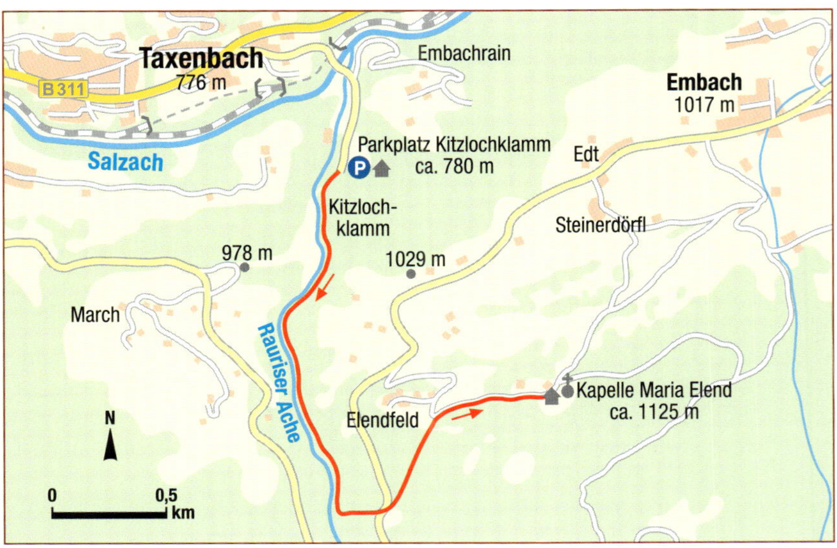

Hier fand die Mutter ihre vermisste Tochter wieder – Wallfahrtskapelle Maria Elend mit Blick auf die Salzburger Alpen

behalten an einer Quelle, dem heutigen „Augenbründl", entdeckt. Auch von seiner Blindheit und Geistesschwäche war das Mädchen geheilt. Die Mutter löste ihr Versprechen ein und ließ die erste Kapelle in der einsamen Gegend errichten.

Mein Weg von Taxenbach nach Maria Elend führt aufwärts durch die wildrauschende Kitzlochklamm. Wie die meisten Tauernbäche hat sich auch die Rauriser Ache seit Urzeiten ihren Weg zielstrebig durch die Felsen gegraben.

Ende März sind die Stufen und Stege, die mich steil und schnell nach oben bringen, noch mit Eis und Schnee bedeckt. Nicht ganz ungefährlich ist die Strecke durch die enge, menschenleere Schlucht. Spukhaftes Schweigen begleitet mich in dieser frühen Morgenstunde. Immer wieder spitzen Sonnenstrahlen zwischen den steilen Felsenformationen hervor, werfen ein geheimnisvolles Licht auf moosiges Gestein und winzige Wassertümpel. Die Gischt des abwärts stürzenden Wassers und die rauschenden Wasserfälle lassen die Szenerie noch dramatischer wirken. Vorbei an den Resten einer ehemaligen Einsiedelei führt der Weg durch den langen, dunklen Kitzlochstollen zum oberen Ausgang der Klamm.

Nach dem Überqueren einer Teerstraße zieht sich ein steiler Bergpfad durch den Hochwald hinauf nach Maria Elend. Unaufhaltsam sprießen die ersten Frühblüher und man sieht zwischen dem toten Laub und den Schneeresten des Winters bereits zarte Gelb- und Blautöne. Wieder, wie durch ein Wunder, setzt sich der ewige Kreislauf von Wachsen, Werden und Vergehen in Gang. Auch unter der Schneedecke wächst das Leben.

Die kleine Wallfahrtskirche mit der darunterliegenden Ursprungskapelle und dem Gasthaus steht auf einer großen Bergwiese. Der Rundbau mit dem langen, halbrund geschlossenen Chor ist schon von weitem zu sehen, denn die kuppelförmige Turmhaube strebt wie ein barocker Heißluftballon in den Himmel. Der freie Blick reicht bis zu den Salzburger Kalkalpen, die sich als steinerner Vorhang zwischen den Pinzgau und das Berchtesgadener Land schieben. Die kräftigen Strahlen der Märzsonne haben die Schneedecke schon kräftig dezimiert und der Winter muss sich weit ins Hochgebirge zurückziehen. Nach der langen, schattigen Schlucht erscheint das Bergpanorama wie eine Befreiung, wie eine Belohnung. Der Höhepunkt einer knapp zweistündigen Wanderung voller Kontraste, erst durch die schattige Klamm, dann durch den lichten Hochwald und schließlich zur weitläufigen, offenen Bergwiese mit dem grandiosen Ausblick. Es war, als wäre ich durch drei abgeschlossene Räume gegangen, die nur darauf gewartet haben, dass sich der Schlüssel dreht.

Trotz seiner Schlichtheit wirkt das Innere des Kirchleins hell und einladend. Im Gnadenbild, einer Schmerzensmuttergottes, fällt auf, dass Maria ihren toten Sohn seltsamerweise rechtsläufig im Schoß hält. An den Wänden hängen noch einige Votivtafeln. In einem schmalen Reagenzglas ist ein Nagel aufbewahrt, den eine Frau neun Jahre in ihrem Körper tragen musste, bevor sie endlich von einem komplizierten Knochenbruch geheilt war. In die rechte Wandseite ist der Wappengrabstein der dankbaren „Capellenstifterin Ursula Peningerin" eingemauert.

Auf Grund des außergewöhnlichen Zulaufs musste die Kapelle bald erweitert werden. Der Andrang zur Embacher Pietà war so groß, dass 1764 ein neuer Kirchenbau erforderlich wurde, den der Salzburger Erzbischof Graf Schrattenbach persönlich weihte. In der zweiten Hälfte des 18. Jahrhunderts, zur Blütezeit der Wallfahrt, zählte man zwischen 30.000 und 40.000 Bußgänger jährlich. Die Zahl der Kommunionen stieg auf 15.000 und die der Messen auf 1000. Ein eigens bestellter Mesner versah den Kirchendienst.

Man mag darüber nachsinnieren, was Erzbischof Hieronymus Graf Colloredo dazu veranlasste, für einige Wallfahrtsorte in seinem Herrschaftsbereich sogenannte „Aufhebungsdekrete" zu erlassen. Der letzte geistlich-weltliche Landesfürst Salzburgs in Personalunion war einer der führenden Aufklärer in den süddeutschen Ländern und leitete viele kirchliche Reformen ein. Religiöse Bräuche wie das Wetterläuten, die Eselsritte an Ostern oder das Böllerschießen bei Prozessionen schaffte er einfach ab.

Und so blieb auch der Wallfahrt nach Embach nur eine kurze Hochblüte beschieden, denn 1783 wurde die Kirche geschlossen und zwei Jahre später dem Erdboden gleichgemacht. Die Schmerzensmadonna, das Mirakelbuch und die Stiftungsurkunde kamen in das

Das Gnadenbild von Maria Elend

zwanzig Gehminuten entfernte Embach, das andere Inventar verschenkte man an umliegende Kirchengemeinden. Erst im Jahr 1824 errichtete man oberhalb der alten Wallfahrtskirche die neue Kapelle, die inzwischen zweimal vergrößert wurde. Die Votivbilder kehrten zurück, nicht aber die Vesperbildstatue. Sie befindet sich bis heute in der Embacher Pfarrkirche. Das heutige Gnadenbild ist eine Statue aus Steinguss. Sie befand sich früher in der Ursprungskapelle und wurde in die neue Kirche übertragen.

Auf halbem Weg zwischen dem „Augenbründl“ und der kleinen Kirche steht ein modernes Kunstwerk, ein großes Auge mit einer Träne in einer rautenförmigen Tafel. Was mag es bedeuten? Ist es Hinweis auf die Quelle, der man Wundertätigkeit bei Augenleiden nachsagt, oder ist es Ausdruck des Schmerzes der Gottesmutter, die im Gnadenbild ihren toten Sohn im Arm hält? Das Bild lässt viele Deutungen zu. Ich will glauben, dass es eine Freudenträne der Ursula Penninger ist, die ihre verlorene Tochter wiedergefunden hat. Die wärmenden Strahlen der Frühjahrssonne machen die Rast vor der Kapelle zu einem Hochgenuss und ich muss mich schon überwinden, um auf dem Rückweg wieder durch die enge, brodelnde Kitzlochklamm zu gehen. Der gleiche Weg übrigens, den auch viele Taxenbacher bei ihrem Bittgang nach Maria Elend nehmen, jedes Jahr am 2. Juli, an Mariä Heimsuchung.

15 Drei-Waller-Kapelle

SALZBURG

Tragische Ankunft in der Heimat

Anfahrt:	Tauernautobahn A 10 Salzburg – Villach, Ausfahrt Bischofshofen, B 311 bis Lend, B 167 bis Dorfgastein, Ortsteil Unterberg
Ausgangspunkt:	Ortsmitte Unterberg
Wegverlauf:	Ortsmitte (819 m) – Drei-Waller-Kapelle (1425 m) – Rauchkögerl (1810 m); Kompass-WK 40 (Gasteiner Tal – Goldberggruppe)
Höhenunterschied:	ca. 1000 Hm
Gesamtgehzeit:	ca. 3 Stunden
Anforderung:	Mittelschwere Wanderung ohne technische Schwierigkeiten
Einkehrmöglichkeit:	Unterberger Wirt
Beste Jahreszeit:	Frühjahr bis Spätherbst

Nach dem langen Winter und dem kältesten und schneereichsten Mai seit vielen Jahren kommt der Frühling jetzt mit aller Macht. Er hat sich weit ins Gasteinertal hineingewagt. „Im Tale grünet Hoffnungsglück", stellte Goethe im „Osterspaziergang" fest und ich habe mir vorgenommen, mit einer Tour auf das Rauchkögerl den Winter so richtig aus den Knochen zu gehen.

Zwischen dem Klammstein und dem Bärenkogel liegt auf 1425 m Höhe die Drei-Waller-Kapelle, eines der seltsamsten, aber auch interessantesten Heiligtümer des Salzburger Landes. Vom Dorfgasteiner Ortsteil Unterberg führt mich der Weg bis zur Abzweigung Amoser Alm. Von dort geht es auf einem Forstweg weiter in nördlicher Richtung. Trotz wolkenverhangenem

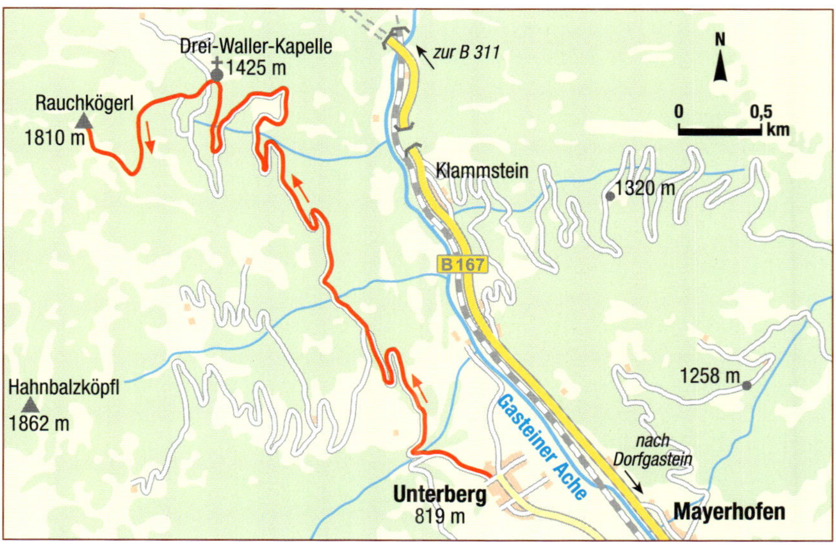

Die kleine Kapelle befindet sich auf einem alten Übergang vom Salzach- ins Gasteinertal.

Himmel reicht die Sicht weit ins Tal hinein. Wieder einmal bietet die Natur ein faszinierendes Bild. Vor mir breiten sich weite, saftige Wiesen mit blühenden Apfelbäumen in verschwenderischer Fülle aus. Hier scheint der Frühling nur so vor Kraft zu strotzen, während im Hintergrund die schneebedeckten Spitzen der Ankogel- und Goldberggruppe ein kontrastreiches Bild zeichnen.

Unterwegs fällt mein Blick immer wieder hinunter auf den riesigen Steinbruch am Taleingang. Der gleichmäßige Motorenlärm der Lastwagen, die das Gestein ununterbrochen abtransportieren, steigt die Felswände hinauf. Stück für Stück schwindet der Berg, der seit Urzeiten den Eingang ins Tal versperrte. Der Mensch verändert die Landschaft. Mit dem Gestein werden Brücken und Mauern gebaut. Der Berg ist also nicht aus der Welt verschwunden, er hat nur andere Aufgaben übernommen, ist nur woanders. Wir sollten immer darauf achten, mehr Brücken als Mauern zu bauen.

Ein markierter Steig verkürzt über Grasmatten und durch Bergwald die Strecke bis zum Ziel. Die kleine Kapelle ist allerdings erst zu sehen, als ich kurz vor ihr stehe.

Ein Gemälde von erstaunlicher Qualität – Mariä Himmelfahrt mit den 3 Wallern in Knappentracht

Bis die Straße durch die Klamm vom Gasteiner- ins Salzachtal gebaut werden konnte, führte der Weg über den Bergbuckel, auf dem das Kirchlein steht.

Über den Ursprung des kleinen Gotteshauses gibt es verschiedene Versionen, die trotz ihrer Unterschiedlichkeit durchaus glaubhaft wirken. Eine Legende erzählt, dass einst drei fromme Kirchenväter aus dem Merowingerreich ins Land kamen, um den Kirchenpatron von Gastein, den heiligen Primus, zu verehren. Sie hätten den christlichen Glauben, die Pflugschar und den Bergschlegel ins Tal gebracht und damit Wohlstand und Fortschritt seiner Bewohner begründet. Nach ihrem Ableben sollen sie nahe nebeneinander auf der Anhöhe bestattet worden sein. Über ihren Gräbern errichtete man drei Hütten. Im Jahr 1621 fand eine amtliche Kommission tatsächlich drei verfallene Behausungen sowie drei Gräber, aber keine Gebeine. Mehrmals baute man an dieser Stelle eine kleine Holzkapelle. 1617 wurden ein Kreuz und eine Muttergottes zur Verehrung aufgestellt. Um von ihren Kopfschmerzen geheilt zu werden, legten die Pilger ihren Kopf in ein aufgeschnittenes Brett.

Eine andere Geschichte über die Entstehung der Kapelle erzählt von drei Pilgern aus dem Gasteinertal, die angeblich mit letzter Kraft aus dem Heiligen Land zurückkamen. Unterwegs hatten sie Schlimmes erlebt und viele Qualen erleiden müssen. Krank und erschöpft hielt sie nur der Wunsch am Leben, noch einmal ihre Heimat sehen zu dürfen. Todkrank standen sie schließlich auf der Anhöhe und schauten hinunter auf ihr Tal. In Erfüllung ih-

res letzten sehnlichen Wunsches verschieden die drei Männer.
Möglicherweise befand sich hier bereits ein vorchristliches Heiligtum, wie an so vielen Übergängen im Gebirge. Den Kult mit den drei Wallern erkannte die Kirche nie an. Ein kirchlicher Visitator berichtete 1739, dass das Volk zahlreich zur Kapelle hinaufströme und deshalb die Sonntagsmesse versäume. Auch hingen viele abscheuliche, geschnitzte Köpfe herum, so dass man den Ort „mit Schaudern verlassen müsste".
1975 fand die letzte gründliche Renovierung der Kapelle statt, dank tatkräftiger Unterstützung der Rotarier. In dem schlichten Gotteshaus geht es eng her. Sechs Bänke bieten einen Sitzplatz vor dem kleinen Altar, der durch ein Gitter geschützt ist. Drei barocke Ölbilder von erstaunlicher Qualität sind zu sehen. Ein Altarblatt zeigt Christus als guten Hirten und rechts eine Darstellung der Himmelfahrt Mariens mit den drei Wallern in Knappentracht. Darunter steht: „Gewidmet von der löblichen Knappschaft Gastein zu Ehren der heiligsten Dreyfaltigkeit und zu Ehren der seligen Jungfrau Maria im Jahre 1710, renoviert 1835".
Einige Votivkerzen auf dem Altar zeigen, dass auch heute noch Beter vorbeikommen. Wallfahrten zur Drei-Waller-Kapelle finden aber keine mehr statt. Dreimal läute ich die kleine „Wunschglocke", bevor ich mich wieder auf den Weg mache zum Rauchkögerl, über Almwiesen und Hochwald bis zum Gipfel. Ergiebiger, warmer Mairegen entlädt sich nun über dem Gasteinertal und wäscht den Schmutz von Wurzeln, Blättern und Blüten. Das Wasser läuft mir in Bächen über das Gesicht und behindert die Aussicht auf Salzachtal, Pinzgauer Grasberge und Nördliche Kalkalpen.
Dabei muss ich immer an die drei Wallfahrer (Waller) denken. Was mögen sie alles erlebt haben auf ihrer langen Reise nach Jerusalem, zum „heiligsten Ort der Welt". Pilgern konnte im Mittelalter ein lebensgefährliches Abenteuer sein. Unterwegs trieb sich allerlei Gesindel umher, das die Pilger nicht selten ausraubte oder gar umbrachte. Nicht nur der Landweg barg allerlei Gefahren, auch die Fahrt übers Meer mit den zahllosen „Seelenverkäufern", gesteuert von dubiosen Seeleuten, die mit den Pilgern schnelles Geld machen wollten, war nicht ohne Risiko. Zudem stand das Heilige Land meist unter islamischer Herrschaft. Und ob das alles nicht schon genug wäre, kamen oft noch Hunger, Krankheiten und schlechte Ausrüstung hinzu.
So gesehen ist es ein Wunder, dass es die drei Männer überhaupt geschafft haben. Zu welcher Jahreszeit mögen sie in ihrer Heimat angekommen sein? Mussten sie durch meterhohen Schnee waten, schleppten sie sich durch brütende Hitze oder durften sie vielleicht sogar ein letztes Mal die Apfelbäumchen blühen sehen?

16

OBER-
ÖSTERREICH

St. Wolfgang im Salzkammergut

Neues Kloster und alte Werte

Anfahrt:	Autobahn A 8 München – Salzburg, Ausfahrt Bad Reichenhall, B 20 bis Laufen an der Salzach. Westautobahn A 1 Salzburg – Wien, Ausfahrt Salzburg Mitte, Richtung Freilassing, B 20 bis Laufen an der Salzach
Ausgangspunkt:	Laufen an der Salzach, Altstadt/Stadtmitte
Wegverlauf:	1. Tag: Altstadt Laufen (400 m), Salzachbrücke – Oberndorf – Salzachufer bis Bergheim (439 m) – Lengfelden (434 m) – Hallwang (524 m) – (Jakobsweg) – Eugendorf (560 m) – Irlach – Thalgau (545 m) 2. Tag: Thalgau – Voglhub (510 m) – St. Lorenz (486 m) – Scharfling (483 m) – Batzenhäusl (ca. 580 m) – Kloster Aich (ca. 700 m) – Fürberg (ca. 540 m) – Falkensteinkapelle (717 m) – Aberseeblick (795 m) – St. Wolfgang (548 m); Kompass-WK 16 (Traunstein – Waginger See) und 17 (Salzburger Seengebiet – Kobernaußerwald)
Höhenunterschied:	1. Tag ca. 200 Hm 2. Tag Anstiege ca. 500 Hm, Abstiege ca. 400 Hm
Gesamtgehzeit:	1. Tag ca. 9 Stunden 2. Tag ca. 8 Stunden
Anforderung:	Technisch anspruchslose, aber sehr lange Wanderung (ca. 65 km) über Forstwege und Teerstraßen, gute Kondition erforderlich. Steilster Anstieg von Fürberg bis zur Falkensteinkapelle
Einkehrmöglichkeit:	1. Tag: Mehrere Gasthäuser in Hallwang und Eugendorf, Gasthaus Santner in Thalgau (Übernachtungsmöglichkeit) 2. Tag: Gasthof Drachenwand in St. Lorenz, Gasthaus Batzenhäusl am Krotensee, Gasthaus Fürberg am Wolfgangsee
Beste Jahreszeit:	Ganzjährig, je nach Schneelage auf dem Falkenstein
Kurzvariante:	
Anfahrt:	Autobahn Salzburg – Wien, Ausfahrt Mondsee, B 154 bis St. Gilgen, Parkplatz im Ort
Ausgangspunkt:	St. Gilgen, Kirche (545 m)
Wegverlauf:	St. Gilgen, Kirche – Brunnwinkl – Fürberg – Falkensteinkapelle – St. Wolfgang
Anforderung:	Bis Fürberg schöner Spaziergang mit herrlichem Blick auf den Wolfgangsee
Gesamtgehzeit:	ca. 2½ bis 3 Stunden
Tipp:	Kloster Aich: www.europakloster.com/ St. Wolfgang/Wolfgangsee: www.stwolfgang.at

Manchmal ist es ganz einfach notwendig, die Haustür hinter sich zu schließen und loszugehen. Einfach den Alltag abstreifen und vertraute Wege hinter sich lassen. Wenn die Tür hinter uns ins Schloss fällt, bleiben auch alle Alltagssorgen zurück; schön wär's! Aber die innere Unruhe sagt meiner Frau und mir, dass es wieder einmal Zeit ist, uns einzubremsen, die Zeiger auf „null" zu stellen. Das gelingt uns am besten, wenn wir ohne große Vorbereitung und mit wenig Gepäck losmarschieren. Nach St. Wolfgang wollten wir schon lange einmal gehen, also auf ins Salzkammergut!

Sternenklarer Himmel an einem frischen Junimorgen. Laufen und Oberndorf, die kleinen Städte an der Salzach, liegen noch in tiefem Dornröschenschlaf. Kein Mensch ist um vier Uhr morgens außer uns unterwegs, als wir

Die Kirche St. Lorenz am Mondsee kann mit einer sehr gut erhaltenen Orgel aus dem 17. Jahrhundert aufwarten.

den Fluss über die schöne Brücke überqueren. Der alte Weg entlang der Salzach ist auf den ersten drei Kilometern der Renaturierung des Flusses zum Opfer gefallen, so dass wir anfangs dem Weg der Bundeswasserverwaltung folgen müssen, der uns kreuz und quer durch den Auwald, vorbei an schlafenden Büschen und Baumriesen und schließlich wieder an das Salzachufer zurückführt. Als wir bei km 59,6 den Wald verlassen, legt sich goldener Frühnebel über die Wiesen und Felder des Flachgaus. Wir überqueren die Bahnlinie und erreichen nach wenigen Minuten Muntigl. Mitten im kleinen Dorf zweigt der Weg nach Bergheim ab, das wir nach der Unterquerung der Bundesstraße bald erreichen. Jetzt folgen wir der Fischach bis Lengfelden. Erst auf dem „Salzburger Jakobsweg", dann auf der ehemaligen Trasse der „Bad Ischler Lokalbahn" pilgern wir über Hallwang und Eugendorf weiter nach Osten.

Es dauert einige Stunden, bis wir den richtigen Pilgerrhythmus gefunden haben, den Gleichklang zwischen Kopf und Beinen. Mit der Zeit verlieren sich unsere Gedanken in der hügeligen, beschaulichen Landschaft des Salzburger Flachgaues. Wir folgen dem Takt unseres Körpers, der uns, einmal in Bewegung gesetzt, gleichsam mitnimmt. Langes Gehen öffnet unsere Sinne, entspannt und reinigt. Wir achten auf die Kleinigkeiten am Wegrand, bewundern die vielen Blumen und sprechen mit den Menschen, die uns freundlich entgegenkommen. Man fühlt die Magie des Weges, Alltagslasten werden zweitrangig und wir spüren wieder einmal, dass unsere Zeit in dieser Welt endlich ist. Im Rhythmus des Gehens betreten wir die Erde mit einem Fuß, mit dem anderen verlassen wir sie wieder. Immer wieder kommt mir der Text eines alten Pilgerliedes in den Sinn:

Wir sind nur Gast auf Erden
und wandern ohne Ruh
mit mancherlei Beschwerden
der ewigen Heimat zu.

Am Nachmittag schieben sich dicke Regenwolken bedrohlich hin und her und unsere Schritte werden schneller. Das zahlt sich aus, denn nach 35 Kilometern erreichen wir Thalgau, unser Tagesziel, gerade noch vor dem ersten sintflutartigen Wolkenbruch. Die ganze Nacht löst ein Gewitter das andere ab und wir sind froh, ein gutes Zimmer mitten im Ort gefunden zu haben.
Am zweiten Tag ist uns das Wetter aber etwas freundlicher gesonnen und es bleibt vorerst trocken. Entlang der markanten Drachenwand geht es vorbei an Bildstöcken und Kapellen durch das flache Mondseer Land. In St. Lorenz, schon in Seenähe, fällt sofort die kleine, gleichnamige Kirche mit den beiden Zwiebeltürmen auf. Sie ist das Wahrzeichen des fein herausgeputzten kleinen Dorfes. Sehens- und vor allem hörenswert ist die kleine Orgel aus dem 17. Jahrhundert, die sich noch im Originalzustand befindet.
Einige Kilometer führt die Straße jetzt direkt am Ufer des Mondsees entlang. Der Blick über die Weite des Sees, der leichte Wellengang, das monotone Rauschen des Wassers und die wenigen Segelboote wirken sehr beruhigend auf uns. Wir sind froh und dankbar, unterwegs zu sein.
Nach Scharfling zweigt unsere Straße ab zum Wolfgangsee und windet sich in Serpentinen hinauf zum Schloss Hüttenstein, das aussieht wie ein efeuversponnenes Märchenschloss. Von hier sind es dann nur noch wenige hundert Meter bis zum Europakloster Gut Aich.
Am 31. Oktober 1994, auf den Tag genau tausend Jahre nach dem Tod des

So weit flog die Axt des Heiligen – traumhafter Blick auf St. Wolfgang

hl. Wolfgang, gründete Pater Johannes Pausch die kleine Benediktinerabtei über dem See, die 2004 ihre Selbstständigkeit erhielt. Es war dies die erste Klosterneugründung seit 850 Jahren in Österreich und mit ihr kehrten die Benediktiner zurück an den Wolfgangsee, den sie Ende des 18. Jahrhunderts verlassen hatten.

Hier, direkt am uralten Pilgerweg zwischen Mondsee und St. Wolfgang, bieten die Mönche Hilfe für Geist und Körper an. Moderne Therapien und Religiosität ergänzen sich hier. Die Kombination von Physio- und Psychotherapie ist auf eine ganzheitliche Heilung ausgerichtet. Seit mittlerweile über zehn Jahren erzielen die Mönche damit sehr gute Erfolge.

Das Innere der kleinen, modern gestalteten Klosterkirche mit dem offenen Kreuzgang strahlt eine wohltuende Ruhe aus. Wir fühlen uns sofort zuhause. Alles hat hier seinen Platz, nichts wirkt aufdringlich oder überflüssig. Ein Besuch des liebevoll angelegten Kräutergartens festigt unseren Eindruck, hier an einem ganz besonderen Ort zu sein.

Für den Prior des Klosters, Johannes Pausch, haben Krankheiten ihre Ursache in der Beziehungslosigkeit. Wichtig sei deshalb, wieder die Fähigkeit zu erlernen, Beziehungen aufzubauen, zu

Die Falkensteinkapelle liegt auf dem Pilgerweg nach St. Wolfgang.

sich selbst, zu anderen Menschen und zu Gott. Viele Leute kämen nach Gut Aich, um einen Neuanfang zu machen, und wüssten noch gar nicht, was sie eigentlich suchten. Die zehn Mönche nennen sich „Europa-Benediktiner", weil sie durch ihr gemeinsames Leben im Kloster ein Zeichen für Europa sein wollen, in dem die Verschiedenheit der Menschen kein Hindernis, sondern ein Merkmal der Vielfalt sein soll.

Unser Weg zieht sich nun durch den Bergwald hinunter bis ans Ufer des malerischen Wolfgangsees. Wir treffen jetzt auf viele Spaziergänger, die – von St. Gilgen kommend – nach Fürberg wandern. Sie sind sich wohl kaum bewusst, dass sie auf einem tausend Jahre alten Pilgerweg unterwegs sind, den Spuren zehntausender Wallfahrer folgen. Im Mittelalter wurde St. Wolfgang in einem Atemzug mit Rom, Santiago de Compostela, Aachen und Einsiedeln in der Schweiz genannt. Über 60.000 Menschen jährlich fanden zur Blütezeit den Weg hierher. Vom Seeuferweg steigt der Waldpfad steil an bis zur Kreuzigungskapelle. Zur Buße für jede Sünde, die sie glaubten, begangen zu haben, schleppten die Pilger hier einen Stein herauf. So entstand im Laufe von hunderten Jahren Wallfahrt ein großer Steinhaufen von fast zwanzig Metern Länge und zwei Metern Höhe. Vielleicht wäre es gar nicht schlecht, wenn wir uns daheim in vertrauter Umgebung einen Platz suchen würden, an dem wir hin und wieder einen Stein ablegen können. Damit wären unsere Sorgen zwar nicht beseitigt, aber sie würden vielleicht nicht mehr so drücken und wir könnten sie beim Anblick des Steins etwas gelassener sehen.

Wenige Minuten später erreichen wir die markante Falkensteinkapelle. Sie wurde 1626 an die Höhle angebaut, in der der hl. Wolfgang als Einsiedler gelebt haben soll. Er war im Jahr 972 zum Bischof von Regensburg geweiht worden. Um nicht in politische Konflikte verstrickt zu werden, verließ er die Stadt zwei Jahre später und zog sich ins Kloster Mondsee zurück, das damals – wie auch der Wolfgangsee – zum Stift Regensburg gehörte.

Die Legende erzählt, dass der Bischof bei der Flucht vor dem Teufel auf den Falkenstein kam. Nachdem er Gott verzweifelt um Hilfe bat, öffnete sich plötzlich vor ihm ein Felsen und ließ ihn durchschlüpfen. Fünf Jahre soll der Heilige in dieser Höhle gelebt haben. Die St.-Wolfgang-Pilger mussten durch die Höhle schweigend und ohne sich umzudrehen hindurchgehen. Schwangere beteten um eine leichtere Geburt und Kranke hofften auf Heilung bei Rückenschmerzen. Es heißt, dass selbst der Dickste hindurchkriechen konnte, vorausgesetzt er war ohne Sünde.

Knapp zweihundert Meter weiter steht die nächste Kapelle. Hier soll der hl. Wolfgang seinen Stab gegen den Felsen geschlagen haben und sogleich sei Wasser aus dem Berg geflossen. Es gilt bis heute als heilkräftig, besonders bei Augenleiden. In einer Glashütte bei St. Gilgen wurden früher sogenannte „Wolfgangiflaschen" hergestellt, in die das heilige Wasser abgefüllt und mit nach Hause genommen werden konnte, „Wellness" für die Seele. Im Inneren der Kapelle erkennt man im Felsen drei Vertiefungen. Der Legende nach hat sich der Bischof mit Kopf und Händen gegen den Teufel gestemmt. Es heißt, wer seinen Kopf in die Rundung legt, ist von Kopfschmerzen befreit.

Wenige Minuten später kommen wir noch zu einer weiteren Kapelle. Sie steht an der Stelle, an der der Heilige sein Beil bis zum See hinuntergeschleudert haben soll. Ständig vom Teufel bedrängt, verließ er seine Höhle und beschloss, sich eine neue Klause zu bauen. Sie sollte dort entstehen, wo sein Beil niederfiel, und das war dort, wo heute die Wallfahrtskirche steht. Der Satan bot dem Heiligen seine Hilfe beim Bauen des Gotteshauses an; er wolle dafür nur das erste Lebewesen, das die neue Kirche betrete. Der Bischof überlistete den Teufel, indem er einen Wolf hineinschickte. Die Hacke ist ein uraltes Symbol der Rechtssprache. So weit man das Beil werfen konnte, so groß war der Grundbesitz. Hier wurde also die Macht des Heiligen verdeutlicht, dem sogar der Satan dienstbar sein musste. In Messing oder Silber hingen die „Wolfgangihackerl", etwa 4,5 cm lang und 1,5 cm breit, als Wallfahrtsandenken an den Rosenkränzen der St.-Wolfgang-Pilger.

Die Sonne spitzt nur noch selten zwischen den dicken Regenwolken hervor, als wir zum ersten Mal auf den Wallfahrtsort hinunterschauen. Unser zweiter Tag endet wie der erste und einen Kilometer vor St. Wolfgang ist es dann so weit: Wolkenbruchartiger Re-

Ein Meisterwerk der Gotik – der weltberühmte Pacheraltar

gen prasselt unaufhörlich auf uns nieder, Blitz und Donner scheinen sich gegenseitig übertreffen zu wollen. Das Wasser steht auf den Straßen, die Gullys können es nicht mehr schlucken. Wir schaffen es gerade noch, uns die Regenpelerinen überzustreifen. In der ersten Pension, die am Weg liegt, quartieren wir uns ein und sind dankbar, vorerst wieder im Trockenen zu sein.

Nach zwei Tagen und 75 Kilometern beginnt unser letzter Pilgertag mit Regen und kühlen Temperaturen. 115 Jahre Schafbergbahn, 130 Jahre Schifffahrt auf dem Wolfgangsee. Für diesen Sonntag haben sich die Verantwortlichen und Organisatoren des Touristenortes alles so schön ausgedacht, mit Jubiläumsfahrten, Musikkapellen und Ansprachen. Die Traditionsdampfer „Kaiser Franz Josef" und „Kaiserin Elisabeth", die fein herausgeputzt an der Anlegestelle liegen und die - ebenfalls auf Hochglanz polierte - kleine Zahnraddampflok der Schafbergbahn warten jedoch vergebens auf Fahrgäste.

Heutzutage lebt der weltbekannte Urlaubsort am Wolfgangsee hauptsächlich von Touristen. Nur wenige von ihnen werden um seine Bedeutung als Gnadenort wissen. Es scheint fast, als habe sich der Wallfahrtsgedanke in das Kloster Aich zurückgezogen. Zwei prächtige Altäre prägen das Innere der Wallfahrtskirche, an der schon im 12. Jahrhundert gebaut wurde. In der Apsis der weltberühmte gotische Flügelaltar von Michael Pacher mit der Krönung

Marias. Der Abt des reichen Klosters Mondsee gab ihn 1471 bei dem Südtiroler in Auftrag. Es ist der einzige vollständig erhalten gebliebene Altar des Meisters. In der Mitte des Kirchenraumes der zweite Altar, das Barockjuwel des bayerischen Bildhauers Thomas Schwanthaler aus dem 17. Jahrhundert. Neben dem Haupteingang befindet sich die Wolfgangskapelle mit der Zelle, in der der Heilige gelebt hat. Sie ist das eigentliche Zentrum der Wallfahrt. Um den großen Felsen daneben rankt sich eine der zahlreichen Legenden vom heiligen Wolfgang. Einmal versäumte er das Morgengebet, weil er verschlafen hatte. Um sich selbst zu strafen, schlug er Hände und Füße gegen den Fels, der daraufhin weich wie Wachs wurde. Gerade diese Fähigkeit, Steine zum Schmelzen zu bringen und christliche Zeichen über heidnische Symbole zu setzen, machte Wolfgang zu einem der beliebtesten Heiligen im deutschsprachigen Raum.

Die jahrhundertealte Geschichte der Wallfahrt hat sich tief in die Kirchenbänke eingegraben. Sie sind sechshundert Jahre alt. Die vielen Einkerbungen kommen vom heißen Wachs der unzähligen Pilgerkerzen. Auf kleinen Plaketten sind manchmal noch die Namen der Gläubigen zu lesen, die sich ihren Platz in der Kirche für umgerechnet 1,50 Euro ein Jahr lang mieten konnten. Erst im Jahr 1971 hat man diesen alten Brauch aufgehoben. Der Mesner Josef Sams erzählt uns, dass sich die Nachkommen immer noch auf ihre alten Familienplätze setzen.

Die festliche Sonntagsmesse wird von den Lankowitzer Sängern aus der Steiermark musikalisch gestaltet. Zum ersten Mal hören wir die „Steirische Mess". Wie die anderen Gottesdienstbesucher sind auch wir von der schlichten Gläubigkeit der Texte tief berührt.

Credo

Mir glaubn! – mir glaubn an dih,
du Vota Gott
Der Himmel, Erd und uns daschoffn hot.

Mir glaubn! – mir glaubn an dih,
Herr Jesu Christ,
der du aus Liab za uns a Mensch worn bist.
Und hätt ma tausend mol in Tod vadient
dei Lebn und Sterbn hot für uns
olle gsühnt,
Die Auferstehung is uns Trost und Liacht,
mia glaubn, dass ah an uns des Wunder
gschiacht.

Mir glaubn! – mir glaubn an dih,
du Heil'ger Geist!
Olls, wos auf Erdn sih ols guat erweist,
des kimmt va dir, Du bist de Feuergluat,
de in an schwochn Menschn Wunder tuat.
Mir glaubn an Gott in der Dreieinigkeit,
oan Herrn va Ewigkeit za Ewigkeit.

Mia glaubn! Mir glaubn an dih!

Nur eine Handvoll Fahrgäste befindet sich bei der Rückfahrt über den See nach St. Gilgen auf dem Schiff. Noch einmal werfen wir einen Blick zurück auf den malerischen Ort und auf den Falkenstein mit seiner steil zum Wasser abfallenden Wand - ein Bild, das wir von unzähligen Ansichtskarten kennen.

Wir halten es aber lieber mit dem Zitat von Pater Pausch vom Kloster Aich: „Die Kraft eines heiligen Ortes bestimmen die Füße der Pilger und nicht die Zahl der Busse. Entscheidend sind die Herzen, nicht die Fotoapparate." Dem ist nichts hinzuzufügen.

17 Werfenweng

SALZBURG

Über das gläserne Gipfelkreuz zur Gottesmutter

Anfahrt:	Tauernautobahn A 10 Salzburg – Villach, Ausfahrt Golling, B 162 bis Abtenau, am Ortsende abzweigen zur Karalm
Ausgangspunkt:	Parkplatz Karalm
Wegverlauf:	Parkplatz Karalm (1007 m) – Laufener Hütte (1726 m) – Bleikogel (2411 m) – Schartwand (2339 m) – Tauernscharte (2103 m) – Tauernkogel (2247 m) – Tauernscharte – Dr.-Heinrich-Hackl-Hütte (1530 m) – Werfenweng (914 m); Kompass-WK 15 (Tennengebirge – Hochkönig)
Höhenunterschied:	Anstiege: ca. 1670 Hm, Abstiege: ca. 1720 Hm
Gesamtgehzeit:	ca. 11 bis 12 Stunden
Anforderung:	Sehr lange und anstrengende Tour, technisch nicht schwierig, aber viel Ausdauer erforderlich
Einkehrmöglichkeit:	Laufener Hütte (nur Getränke erhältlich), Dr.-Heinrich-Hackl-Hütte
Beste Jahreszeit:	Sommer bis Herbst, je nach Schneelage
Tipp:	Ausreichend Trinkwasser mitnehmen

Vom gläsernen Gipfelkreuz auf der Schartwand hatte ich schon gehört und gelesen. Eine Bergtour ins Tennengebirge rückte aber erst in greifbare Nähe, als ich mich entschließe, den Besuch der Wallfahrtskirche „Mariä Geburt“ in Werfenweng mit einer Überquerung des Gebirgsstocks zu kombinieren.

Stockdunkle Nacht umgibt mich noch an diesem sternenklaren Augustmorgen. Ich breche vom Parkplatz an der Karalm auf, an der Nordostseite des Tennengebirges. Ein langer Tag liegt vor mir und ich kann mir nicht erlauben, herumzutrödeln.

Hin und wieder nehme ich bei Bergtouren einen kleinen Stein mit, den ich unterwegs oder am Gipfel wieder ablege. Heute ist es ein schöner Kiesel, der direkt unter dem Wegweiser am Parkplatz liegt. Dabei denke ich an das berühmte „Cruz de ferro“, das Eisenkreuz am Jakobsweg in Kastilien, an dem die Pilger seit Jahrhunderten symbolisch ihre Last ablegen. Der Stein erinnert mich daran, dass wir unser ganzes Leben auf der Wanderschaft sind, Pilger von der Wiege bis zur Bahre, immer auf der Suche nach Glückseligkeit. Dabei tragen wir immer wieder Steine mit uns herum, Dinge, die uns belasten und lähmen, legen sie unterwegs ab und nehmen neue auf. Manchmal komme ich mir vor wie Sisyphus, der allein einen schweren Stein auf einen Berg wälzen musste. Kurz vor dem Ziel rollte dieser wieder hinunter und die Qual begann von vorne. Wir können nicht verhindern, dass diese Steine uns ein Leben lang begleiten, bergauf und bergauf durch alle Höhen und Tiefen. Aber wir können hoffen, dass die Last erträglich wird für uns, denn Gott ist ein Begleiter auf unserem Pilgerweg durchs Leben, auf den wir uns bedingungslos verlassen können und der uns in jeder Lage tragen hilft:

Ich bin der Weg und die Wahrheit und das Leben;
niemand kommt zum Vater denn durch mich. (Joh 14, 6)

Still, mit dem Stein in der Hand, gehe ich auf meiner schmalen, vom Licht der Stirnlampe ausgeleuchteten Spur. Was belastet mich eigentlich momentan, droht mich aus der Bahn zu werfen? Wie viele „Wenn“ und „Aber“ stellen sich mir in den Weg? Immer wieder kehren diese Gedanken zu mir zurück, doch ich weiß keine rechte Antwort darauf. Erst die Konzentration auf die Umgebung in der Dunkelheit bringt etwas Zerstreuung.

Nach einigen Minuten bergab, zieht sich der Weg steil aufwärts durch den Bergwald und anschließend über ein Schotterfeld. Im Bereich der verlassenen Wandalm erreiche ich die Baumgrenze. Durch Senken und über Hügel führt mich die Markierung zur Laufener Hütte. Erste Sonnenstrahlen spitzen zwischen den Felsbastionen hervor, die die Unterkunft umrahmen. Es brennt noch kein Licht in der Hütte und ich beschließe deshalb, ohne Pause weiterzugehen.

Stundenlang zieht sich der Pfad nun durch die karstige und lebensfeindliche Hochfläche. Mehr als die Hälfte des 60 Quadratkilometer großen Plateaugebirges befindet sich in Höhen über 2000 Meter.

Die Sonne gewinnt an Kraft und ich bin froh, dass ich viel Trinkwasser mitgenommen habe, denn auf dem Hochplateau des verkarsteten Bergmassivs gibt es keine Quelle und die baumlose Öde macht das Gehen in der beginnenden Hitze des Vormittags zur Qual.

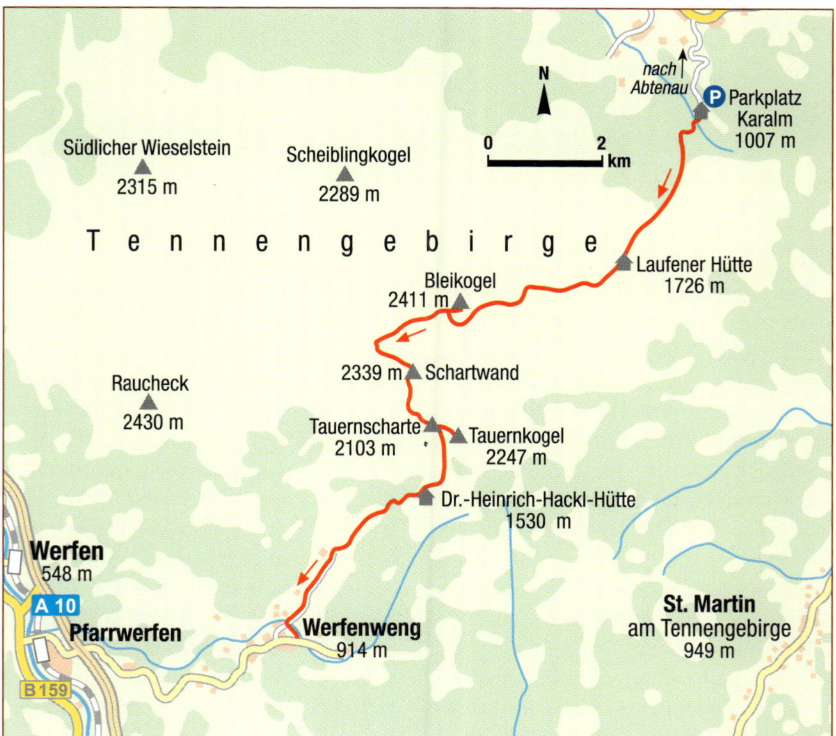

Weltweit einmalig – das Gipfelkreuz aus Glas auf der Schartwand

Von der Spitze des Bleikogels habe ich eine gute Sicht auf die umliegenden Höhenzüge und ihre Gipfelkreuze. Menschen, die unterwegs sind, brauchen Orientierungshilfen wie Wegweiser, Hinweisschilder oder Pfeile. Das Kreuz ist eines der ältesten Sinnbilder der Menschheit, selbst bei Völkern und Kulturen, die niemals miteinander in Verbindung standen. Ein universelles, an keine feste Form gebundenes Ursymbol, das seit jeher den Menschen die Möglichkeit gibt, sich in Zeit und Raum zurechtzufinden. In seinem Zentrum treffen sich Horizontale und Vertikale. Es vermittelt Mitte und Auseinandergehen und verlangt, Entscheidungen zu treffen – sowohl im Glauben als auch an den Wegkreuzungen des Lebens. Bei Christen steht das Kreuz für Leiden und Sterben Jesu, doch in seiner Auferstehung wandelte es sich zum Ausdruck des ewigen Lebens, als Sinnbild des Sieges über den Tod. Heute wirken die Kreuze für mich wie zusätzliche Orientierungspunkte in der zu dieser Tageszeit noch menschenleeren Steinwüste des Tennengebirges. Auch das neue Gipfelkreuz auf der Schartwand, an der ich so oft achtlos vorbeigegangen bin, rückt jetzt in mein Blickfeld. Nach der Abzweigung Richtung

Dr.-Heinrich-Hackl-Hütte verlasse ich den markierten Weg 211, biege nach links ab und erreiche auf weglosem Gelände nach ca. 100 Höhenmetern den Gipfel der Schartwand.
Der Salzburger Alpinist und Extremskifahrer Roland Steiner errichtete am 28. April 2010 auf dem 2339 Meter hohen Berg das erste gläserne Gipfelkreuz der Welt.
Gipfelkreuze sollten stabil gebaut und fest verankert sein, damit sie den extremsten Witterungen auf den höchsten Punkten im Gebirge trotzen können. Bisher waren stets Metall und Holz die bevorzugten Materialien. Somit kamen auf das Glas extreme Anforderungen zu. Der Pongauer Glasverarbeiter Josef Gasperlmair führt eines der wenigen Unternehmen weltweit, welche solche Konstruktionen ausführen können. Die Firma übernahm auch den Großteil der Gesamtkosten des ehrenamtlichen Projektes, welches nach mehreren Hubschraubertransportflügen verwirklicht werden konnte.
Das klare Wetter gestattet einen weiten Blick über das riesige Hochplateau und die umliegenden Berge. Ein idealer Platz für das 2,50 Meter hohe und 1,40 Meter breite, gläserne Kreuz, das erst seit kurzem hier steht. Die zwölf Millimeter dicken Schutzglasscheiben mussten extrem gehärtet und entspiegelt werden, um den außergewöhnlichen Anforderungen standzuhalten. Die Möglichkeit eines solchen Produktionsverfahrens gibt es, laut Roland Steiner, erst seit wenigen Jahren.
Am Kreuz kann ich den Spruch lesen: „Danke für die Zeit, die wir auf der Erde verbringen dürfen" und werde daran erinnert, dass dies keine Selbstverständlichkeit ist, sondern eine große Gnade. Im Gipfelbuch dankt Roland Steiner dafür, dass er das Gipfelkreuz seinen Eltern noch zu ihren Lebzeiten widmen durfte. Jeder muss sein Kreuz selbst tragen und bekommt auch die Kraft dazu, es auszuhalten. Ich weiß, dass ich Gott nicht für mich besitzen, ihn nicht behalten und auch nicht für mich dirigieren kann, aber ich weiß auch, dass er für mich da ist, wenn ich ihn brauche. Wer glaubt, ist nicht allein. So weit ich auch hinaufsteige, ich werde nie tiefer fallen als in seinen Schoß. Er lässt alle erfahren, die unter der Last des Kreuzes stöhnen, dass er stets neben ihnen geht. Gott ist die Energie, die uns das Leben geschenkt hat, der Geist, der uns voranbringt und leitet. Das ist der große Trost, der uns unser ganzes Leben begleitet. Der Benediktinerpater Anselm Grün hat die beste Erklärung, wenn er sagt: „Es gibt kein Kreuz, dem nicht die Auferstehung folgt".
Noch lange hänge ich meinen Gedanken nach, ehe ich wieder aufbreche. Soll ich hier, am gläsernen Kreuz, meinen Stein ablegen? Ich bin mir nicht sicher und beschließe, ihn noch weiterzutragen.
Weglos, vorbei an vielen Bergschafen, steige ich wieder hinunter zum markierten Pfad in Richtung Werfenweng. An der Tauernscharte zweigt eine Fährte zum 2247 Meter hohen Tauernkogel ab. Der wunderbare Aussichtsberg mit weitem Blick bis ins Salzachtal rundet meine Gipfelsammlung für heute ab. Mehr und mehr Wanderer kommen mir in der schwülen Nachmittagshitze entgegen. Einige fragen mich auch nach dem Weg zur Schartwand und ich freue mich, dass ich ihnen Auskunft geben kann. Auf der Terrasse der Dr.-Heinrich-Hackl-Hütte herrscht Hochbetrieb. Zum ersten Mal kann ich im Werfener Tal, am Ortsrand von Werfen-

Die Wallfahrtskirche zu Unserer Lieben Frau von Werfenweng vor der Kulisse einer prachtvollen Bergwelt

weng, die Wallfahrtskirche erkennen. Zwischen Latschen und Kiefern führt der gut ausgebaute Weg nun ständig bergab. Ab dem Wanderparkplatz von Wengerau gelange ich über die Teerstraße in einer knappen halben Stunde zum Ziel.

Das Ende meines Pilgerweges vor Augen, werden meine Schritte wieder ganz leicht. Die Hitze des Tages und die müden Füße treten in den Hintergrund. Das Ankommen gehört zu den besonderen Erlebnissen eines Pilgertages. Ich spüre, hier werde ich auch einen Platz für meinen Stein finden.

Das Dach der Wallfahrtskirche „Mariä Geburt“ hebt sich nur schwach vom tiefdunklen Grün des Waldes ab, an dessen Rand das Gotteshaus steht. Der Kirchenführer erzählt mehrere Legenden vom Ursprung der Wallfahrt. Einem schwerkranken Mann erschien im Traum die Gottesmutter und bat ihn, einen großen Stein aus dem Wenger Bach auf einen Wagen zu laden. Damit sollte der Mann so weit fahren, bis der Stein von selbst auf den Boden stürzen würde. Dort, wo heute die Kirche steht, fiel der Felsblock vom Fuhrwerk herab und war nicht mehr wegzubewegen. Bis ins 17. Jahrhundert konnte der Wunderstein in der Kirche besichtigt werden. Während einer Renovierung zu Beginn des 18. Jahrhunderts soll er jedoch verlorengegangen sein.

Eine andere Geschichte berichtet von Hirten, die die Muttergottes beobachteten, wie sie an einer Quelle die Win-

deln Jesu wusch. Dem Wasser sagt man bis auf den heutigen Tag Wunderwirkung bei Augenleiden nach. Die Quelle befindet sich bei einem alten Bildstock, nur etwa hundert Meter von der Kirche entfernt, und wird noch immer gern von Wallfahrern besucht. Vor dem Bildstöckl wurde eine Steinplatte eingelassen, vielleicht jener Stein, der vom Fuhrwerk fiel?
Wallfahrtskirchen können Festsäle sein, denn schließlich gibt es in ihnen etwas Wunderbares zu feiern, und so ein kleiner Festsaal steht auch in Werfenweng, umringt von den gewaltigen Gipfeln des Tennengebirges. Im Zentrum des barocken Hochaltars steht die Muttergottes mit dem Zepter der Himmelskönigin und dem Jesuskind auf dem Arm, das die Weltkugel trägt. Die im Jahre 1509 geweihte Kirche musste wegen des außerordentlichen Zustroms von Wallfahrern bereits 1625 erweitert werden. Von diesem Glanz vergangener Zeiten kann sie heute nur träumen, denn lediglich am zweiten Goldenen Samstag im Oktober kommen noch Züge mit Fußwallfahrern aus Werfen und Pöham zu „Unserer Lieben Frau von Werfenweng". An der Nordseite des Langhauses ist eine Ölbergszene mit gemalter Landschaft dargestellt. Ein stilisierter Ofen mit den armen Seelen ergänzt das einfache, aber beeindruckende Denkmal. Es zeugt von einer Zeit, in der der Glaube noch fest in der Bevölkerung verankert war, so tief und so fest wie das gläserne Gipfelkreuz auf der Schartwand.
Beim Bildstock an der Quelle bietet sich mir noch einmal ein wunderbarer Blick auf das Tennengebirge. Auch wenn ich müde und abgekämpft aussehe, ich weiß, ich bin „angekommen" und kann hier meinen Stein ganz leicht ablegen.

Ein schlichtes, aber eindrucksvolles Kunstwerk – die Ölbergszene im Langhaus der Wallfahrtskirche

18

SALZBURG

Filzmoos

Über den Hohen Dachstein zum „Filzmooser Kindl“

Anfahrt:	Tauernautobahn A 10 Salzburg – Villach, Ausfahrt Eben im Pongau, dann Richtung Ramsau am Dachstein bis Abzweigung Dachsteinbahn, Mautstraße bis zur Talstation
Ausgangspunkt:	Parkplatz Dachsteinseilbahn/Hotel Türlwand
Wegverlauf:	Parkplatz (1692 m) – über Dachsteinsüdwandhütte (1871 m) zum Klettersteig – über die Hunerscharte bis unterhalb der Bergstation, dann über den Hallstätter Gletscher zum Gipfel (2995 m). Abstieg bis Dachsteinsüdwandhütte wie Aufstieg, dann über die Bachlalm (1500 m) nach Filzmoos (1057 m); Kompass-WK 20 (Dachstein) und AV-Karte 14 (Dachsteingebirge)
Höhenunterschied:	Aufstieg ca. 1310 Hm, Abstieg ca. 1950 Hm
Gesamtgehzeit:	ca. 12 bis 13 Stunden
Anforderung:	Lange, anstrengende Bergtour, sehr gute Kondition erforderlich, auf den alpinen Klettersteigen ist absolute Schwindelfreiheit und Trittsicherheit erforderlich, nur mit Kletterausrüstung begehbar!
Einkehrmöglichkeit:	Seethalerhütte, Dachsteinsüdwandhütte, Bachlalm
Beste Jahreszeit:	Sommer, unbedingt vor Antritt der Tour Wetterbericht einholen!
Tipp:	Taxi Filzmoos (www.taxi-jaeger.at). Betrieb der Dachsteinseilbahn ab 7.50 Uhr, im Sommer an bestimmten Tagen Sonnenauf- und Sonnenuntergangsfahrten (www.dachsteingletscher.at)

Christus-Wallfahrten waren früher sehr zahlreich. Etwa 50 heilige Orte, an denen das Jesuskind verehrt wurde, soll es in der Barockzeit noch gegeben haben. Heute sind es nur mehr wenige. Am bekanntesten dürften das „Prager

Auf dem Hallstätter Gletscher – Übergang zum letzten Klettersteig vor dem Gipfel

Jesulein" im Karmelitenkloster der tschechischen Hauptstadt und der „Santo Bambino" in der Kirche Santa Maria in Aracoeli in Rom, direkt neben dem Kapitol sein. So ist das „Filzmooser Kindl" in der Dorfkirche des kleinen Pongauer Ortes, am Rande des mächtigen Dachsteingebirges, schon ein besonderes Kleinod und es bietet sich förmlich an, nach einer Besteigung des Hohen Dachsteins auch der Wallfahrtskirche einen Besuch abzustatten.

Der riesige Parkplatz an der Talstation der Dachsteinseilbahn ist verwaist. Um 4.00 Uhr morgens ist weit und breit noch niemand zu sehen. So viel Platz wie jetzt gibt es hier den ganzen Tag über nicht mehr. Im Licht der Stirnlampe führt der Steig in knapp 30 Minuten zur Südwandhütte. Aufbruchsstimmung im Inneren. Erste Bergsteiger machen sich im Schein spärlicher Beleuchtung langsam fertig. Schemenhaft wie Nachtgeister huschen sie umher, eine gespenstische Atmosphäre. Über eine der vielen Kletterrouten beginnt auch für sie der Aufstieg zum Hohen Dachstein. Eine ständige Unruhe begleitet mich, denn noch habe ich meinen Rhythmus nicht gefunden. In endlosen Serpentinen schleppt sich der Weg durch den finsteren Einschnitt zwischen Türlspitz und Scheiblingstein

Die Pfarr- und Wallfahrtskirche zu den hll. Petrus und Paulus in Filzmoos

hinauf zum Einstieg in den Klettersteig. Zum ersten Mal streift mein Blick über die riesigen Wald- und Wiesenflächen unterhalb der Felswände des Dachsteingebirges. Die kräftigen, morgendlichen Sonnenstrahlen sorgen zwar für ein magisches Licht und treiben die letzten Schatten aus den Gräben der Geröllfelder, bringen aber noch keine Wärme.

Kurz ein letzter Blick in die Landschaft, dann verlangt der steile, seilversicherte Eisensteig volle Konzentration. Nach einer Stunde ist die „Ferrata" geschafft. Sie endet genau unter der neuen Aussichtsplattform der Seilbahnbergstation und der Ausblick auf die umliegenden Berge ist einfach traumhaft. Vor mir ist nur ein Paar aus Graz zum Gipfel unterwegs und sorgt für die erste, steile Spur über die riesigen Gletscherfelder, die wie eine weiße Wüste vor uns liegen. Der Übergang von der Schneedecke in den letzten völlig vereisten Klettersteig gestaltet sich unerwartet schwierig und wir sind froh, als endlich das Gipfelkreuz in Sichtweite kommt.

Für mich ist immer wieder faszinierend zu sehen, dass sich Menschen, die sich überhaupt nicht kennen, in besonderen Situationen zu einer Weggemeinschaft zusammenschließen, die miteinander die extremsten Schwierigkeiten

meistert, und sich dann wieder trennen, um ihre eigenen Wege zu gehen. Zurück bleibt die gute Erfahrung, dass sich die Menschen oft trotz aller Verschiedenheit aufeinander verlassen können.
Beim Abstieg über die Schnee- und Eisfelder hat die Sonne schon deutlich an Kraft gewonnen, was uns und den vielen Menschen, die jetzt scharenweise mit der Seilbahn heraufkommen, deutlich entgegenkommt. Ganze Seilschaften bewegen sich auf dem Gletscher hin und her. Der Ausblick scheint grenzenlos. Immer neue Kuppen, Felsnadeln und Spitzen am Horizont, die längst niemand mehr deuten kann. Dazu das einzigartige, strahlende Blau des Himmels, das man nur in dieser Höhe findet.
Im Westen reicht der Blick bis in das Lammertal. Dort machen sich in der Gemeinde Annaberg jedes Jahr am ersten Sonntag im Oktober etwa 100 bis 200 Frauen und Männer auf zur Wallfahrt über den Langeggsattel zum „Jesuskind von Filzmoos". Der Bittgang geht auf ein Gelöbnis des Bartholomäus Schilchegger aus Annaberg zurück, der gelobte, bei einer glücklichen Heimkehr aus dem Zweiten Weltkrieg, jedes Jahr nach Filzmoos gehen zu wollen. Seine Familie übernahm die Organisation, führt die Tradition weiter und so lebte eine alte Wallfahrt wieder kräftig auf, die vor dem Krieg bereits erloschen war.
Mein alpiner Abstieg führt wieder zurück zur Südwandhütte, anschließend durch Bergwald und über Almmatten, vorbei an der Bachlalm, hinunter nach Filzmoos. Es ist heute fast unvorstellbar, dass früher ungefähr 2000 Almen im Dachsteingebiet bewirtschaftet wurden.
Meine Zeit wird knapp, der Weg ist noch weit und ich muss mich beeilen. Ständig suche ich nach Abkürzungen, die sich aber in dem mir unbekannten Gelände oft als Irrweg erweisen. Wenn man in die falsche Richtung läuft, nützt es eben auch nichts, das Tempo zu erhöhen. Es bleibt trotzdem der falsche Weg. Da geht es uns im täglichen Leben nicht anders.
Aber schließlich ist es doch geschafft. Als ich das beschauliche Dorf erreiche, grüßt bereits von weitem der westliche Ausläufer des Dachsteingebirges, die markante Bischofsmütze. Fast 2000 Höhenmeter liegen jetzt zwischen mir und dem Dachsteingipfel und ich bin müde und froh, in der kleinen, fast menschenleeren Wallfahrtskirche angekommen zu sein. Sie ist offen und nach einigen Minuten sickert der Friede des Gotteshauses in mich hinein. Ruhig halte ich es jetzt mit mir aus in der schweigenden Geborgenheit und kann gut die Kraft der Stille und des Gebetes in mir zulassen.
Seit Mitte des 15. Jahrhunderts kommen Wallfahrer zum „Filzmooser Kindl". Um diese Zeit dürfte auch die bis heute erhaltene, spätgotische Statue entstanden sein. In vielen Votivtafeln sind Gebetserhörungen und Gnadenerweise erhalten geblieben. Schon im „Filzmooser Wallfahrtsbüchlein" von 1772 beklagt der Chronist das Fehlen von Aufzeichnungen über den Ursprung der Wallfahrt. Über diesen existiert zumindest eine Legende: Anfang des 15. Jahrhunderts, als die Gegend um Filzmoos noch aus Viehweiden und Wäldern bestand, hörten zwei Schafhirten einst ein „liebliches Glöcklein". Sie folgten dem Klang und fanden schließlich auf einem halb verfaulten Baumstamm das kleine, geschnitzte Je-

suskind. Es läutete das Glöcklein und hob die beiden ersten Finger der rechten Hand. Die Figur kam nach Altenmarkt, in die zuständige Pfarrei. Doch in der gleichen Nacht verschwand sie wieder und wurde schließlich an der gleichen Stelle wiederentdeckt, wo es die beiden Hirten gefunden hatten. Nun brachte man es in das „einen halben Büchsenschuß entlegene Peterskirchlein; allwo es bis zum heutigen Tag verblieben und sich [...] gegen die Menschen gnadenreich, ja wunderthätig erwiesen", wie das Wallfahrtsbüchlein von 1772 zu berichten weiß. Seit dem Jahr 1961 hängt das „Kindl" als Mittelpunkt des spätbarocken Gotteshauses in einem Glasschrein mit goldenem Strahlenkranz über dem Hauptaltar. Es trägt ein reich gesticktes „Gnadenröckl", das je nach Jahreszeit gewechselt wird: golden an Weinachten, weiß zu Ostern und rot den Rest des Jahres.

Wie die meisten Wallfahrtsjesulein trägt auch das „Filzmooser Kindl" als Zeichen der Königswürde eine Krone. Viele vornehme und bäuerliche Familien ließen sich früher zur häuslichen Andacht Kopien des Originals anfertigen, die von Generation zu Generation weitervererbt wurden. Bei den Bauern gehörten sie oft zum Brautgut und standen in der „guten Kammer".

Die Wurzeln der Jesuskind-Verehrung gehen auf die Frauenorden des frühen Mittelalters zurück. Die kinderlosen Nonnen stellten sich kleine Jesuskind-Statuen, meist Geschenke der Angehörigen zur Profess, als „Trösterlein" oder „himmlischen Bräutigam" in ihre Zellen. Den Gläubigen brachte man die „Kindlein-Verehrung" durch Aufstellen der Statuen auf den Altären der Kirchen nahe. Gebetserhörungen und Heilungen ließen besonders in der Barockzeit florierende Wallfahrten aufkommen. Etwa 20 Jesuskind-Wallfahrten haben sich, trotz Säkularisation und Rationalismus, bis heute in Europa erhalten.

Schwer beeindruckt haben mich die über 500 Jahre alten, durch Fensterausbruch leider teilweise beschädigten Fresken an der nördlichen Langhauswand der Dorfkirche. Sie zeigen den überlebensgroßen Christus als Salvator (lat.: Retter) und die zwölf Apostel.

Der Heimatforscher und Schriftsteller Paul Ernst Rattelmüller schrieb: „Filzmoos ist nie eine der großen Wallfahrten gewesen. Es waren immer nur die stillen, einsamen Beter, die ihre Anliegen zum Filzmooser Kindl getragen haben. Dass es trotzdem nicht wenige Pilger gewesen sind, verrät die tief ausgetretene Türschwelle unter der Kirchentür."

Eine hochbetagte Frau kniet vor einem mit Bergblumen geschmückten Grab im schönen Friedhof bei der Kirche mit den vielen eisernen Kreuzen. Auf meine Frage nach den Wallfahrten meint sie: „Die meisten Bittgänge sind heute erloschen. Unsere treuesten Wallfahrer sind halt die Annaberger. Die kommen jedes Jahr am Rosenkranzsonntag im Oktober. Bei jedem Wetter, die lassen sich durch nichts abschrecken!" Im Pfarrbüro erhalte ich die Auskunft, dass immer mehr Vereine und Firmen kommen und vor allem Einzelpilger. Die Formen haben sich heute eben geändert, wie so vieles.

Es ist schon später Nachmittag und zu Fuß ist der weite Rückweg auf der Straße nicht mehr zu bewältigen. Den letzten Bus in Richtung Talstation der Dachsteinbahn habe ich längst versäumt und muss mir ein Taxi nehmen.

Noch viele Touristen fahren jetzt auf den Berg, um die Abendstimmung einzufangen, und der riesige Parkplatz ist noch gut gefüllt mit Fahrzeugen. An diesem Schnittpunkt zwischen Technik und Natur hat der „automobile“ Mensch mittels moderner Seilbahntechnik Zutritt in ein gewaltiges Gletscherreich bekommen. In wenigen Minuten überwindet er sämtliche Klima- und Vegetationszonen.
In solchen Situationen fällt mir immer die oft zitierte Geschichte von dem alten Indianer ein, der zum ersten Mal in einem Auto mitfahren durfte. Nach einer halben Stunde wollte er aussteigen. Man fragte ihn, ob er sich nicht wohl fühle oder ob ihm übel sei. „Nein“, sagte er, „ich muss nur warten, bis mein Herz nachkommt.“
Herz und Seele gehen wohl lieber zu Fuß und haben ihr eigenes Tempo. Vielleicht verfallen wir modernen Menschen auch immer mehr in Rast- und Ruhelosigkeit, weil wir das richtige Gehen verlernt haben. Aber Berge lassen sich eben auf verschiedene Arten erklimmen, mühsam zu Fuß oder ganz leicht mit dem Auto oder der Seilbahn. Die Gipfel aber sind für alle da.
Heute sind Aufstiegshilfen und Skiabfahrten längst am Rande des Erträglichen angekommen, doch Gott sei Dank haben sich trotz moderner Zeiten auch noch viele alte Bräuche erhalten. Viele Wallfahrten von einst sind heute ganz erloschen, doch manche schlafen nur und warten darauf, dass ihnen jemand die Decke wegzieht und neues Leben einhaucht, wie im Lammertal. Haben Outdoor-Kleidung und

Das Filzmooser Kindl mit einer Weltkugel und einem Glöcklein in seinen Händen

Funktionswäsche auch Trachten und Lederschuhe etwas zurückgedrängt, sind oft aus Waldwegen und Bergpfaden breite Asphaltstraßen geworden, die Gründe der Bittgänge bleiben immer die gleichen: die Suche nach dem Heil, seelischer Stärkung und Kraft im Alltag.

19

SALZBURG

Zederhaus

Das Prangstangentragen am Johannistag

Anfahrt:	Tauernautobahn A 10 Salzburg – Villach, Ausfahrt Zederhaus (1205 m), zwischen Tauern- und Katschbergtunnel
Tipp:	Information über den Programmablauf: www.zederhaus.at

Es ist eine besondere Ehre, am Hochfest der Geburt Johannes' des Täufers, die Prangstangen (Prangen von festlichem Gepränge) durch das Dorf zu tragen. Voraussetzung ist allerdings, dass die jungen Männer kräftig und unverheiratet sind und keine Alimente bezahlen müssen.

Wer sich am 24. Juni im Salzburger Lungau aufhält, sollte sich das Patroziniumsfest des Kirchenpatrons von Zederhaus nicht entgehen lassen. Der kleine Ort an den Ausläufern der Radstädter Tauern liegt in unmittelbarer Nähe des Tauerntunnels und besitzt eine eigene Autobahnausfahrt.

An diesem Festtag ziehen etwa ein Dutzend junger Männer mit bis zu 85 Kilogramm schweren und 8 Meter hohen, mit Blütenbändern verzierten Stangen die Dorfstraße hinunter und wieder zurück zur Kirche. Der alte Brauch wird mit einer Heuschreckenplage in Verbindung gebracht, die Ende des 17. Jahrhunderts die gesamte Vegetation vernichtet haben soll. Nur die Margeriten, die „Sunnawendla", seien damals von der Katastrophe verschont geblieben. In ihrer Not und Verzweiflung gelobten die Bauern, jedes Jahr Blumen auf „Hiefler" (lange Stangen zur Trocknung des Heus) zu binden, um fortan von diesem Unheil geschützt zu sein. Im Laufe der Zeit schmückte man die Stämme prächtiger, verwendete immer längere Stangen, die natürlich auch immer schwerer wurden.

Die „Busch'ngarba", Kinder und Jugendliche, sind bereits eine Woche vor der Prozession auf den blühenden Almböden und Wiesen unterwegs und sammeln fleißig die frischen Frühlingsblumen. Neben den zahllosen Margeriten wandern Enzian, Bergnelkwurz, Mohn- und Kornblumen, Frauenmantel und Bergastern in ihre Körbe. Die Frauen stiften Pfingstrosen aus ihren Bauerngärten dazu. Wichtig ist, dass die Blumen trocken sind und kühl gelagert werden, damit sie nicht faulen. Bei manchen Bauern sind die Prangstangen seit Generationen fest mit dem Hof verbunden. Die hohen, geschälten Baumstämme lagern schon lange in eigens dafür ausgeräumten Scheunen und Garagen. Frauen binden Blumengirlanden und Männer umwickeln damit die Stangen, bis nichts mehr vom Stamm zu sehen ist. So entstehen wunderbare Symbole nach uralten Mustern. Bis zu 300 Arbeitsstunden fallen für eine Prangstange an, die mit bis zu 60.000 Blüten geschmückt sein kann. Von den Kranzbindern wird sehr viel Geschick verlangt, denn wenn die Stangen zu dick geraten, verlieren sie nicht nur ihre elegante Form, sondern sind außerdem für die Träger nur schwer zu balancieren.

Der Brauch der Prangstangen wird mit einer Heuschreckenplage im 17. Jahrhundert in Verbindung gebracht.

Bereits am Vorabend der Prozession bringen die Träger ihre fertigen Prunkstangen, begleitet von der Dorfkapelle, in die kleine Kirche. Am folgenden Johannestag ist das Gotteshaus schon lange vor Beginn des Festgottesdienstes prall gefüllt. Das ganze Dorf ist auf den Beinen, ein Feiertag für die Gemeinde. Nach der Messe reihen sich die Burschen mit den Prangstangen in den Festzug ein, der von den Himmelschützen, Trachtenvereinen und Musikkapellen angeführt wird. Jeweils zwei junge „Mannsbilder" sind für eine Prangstange verantwortlich, wechseln sich ständig beim Tragen ab und werden von älteren, ehemaligen Trägern unterstützt. Nach einem Kilometer wendet die Prozession und zieht wieder zur Kirche zurück.

An vier im Freien aufgebauten, festlich geschmückten Altären hält der Umzug zu einer Andacht. Nach der Schlussmesse vor der Kirche bringen die jungen Männer ihre Prangstangen in das Gotteshaus, wo sie bis zum 15. August, dem „Hohen Frauentag", aufgestellt bleiben. Als „Prangstangenkräutlach" kehren die getrockneten Blumen in die Bauernhöfe zurück. Dort werden sie in den zwölf Raunächten, zwischen dem Hl. Abend und dem Dreikönigstag, zum Ausräuchern von Haus und Hof verwendet.

Es lohnt sich, nach dem Ende der Prozession, der kleinen Kirche einen abschließenden Besuch abzustatten und sich die prunkvollen Blumenstangen in aller Ruhe anzusehen. Dieser wunderbare Brauch des „Prangstangentragens" hat sich außer im Lungau auch noch in ähnlicher Form in einigen anderen Orten des Salzburger Pongaus erhalten.

20

SALZBURG

Mariapfarr und Seekreuzkapelle

Von der Urpfarre zur Waldkapelle

Anfahrt:	Tauernautobahn A 10 Salzburg – Villach, Ausfahrt St. Michael im Lungau, B 99 bis Mariapfarr, Landstraße bis „Häuserl im Wald"
Ausgangspunkt:	Gasthaus „Häuserl im Wald"
Wegverlauf:	Gasthaus (1151 m) – Sonndörfl – Hinterweißpriach (ca. 1120 m) – Seekreuzkapelle (ca. 1130 m) – Diktlerhütte (1148 m); Kompass-WK 67 (Lungau – Radstädter Tauern)
Höhenunterschied:	Keine nennenswerten Höhenunterschiede
Gesamtgehzeit:	ca. 2 bis 2½ Stunden
Anforderung:	Leichte Wanderung auf Wald- und Wiesenwegen
Einkehrmöglichkeit:	Gasthaus „Häuserl im Wald", Jausenstation Diktlerhütte
Beste Jahreszeit:	Bei gutem Wetter ganzjährig

Zuerst wollte ich eigentlich von Mariapfarr im Lungau auf dem alten Wallfahrtsweg nach St. Andrä pilgern, doch ein Artikel über die Seekreuzkapelle in Weißpriach, der in der altehrwürdigen Pfarr- und Wallfahrtskirche „Zu unserer Lieben Frau" aufliegt, macht mich neugierig und ich beschließe, mein Ziel zu ändern.

Mariapfarr, der sonnenreichste Ort Österreichs, ist die Mutter- und Urpfarre des gesamten Lungaus. Zum ersten Mal wird hier im Jahr 923 eine Kirche erwähnt. Der Ursprung der Wallfahrt ist nicht mehr genau festzustellen. Das älteste Gnadenbild, eine in Stein gegossene Madonna, die bereits seit dem 14. Jahrhundert verehrt wurde, fiel dem Kirchenbrand von 1854 zum Opfer. Damals schmolzen in der Hitze der Feuersbrunst sogar die Glocken.

Eine Legende erzählt, dass der Baumeister, als er beim Wiederaufbau der Kirche das Kreuz auf die Turmspitze setzte, hoch oben wie üblich einige Gläser leerte und diese anschließend zu Boden warf. Dabei sei kein einziges Glas zerbrochen.

Ab dem 16. Jahrhundert sind Wallfahrten aus der gesamten Umgebung schriftlich belegt. In der prächtigen Kirche ist noch die beeindruckende, romanische und gotische Wandbemalung zu bewundern. Im Chorturm etwa sind die Anbetung und Geburt Christi, eine Abendmahlszene und der Einzug in Jerusalem in Fragmenten erhalten geblieben. Die angebaute Georgskapelle wartet mit zwei außergewöhnlichen Fresken auf: dem Andachtsbild zum Heiligen Leib und Blut Christi und der Georgslegende, die das grausame Martyrium des Heiligen veranschaulicht.

Diese Fresken aus längst vergangener Zeit lesen sich wie ein Bilderbuch des Mittelalters. Die meisten Menschen konnten damals weder lesen noch schreiben. Sie waren auf das angewiesen, was man ihnen erzählte. Aber dennoch „lasen" sie beim Kirchgang, bei Wallfahrten und Bittgängen in der Heiligen Schrift. Viele bedeutende Szenen aus der Bibel wurden an die Wand gemalt oder aus dem Stein herausgeschlagen, fanden sich an den Portalen, in Kreuzgängen und an Kirchenwänden. So erfuhren sie davon, wie Jesus verspottet wurde, Maria weinte oder der Teufel höhnisch grinste. Auch wenn wir heute diese Geschichten nicht mehr hören, lesen und auch nicht mehr glauben wollen, so haben sie, trotz bröckelndem Gestein und müder, verwitterter Farben, nichts von ihrer ursprünglichen Brisanz verloren.

Sehenswert ist das Wallfahrtsmuseum im riesigen Pfarrhof. Hier waren früher die Seelsorger und Hilfspriester untergebracht, die in den zahlreichen Gemeinden und Filialkirchen ihren Dienst verrichteten. Besonders erwähnt sei unter diesen Josef Mohr, der hier das Lied „Stille Nacht" dichtete. Ansonsten sind der barocke Schmuck des Gnadenbildes sowie viele Votivbilder zu bewundern.

Meine Wanderung zur Seekreuzkapelle beginnt am Gasthof „Häuserl im Wald". Der romantische Wanderweg führt durch die Wälder und über die blühenden Wiesen der hügeligen Landschaft. Ab dem Örtchen Hinterweißpriach verläuft die Route fast durchgehend neben dem idyllischen Gebirgsbach bis zum Ziel.

Bescheiden, auf einer kleinen Anhöhe mitten im Wald steht die winzige Seekreuzkapelle. Ihr Name deutet darauf hin, dass sich hier einst ein See befunden hat. Sie steht stellvertretend für die unzähligen, oft unscheinbaren Gebirgskapellen in den Alpen. Ein offener Bildstock mit Rundbogennische und vorgezogenem, hölzernen Dach, unter dem sich zwei kleine Sitzbänke einfügen.

In der hinteren Bank sitzt eine alte, schwarz gekleidete Frau mit schwarz geblümtem Kopftuch. Sie scheint tief versunken im Gebet. Ich möchte ihre Andacht nicht stören und will noch bis zur Diktlerhütte weitergehen, die nur wenige Minuten von der Kapelle entfernt liegt. Ein paar Fotos kann ich auch auf dem Rückweg machen. Doch sie hebt den Kopf und sagt: „Bleib nur da, du störst mich nicht." Zwei gutmütige Augen aus einem Gesicht mit tiefen Falten, die aussehen wie die Jahresringe eines alten Baumes, schauen mich an. Ich frage sie, woher sie kommt. Sie weicht meiner Frage aus, deutet mit dem Finger Richtung Weißpriach und meint: „Ach weißt du, wenn es gar nicht mehr geht, wenn ich weder ein noch aus weiß, dann setze ich mich

Mariapfarr wird heute als die Urpfarre des Lungaus angesehen.

eine Stunde zur Madonna. Hinterher geht es mir dann wieder gut. Ich lerne immer wieder, trotz meines Alters, alles mit anderen Augen zu sehen, über den Tag hinauszuschauen, dann ist alles nicht mehr so schlimm. Einmal habe ich gesehen, wie mich die Maria angelächelt hat", sagt sie gedankenversunken mit fester Stimme. Wer dürfte sich hier anmaßen, ihr zu widersprechen? Sie redet langsam und ich spüre, dass die Worte der klugen Frau mit Bedacht gewählt sind. Weisheit findet man manchmal auch dort, wo man sie am wenigsten erwartet.

Ich muss an meine geliebte Großmutter denken, die in meinem Herzen lebendig geblieben ist und mir heute oft fehlt. Sie nahm mich früher manchmal zu Besorgungen mit. Wir saßen gerne in Kirchen und Kapellen. Mit den Jahren lernte ich, die Ruhe und Stille der Gotteshäuser zu schätzen. Wenn wir irgendwo Glockengeläut hörten, sagte sie: „Das ist gut, jetzt wird für uns gebetet." Wie gerne würde ich noch einmal mit ihr eine Kapelle besuchen. Das Gespräch mit der alten Frau war wie die Rückkehr zu einem guten, alten Gefühl, zu einer manchmal fast schon verloren geglaubten Fährte.

Wie konnte die Frau nur so weit zu Fuß gehen? In ihrem Alter musste sie vom letzten Parkplatz in Hinterweißpriach mindestens eine Stunde unterwegs gewesen sein. Ich will sie nicht weiter stören und verabschiede mich. „Ich gehe noch bis zur Hütte. Zurück können wir noch ein Stück gemeinsam laufen." Sie nickt und lächelt. Noch einmal überquere ich den Gebirgsbach über eine breite Holzbrücke und nach kurzer Zeit erreiche ich die bewirtschaftete Diktlerhütte. Nach wenigen Minuten Pause

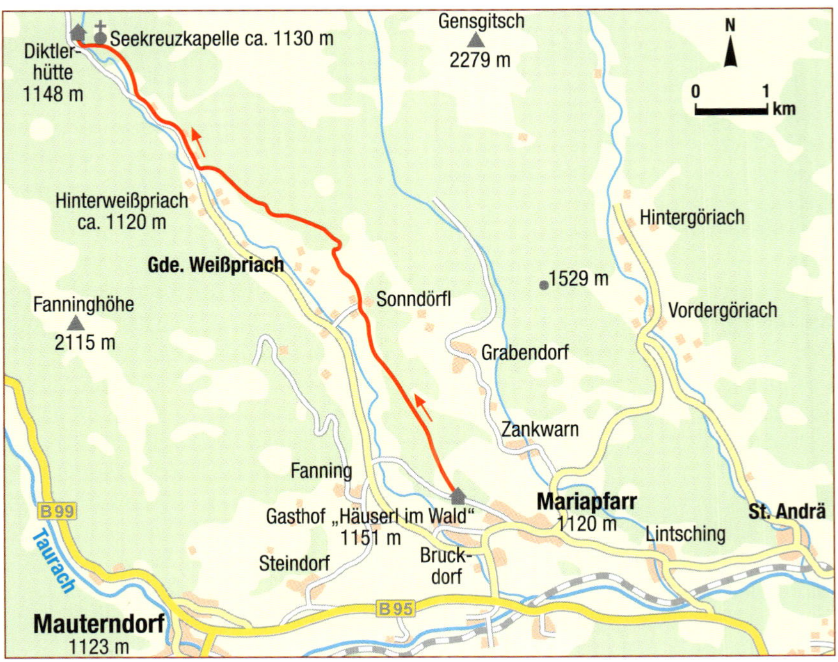

Blick auf das Deckengewölbe der Seekreuzkapelle

trete ich von dort den Rückweg an und komme wieder zur Seekreuzkapelle. In der vergitterten Nische erkenne ich die Kopie des Mariahilf-Bildes von Lukas Cranach, das sich in der Stadtpfarrkirche St. Jakob in Innsbruck befindet. Die beiden Seiten des Nischenbildstocks schmücken Bilder von St. Martin und St. Georg. Eine große Ruhe geht von der kleinen Wallfahrtsstätte im Bergwald aus. Trotz ihrer Ähnlichkeit mit den vielen Kapellen im Gebirge ist sie doch etwas Besonderes. Ein Votivbild weist auf ein Gelöbnis im Jahre 1744 hin. Ein Gämsenjäger hatte sich in einer Wand verstiegen und war in schwere Bergnot geraten. Nach Anruf und Fürbitte Mariens konnte er sich retten und fand den Weg zurück ins Tal. Als Dank ließ er die Kapelle bauen. An dieser Stelle befand sich vermutlich schon viel früher ein Heiligtum, denn anders ist die Beliebtheit des Gnadenbildes nicht zu begreifen. Seit Jahrhunderten finden sogenannte „Wetterbittgänge" statt. Als einzige Wallfahrt blieb – wie auch in Mariapfarr – der Bittgang an Mariä Geburt (8. September) erhalten. Durch ihre Nähe zur Diktlerhütte wird die Seekreuzkapelle wieder öfter besucht und erfreut sich steigender Beliebtheit.

Zu meinem Bedauern treffe ich die alte Frau bei der Kapelle nicht mehr, trotz erhöhtem Tempo. Sie ist wie vom Erdboden verschluckt …

21

STEIERMARK

Frauenberg bei Admont

Letzte Hoffnung Gebet

Anfahrt:	Westautobahn A 1 Salzburg – Wien bis Knoten Voralpenkreuz, Wechseln auf Pyhrnautobahn A 9 Richtung Graz, Ausfahrt Spital am Pyhrn, Parkplatz im Ortszentrum
Ausgangspunkt:	Spital, Ortszentrum
Wegverlauf:	Spital, Ortszentrum (640 m) – Hasenberg (723 m) – Bosruckhütte (1043 m) – Ochsenwaldkapelle – Arlingsattel (1425m) – Ardningalm/Angeralm (1037 m) – Brandlkapelle – Ardning (696 m) – Oberdorf – Harsbach (680 m) – Frauenberg (770 m); Kompass-WK 69 (Gesäuse – Pyhrn – Eisenerz)
Höhenunterschied:	Aufstiege ca. 880 Hm, Abstieg ca. 750 Hm
Gesamtgehzeit:	ca. 5 bis 6 Stunden
Anforderung:	Unschwierige, aber lange Bergtour, Ausdauer erforderlich
Einkehrmöglichkeit:	Bosruckhütte, Berggasthof Ardningalm
Beste Jahreszeit:	Frühjahr bis Herbst
Tipp:	Eine sehr schöne Alternative zum Normalweg ab Spital ist ein kleiner Umweg durch die 1½ km lange Dr.-Vogelsang-Klamm (beschildert), geöffnet ab Ende April.

Im Jahr 1728 wütete im oberösterreichischen Markt Windischgarsten eine verheerende Feuersbrunst. Fast der ganze Ort fiel dem Inferno zum Opfer, nur wenige Häuser blieben von den Flammen verschont. Als Dank für ihre wunderbare Errettung gelobten die Besitzer jener Häuser eine jährliche Wallfahrt nach Frauenberg. Doch wie so oft: In guten Zeiten vergisst man seine Versprechungen allzu leicht und das Gelöbnis geriet in Vergessenheit. Die Legende erzählt, dass eines Tages ein kleines, seltsames Männlein in die Kirche von Windischgarsten kam. Es trug eine kurze Hose, grüne Strümpfe und eine grüne Weste mit silbernen Kugelknöpfen. Der fremde Besucher wollte auf den Turm hinaufsteigen und oben angekommen, kletterte er auf die große Glocke, machte darauf ein Zeichen und sagte: „Bis hierher wird das Wasser steigen, wenn die Wallfahrt nach Frauenberg auch weiter unterbleibt." Anschließend verschwand das Männlein und große Angst machte sich unter den Leuten breit. Sogleich gelobte man, den Bittgang wieder aufzunehmen.

Auch heute noch ziehen viele Windischgarstener alljährlich am letzten Sonntag vor Pfingsten über den Arlingsattel nach Frauenberg. Meine Tour zum Wallfahrtsort beginnt in Spital am Pyhrn, einige Kilometer südlich von Windischgarsten. Vom Stiftsplatz aus führt der Weg durch den Ortsteil Grünau, unter die Bahnlinie hindurch und weiter in Richtung Bosruckhütte. Bereits vor der Hütte zweigt der Weg Nr. 613 ab. Über die Ochsen- und Arlingalmen erreiche ich schließlich – immer die gewaltigen Felswände des Bosruck vor Augen – den Arlingsattel, die Grenze zur Steiermark. Hier, inmitten einer imposanten Bergwelt, steht ein hölzerner Bildstock, der an das Gelöbnis erinnert: „Im Jahr 1828 gelobten die Bürger von Windischgarsten eine Wallfahrt zu unserer lieben Frau in Frauenberg, zum Dank, dass der Ort 100 Jahre

Die Wallfahrtskirche thront hoch über dem Ennstal.

vom Feuer bewahrt geblieben war. Am 18. 5. 1828 das erste Mal, im Mai 1914 das letzte Mal." Heute wissen wir nichts mehr von der Not jener Zeit. An diesem einfachen Bild wird deutlich, welche Sorgen und Gefahren die Menschen früher plagten. Mit einfachsten Mitteln mussten sie die Brände bekämpfen. Unwegsames Gelände und fehlendes Gerät erschwerten zusätzlich die Löscharbeiten. Gegen Angst und Verzweiflung halfen oft nur Beten und das Verlöbnis einer Wallfahrt.

Jeder Wanderer, der hier am Bildstock vorbeikommt, wird auch an die Tugend der Dankbarkeit erinnert. Eigentlich sollten wir ja genauso lange dafür dankbar sein, wie wir Gott um Hilfe gebeten haben. Danken für die vielen großen und kleinen Dinge im Laufe eines Tages. In einer Zeit, wo totale Freiheit, Selbstbestimmung und Unabhängigkeit zu den höchsten gesellschaftlichen Zielen gehören, fällt es nicht leicht, zu akzeptieren, dass wir uns die wirklich wesentlichen Dinge nicht selbst erworben haben. Dabei trägt Danken etwas Befreiendes und Reinigendes in sich. Wir machen uns bewusst klein und erkennen, dass dies keine Schande ist, keine Blamage. Wir geben zu, dass wir nicht allein für unser Glück zuständig sind. Aus eigener Erfahrung wissen wir, wie schön es ist, selbst hin und wieder ein „Danke" in unserer hektischen Zeit zu bekommen, überhaupt wahrgenommen zu werden im Trubel des Alltags. Vielleicht sollte der Glaube, das Leben selbst steuern und damit alles im eigenen Sinn beeinflussen zu können, in unserer Zeit wieder öfter hinterfragt werden.

Vom Arlingsattel geht es in Serpentinen auf Bergwiesen steil hinunter zum Angeralmboden und zur noch geschlossenen Ardningalm. Ein breiter Güterweg windet sich ab hier schier endlos hinunter nach Ardning. In der Nähe der Brandlkapelle, der letzten Betstation der Windischgarstener Wallfahrer vor dem Ziel, rückt zum ersten Mal der Kulm mit der Wallfahrtskirche in mein Blickfeld. Majestätisch und anmutig zugleich thront das Barockjuwel auf dem fast 800 Meter hohen Berg und schwebt wie eine Krone über der Landschaft. Entlang an blühenden Obstbäumen und gelbsatten Löwenzahnwiesen erreiche ich nach einem letzten, steilen Anstieg schließlich die Kirche. Hier bietet sich ein prächtiger Ausblick auf die Berge des Gesäuses und das Stift Admont. Der Frühling drängt jetzt mit aller Macht ins Ennstal und verjagt die letzten Schleier des Winters aus den Senken und Mulden.

Die Entstehungslegende von Frauenberg berichtet von einem großen Hochwasser der Enns im Frühjahr 1404. Die Fluten führten eine holzgeschnitzte Madonna mit, die sich im Gestrüpp am Fuß des Kulm verfing. Eine nächtliche Lichterscheinung war der Grund, warum die Statue gefunden und ins sechs Kilometer entfernte Stift Admont gebracht wurde. Dreimal jedoch verschwand die Madonna auf wunderbare Weise. Immer wieder fand

man sie am Fuße des Kulmberges. Die Menschen deuteten dies als Wink der Gottesmutter und bauten für das Gnadenbild am Gipfel eine Kapelle aus Holz, die sich jedoch bald als zu klein für die vielen Pilger erwies und durch einen größeren Kirchenbau aus Stein ersetzt werden musste. Im Jahr 1410 findet der Ort in einem päpstlichen Ablassschreiben erstmals Erwähnung. Um diese Zeit bürgerte sich auch der Name Frauenberg ein.

Schon seit dem 12. Jahrhundert befindet sich das Gebiet um den Kulm im Besitz des mächtigen Stifts Admont. Die Äbte des Klosters waren auch diejenigen, die die Wallfahrt förderten. Die Reformation führte zwar zu einem starken Rückgang der Pilger, doch mit dem Beginn der Gegenreformation und der Vergrößerung und Umgestaltung der ursprünglich gotischen Kirche in einen überreich ausgestatteten Barockbau begann die zweite Blütezeit von Frauenberg. Am 2. Juli 1687 wurde die neue Wallfahrtskirche feierlich von Abt Adalbert Heuffler eingeweiht. Der ständig steigende Pilgerstrom erforderte im Jahr 1724 den Bau einer Pilgerherberge auf dem imposanten Kirchengelände. Heute befindet sich dort ein Pflegeheim. Über 50.000 Wallfahrer pro Jahr kamen auf dem Höhepunkt der Frauenberger Wallfahrt auf den Kulm, um die Madonna zu verehren. Die Aktivitäten des Reformkaisers Joseph II. sorgten zwar dafür, dass es vorübergehend still wurde um den Gnadenort, aber im Gegensatz zu anderen Gotteshäusern musste Frauenberg nicht ganz geschlossen werden, da es auch als Pfarr- und Gemeindekirche diente.

Als ich das Innere der üppig ausgestalteten Barockkirche betrete, stimmt eine Gruppe von Wallfahrern gerade ein altes, nur noch selten zu hörendes Marienlied an:

Glorwürdige Königin, himmlische Frau,
milde Fürsprecherin, reinste Jungfrau.
Wende, o Mutter und Königin du,
deine barmherzigen Augen uns zu.

Mutter der Gütigkeit, Mutter des Herrn,
über die Himmel weit leuchtender Stern.
Wende, o Mutter und Trösterin du,
deine barmherzigen Augen uns zu.

Mutter in Todesnot, Mutter des Lichts,
wenn uns Verderben droht, fürchten wir nichts.
Wende, o Mutter und Schützerin du,
deine barmherzigen Augen uns zu

Der Klang dieses Liedes schwingt für mich noch lange in der Kirche nach. Manche sitzen für einige Zeit still und versunken im Gebet in den Bänken, so als könnten auch sie diese Schwingung spüren. Die feierliche Stimmung vermischt sich bei mir mit der Freude des Ankommens. Die Lage in der eindrucksvollen Landschaft, die festliche Atmosphäre in der prächtigen Kirche und der Hochaltar mit der Gnadenmadonna tragen zur besonderen Anziehungskraft dieses Ortes bei.

2004 konnte Frauenberg auf eine 600-jährige Wallfahrtsgeschichte zurückschauen. Zwischen dem zweiten Sonntag nach Ostern und dem Patrozinium an Mariä Opferung (21. November) herrscht reger Betrieb. Pilger aus ganz Österreich und aus Bayern zählen zu den Besuchern des Gnadenortes. Auch die Windischgarstener werden am Sonntag vor Pfingsten wieder hier ankommen, im Gedenken an ihr Gelöbnis von 1728. Ein Votivbild vom großen Feuer hängt an der linken Seite des Kirchenraumes beim Benediktusaltar.

22 Mariazell

STEIERMARK

Schlechtes Wetter und gute Gedanken

Anfahrt:	Westautobahn A 1 Salzburg – Wien, Ausfahrt St. Pölten, B 20 bis Mariazell. Als Alternative: sehr romantische Fahrt mit dem Zug von St. Pölten über Obergrafendorf – Kirchberg an der Pielach – Frankenfels – Gösing nach Mariazell
Tipp:	Fahrplan Mariazellerbahn www.mariazellerbahn.at/betrieb/fahrplan

Wald, Wald und noch einmal Wald, das ist der erste Eindruck vom Mariazeller Land. Von St. Pölten aus bin ich bei strahlend blauem Himmel auf dem „Eisernen Pilgerweg“ unterwegs zum wichtigsten Wallfahrtsort Österreichs. Seit 1907 bringt die 81 km lange Schmalspurbahn Pilger und Touristen nach Mariazell. Von ihrem höchsten Punkt in 891 m aus fällt der erste Blick auf den Ötscher, den „Vaterberg“ (von slavisch „oce“ = Vater und in mir steigt die Vorfreude.

Drei Tage möchte ich hier unterwegs sein und habe mir viel vorgenommen. Trotz ungünstiger Wetterprognosen will ich neben dem Besuch der Wallfahrtskirche auch noch den Ötscher und den zweiten „Hausberg“ des Mariazeller Landes, den Hochschwab, erklimmen.

Als der Abt des steiermärkischen Klosters St. Lambrecht im Jahr 1157 den Mönch Magnus in das Land zwischen Donau und Aflenzer Staritzen schickte, bestand die ganze Gegend hauptsächlich aus Urwald. Der Ordensmann sollte die Seelsorge in dem dünn besiedelten Gebiet übernehmen, das damals zum Besitz des Klosters gehörte. Der anscheinend künstlerisch begabte Magnus durfte mit Erlaubnis des Abtes seine selbstgeschnitzte, kleine Marienstatue aus Lindenholz mit in die Fremde nehmen. Nach tagelangem Marsch durch die steirische Wildnis versperrte ihm plötzlich ein riesiger Felsblock den Weg. Er flehte die Muttergottes um Hilfe an, worauf sich das Gestein spaltete und den Weg freigab. Endlich an seinem Ziel angekommen, stellte der fromme Gottesmann seine Statue auf einen Baumstrunk und begann für sich und seine Madonna eine Zelle zu bauen. Sie sollte als Unterkunft und Kapelle dienen. „Maria in der Zelle“, so kam der Platz zu seinem Namen, die Geburtsstunde Mariazells.

Nach meiner Ankunft am Bahnhof führt mich mein erster Weg zur Wallfahrtskirche. Der zwischen den beiden barocken Türmen etwas fremd wirkende, mittlere gotische Turm geht angeblich auf den ungarischen König Ludwig I. zurück. Im Namen Marias habe er im Jahr 1365 ein zahlenmäßig überlegenes, türkisches Heer besiegt. Daraufhin habe er den ersten Kirchenbau unterstützt und ein wertvolles Madonnenbild gestiftet. Dieses befindet sich bis heute am Altar der Schatzkammer und wird vor allem von ungarischen Wallfahrern verehrt. Ihr jetziges Aussehen erhielt die Basilika ab dem Jahr 1644 in fünfzigjähriger Bauzeit nach den Plänen des Italieners Domenico Sciassa.

Kaiser Ferdinand III. weihte in Mariazell im Jahr 1645 den Vielvölkerstaat

Mariazell ist einer der bedeutendsten Wallfahrtsorte Österreichs.

und seine ganze Familie „dem Allmächtigen Gotte und der Jungfrau, Gottesgebärerin und unbefleckt Empfangenen, durch welche die Fürsten herrschen, als der besonderen Herrin und Patronin Österreichs". Der kleine Ort in der Steiermark stieg in den folgenden Jahren sehr schnell zum wichtigsten Wallfahrtsort des Vielvölkerstaates auf.

Ein großer Bittgang aus Graz ist gerade angekommen. Die Älteren mit dem Bus, die Jungen und Junggebliebenen zu Fuß oder mit dem Fahrrad. Erschöpft, aber glücklich, stehen sie gemeinsam in stiller Andacht und Ergrif-

Die „Magna Mater Austriae" ist nach wie vor Anziehungspunkt für zahlreiche Pilger.

fenheit vor der Marienstatue, der „Magna Mater Austriae" im Hochaltar. Diese schlichte Figur der Gottesmutter aus Lindenholz machte Mariazell zu einem der bedeutendsten Gnadenorte Mitteleuropas und stellte ihn auf eine Stufe mit Altötting und Tschenstochau.

Der Pfarrer der Gruppe erzählt von seiner Mutter, die vor über 65 Jahren, in der schweren Zeit nach dem Zweiten Weltkrieg, nach Mariazell pilgerte. In Lumpen gekleidet war sie tagelang unterwegs. Als Wegzehrung hatte sie nur einen Laib Brot dabei und um Wasser musste sie unterwegs betteln.

Es herrscht ein ständiges Kommen und Gehen. Buspilger und Einzelwallfahrer, ein nicht abreißender Menschenstrom. Mir fällt eine kleine Gruppe von Pilgern aus Korea auf. Ganz bescheiden und ruhig stehen sie etwas abseits der vielen Besucher. Erst als sich fast keine Menschen mehr in der Kirche befinden, treten sie langsam, fast schüchtern vor. Ihr Geistlicher hält eine kurze Andacht und segnet seine Gruppe. Tief bewegt laufen Tränen über ihre Wangen und so unauffällig wie sie die Basilika betreten, verlassen die Koreaner sie auch wieder. Leise gelebtes, emotionales Christentum inmitten von Prunk und Glanz und trotzdem „brennen" die Herzen der Pilger. Was für ein Kontrast!

Am nächsten Tag bestätigen sich leider die düsteren Wetterprognosen. Es regnet den ganzen Tag in Strömen und an eine Bergtour ist nicht im Traum zu denken. Nicht einmal eine Fahrt mit der Seilbahn vom Ortszentrum zur Bürgeralpe macht Sinn, denn die Aussicht im Regenhimmel tendiert gegen null.

Viel weniger Menschen als am Vortag halten sich jetzt in der Basilika auf. Das schlechte Wetter hat wohl die meisten von einem Besuch des Gnadenortes abgehalten. Kurzzeitig sitze ich tatsächlich ganz allein in der riesigen Kirche, die jährlich von rund einer Million Menschen besucht wird. Das sind durchschnittlich über 2700 Besucher pro Tag! Doch jetzt bin ich der Einzige hier und es kehrt Stille in mir ein. Natürlich könnte ich diese auch an anderen Orten fühlen, auch auf dem Ötscher und dem Hochschwab. Aber nicht diese Stille, die Stille der mächtigen Orgel, die Stille des gekreuzigten Christus, die Stille der Madonna, die Stille des Gebets. Vor allem bin ich selbst erst einmal ruhig geworden. Ich muss erst erkennen, dass gescheiterte Unternehmungen wie meine Bergtouren auch etwas Gutes in sich tragen. Die innere Ruhe wirkt anders als die Ruhe auf dem Gipfel und es ist, als würde mich die Gottesmutter im Gnadenaltar anlächeln, so als wollte sie zu mir sagen: „Hast du deinen unruhigen Geist endlich besänftigt? Du verpasst heute nichts, freue dich über das schlechte Wetter, höre auf die Stille, nimm dir Zeit und lass es einfach geschehen."

Still zu werden und Zeit zu haben gleicht manchmal der Suche nach einem tief vergrabenen Schatz. „Jede Reise beginnt mit dem ersten Schritt", sagte Laotse vor langer Zeit. Doch diesen ersten Schritt auch wirklich zu tun, diese Einladung anzunehmen und die Schwelle zum Handeln zu überschreiten, ist in unserer medialen Welt mit ihren unzähligen Ablenkungen oft das größte Problem. Zeit zu haben scheint ja gerade das zu sein, was uns „modernen" Menschen nicht mehr so recht gelingen will. Aber hier in dieser wunderbaren Kirche spüre ich tatsächlich wieder einmal, dass eine Zeit der Stille und Ruhe keine verlorene, sondern eine gelebte, wunderbare und wertvolle Zeit ist.

Mariazell hat viel erlebt. In seiner 850-jährigen Geschichte spielten sich auch viele Dramen ab. Zweimal, 1420 und 1532, brachten die Türken Unglück über die kleine Stadt, zogen raubend und brandschatzend durch die Gegend. Weiteres Ungemach kam vom Kaiser selbst. Der radikale Kirchenreformer Joseph II., mehr noch als seine Mutter Maria Theresia geprägt vom Geist der Aufklärung, war ab dem Jahr 1782 der erste katholische Herrscher Europas, der die Macht der Kirche entscheidend einschränkte. Dies führte zur Auflösung von über 700 Klöstern im Habsburgerreich und zum Verbot der Wallfahrten. Ein weiterer schwerer Schlag war die zeitweise Auflösung des Mutterklosters St. Lambrecht.

Im Jahr 1800 mussten auf staatliche Anordnung hin zahlreiche Kunstschätze eingeschmolzen werden, zur Finanzierung der Franzosenkriege. Im Jahr 1827 vernichtete ein verheerender Großbrand fast den ganzen Ort und zerstörte das Dach und die Turmhelme. Selbst die Glocken schmolzen im Fegefeuer der Hitze. Wie durch ein Wunder blieb das Innere der Basilika von der Feuersbrunst verschont. Doch durch die Spenden aus der gesamten Donaumonarchie konnte der Wiederaufbau schon im Jahr 1832 abgeschlossen werden. Während des Ersten Weltkrieges schließlich wurde das wertvolle

Kupferdach zur Waffenproduktion verwendet. Alles schwere Schläge, von denen sich der Wallfahrtsort erst wieder erholen musste. Aber Österreichs Nationalheiligtum, die Gnadenmutter von Mariazell, hat auch glorreiche Zeiten erlebt. Seit dem Zusammenbruch des Kommunismus nimmt die Zahl der Pilger von Jahr zu Jahr ständig zu. 2004 nahmen 100.000 Besucher aus den ehemaligen Ostblockstaaten an der Freiheitswallfahrt teil.

Bei seinem Besuch im Jahr 2007 brachte Papst Benedikt XVI. die Goldene Rose als besonderes Zeichen seiner Wertschätzung nach Mariazell.

Ein Netz mit gut markierten Pilgerwegen aus allen österreichischen Bundesländern führt heute zu dem Wallfahrtsort. So verbindet beispielsweise der „Mariazeller Gründerweg" die Benediktinerstifte St. Lambrecht und Seckau in 15 Tagesetappen mit Mariazell.

In der stimmungsvollen Lichtergrotte neben der Kirche leuchten unzählige Kerzen. Hier werden viele Gebete von Menschen gesprochen, denen schweres Leid widerfahren ist. Aber das Gebet setzt neue Hoffnung, neue Kräfte frei. Weil wir Glücksfälle und Wunder nicht vorhersehen können, ist der kranke Mann gesund geworden, hat der Sohn Arbeit gefunden, ist die scheinbar erloschene Liebe neu entflammt, hat die junge Frau ein gesundes Kind geboren. Nun sind diejenigen zurückgekommen, die die Madonna um Fürsprache angefleht haben, und ihre Kerzen erhellen die Grotte mit dem Licht der Dankbarkeit.

Die beeindruckende und prachtvolle Orgel von Mariazell

Gemeinsam unterwegs zum Gnadenort Mariazell

Ein Pilger aus Ungarn erzählt mir, dass er mit einer ganzen Gruppe zu Fuß nach Mariazell gegangen ist. Seine Eltern und Großeltern kamen vor den beiden Weltkriegen regelmäßig in die Steiermark. Für sie, wie für die meisten Ungarn, war die Gnadenmutter die „Magna Domina Hungarorum", die große Mutter Ungarns. Er wandle auf den Spuren seiner Vorfahren, versichert mir der alte Mann mit belegter Stimme und er könne mit Worten nicht ausdrücken, was er hier empfinde.

Mariazell ist trotz seiner großen Bedeutung ein stiller Ort geblieben. Kein Wunder, keine Erlösung, keine Erscheinung, sondern etwas, das die Völker der ehemaligen Donaumonarchie verbindet, als alle unter dem Schutzmantel der Madonna standen. So stehen sie vor der „Muttergottes der Völker", als würden sie noch einmal in das Nest schauen, das sie einst gemeinsam bewohnten.

Am folgenden Morgen ist das Wetter noch schlechter als am Tag zuvor und ich beschließe, meine Zelte in Mariazell abzubrechen, weil nicht einmal eine Wanderung zum nahen Erlaufsee möglich ist, denn es gießt aus allen Schleusen des Himmels. Beeindruckt, diesmal nicht von den Bergen, sondern von den vielen Menschen und ihren großen und kleinen Geschichten, trete ich wieder auf dem „Eisernen Pilgerweg" die Heimreise an.

23

STEIERMARK

Maria Schnee bei Seckau

Die zwei Quartiere der Hochalmmuttergottes

Anfahrt:	Westautobahn A 1 Salzburg – Wien bis zum Voralpenkreuz, Wechseln auf Pyhrnautobahn A 9 Richtung Graz bis Knoten St. Michael, nun Richtung Klagenfurt, Ausfahrt Richtung St. Margarethen. Weiter auf der Murtal-Begleitstraße (L 518) bis Kobenz, dort abbiegen nach Seckau. Im Ort abzweigen zum Kühberger/Sonnwenddorf. Parken am Kühberghof (kostenpflichtig, 2 €)
Ausgangspunkt:	Parkplatz Kühberghof
Wegverlauf:	Parkplatz (1080 m) – Grafenalm (1432 m) – Siebenherzalm (1672 m) – Wallfahrtskirche Maria Schnee (1822 m); Kompass-WK 223 (Seckauer Alpen)
Höhenunterschied:	ca. 740 Hm
Gesamtgehzeit:	ca. 2 Stunden
Anforderung:	Technisch leichte Wanderung mit einigen steilen Anstiegen
Einkehrmöglichkeit:	Teichwirt in Sonnwenddorf, mehrere Gasthäuser in Seckau
Beste Jahreszeit:	Frühjahr bis Herbst

„Die Muttergottes überwintert bei uns auf dem Hof", erzählt mir die junge Wirtin vom Kühberghof. Von hier aus beginnt auch der Aufstieg zur Wallfahrtskirche Maria Schnee in den Seckauer Alpen. Selbstverständlich dürfe ich mir die Gnadenstatue anschauen, meint die Frau und führt mich in den ersten Stock ihres Hauses, wo die Madonna mit Kind im weißen, goldbestickten „Gnadenröckl" ganz unscheinbar auf einer Kommode im dunklen Gang steht. Bevor sie wieder ihren Platz in der Hochalmkirche ein-

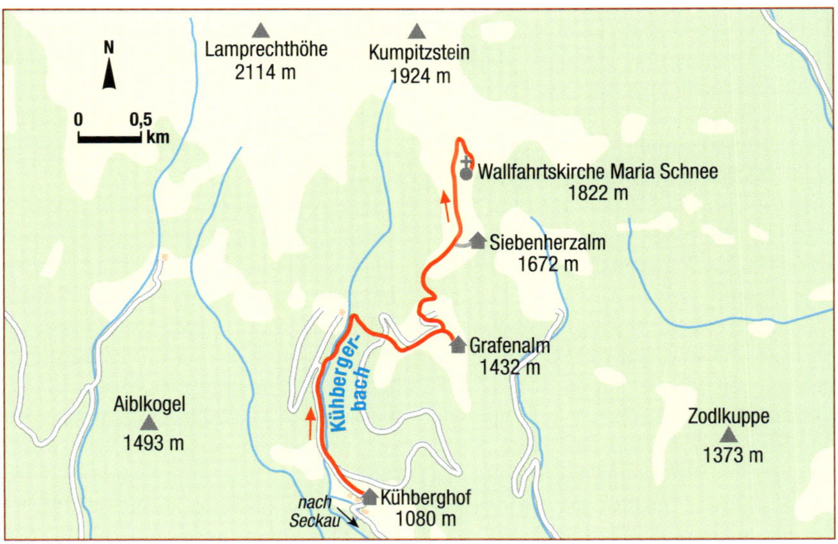

Ob Sommer oder Winter, die Hochalmkirche – erbaut zum Trost für Senner und Sennerinnen – ist immer einen Besuch wert.

nimmt, hat sie zum Fronleichnamstag ihren großen Auftritt. Dann wird sie zur Prozession festlich herausgeputzt und mit Blumen geschmückt durch Seckau getragen.
Oberhalb vom „Kühberger" führt ein breiter, gut markierter Forstweg in den Bergwald hinein. An einem Holzbrunnen komme ich mit zwei jungen Männern ins Gespräch, die trotz früher Morgenstunde schon wieder auf dem Rückweg sind. Nach einigen Minuten verabschieden wir uns mit einem „weiter geht's in Gottes Namen".
Während der Weg nach einer Kurve steiler bergan steigt, geht mir dieser Ausspruch nicht mehr aus dem Kopf. Weiß ich eigentlich immer so ganz genau, was ich mit solchen Redewendungen ausdrücke? „Gott sei Dank, Helf dir Gott, Gott mit dir, Behüt dich Gott". Sind das nur noch Worthülsen, Floskeln, die ich gedankenlos in den Mund nehme, ohne über ihre Bedeutung nachzudenken? Selbst bei Menschen, die mit dem Glauben längst nichts mehr im Sinn haben, höre ich diese Aussprüche immer wieder. Instinktiv sprechen wir diese „kürzesten Gebete der Welt" aus. Das sind echte Rucksackgebete, Gebete, die in jede Hosentasche und in jeden Anorak passen. Unzählige Menschen sind bei Schneestürmen, Bergstürzen und Unwettern

ums Leben gekommen. Gerade im Gebirge bekommen diese kurzen Anrufungen eine besondere Bedeutung. Tief in meinem Innersten scheint die Erkenntnis zu ruhen, dass Gott, der „Ich bin da", immer gegenwärtig ist, bei mir und bei allen Menschen, und dass ich ihn immer anrufen darf. In diesem Bewusstsein können solche kurzen Gedanken erfüllender und lebendiger sein als manch langes Gebet. Gott sei Dank!

Nach kurzem Anstieg erreiche ich die ausgedehnten Bergwiesen der Grafenalm mit der markanten Wetterlärche. Während jetzt, Mitte April, in den Tälern bereits die Kirschblüte in vollem Gange ist, schleicht sich der Winter auf den Hochalmen nur langsam aus dem Jahr. Der Boden ist noch tief und fest gefroren und die vielen hartnäckigen Schneereste sind unübersehbar.

Von der Grafenalm aus bieten sich schöne Ausblicke auf die umliegenden Berge. Im Tal kann ich gut die riesige Abtei von Seckau erkennen. Als die Türken 1480 in die Steiermark einfielen, fanden sie das Kloster im Nebel nicht und mussten unverrichteter Dinge wieder abziehen. Die im Jahr 1140 als Augustiner-Chorherrenstift gegründete Anlage hob Reformkaiser Joseph II. 1782 während der Säkularisation wieder auf. Hundert Jahre später kamen die Benediktiner nach Seckau und bewirtschaften seither das Kloster. Heute bieten die Mönche Meditationstage, Exerzitien, Jugendtagungen und Besinnungswochen an. Die Gottesdienste der Benediktiner, die zum Großteil im gregorianischen Choral gesungen werden, üben eine besondere Faszination aus und ziehen viele Besucher an.

Der steile Weg führt über die noch braunen Grasmatten wieder in den Wald hinein. Nach der Siebenherzalm kann ich über der Baumgrenze erstmals die höchstgelegene Wallfahrtskirche der Ostalpen erkennen. Als ich nach dreißig Minuten dort ankomme, finde ich ein auf Hochglanz poliertes Gotteshaus vor. 2010 wurde es zum 350. Jahrestag seiner Weihe mit neuen Fenstern und Türen, frischer Außen- und Innenfarbe und neuer Holzverschalung versehen.

Die Hochalmkirche Maria Schnee entstand in der Mitte des 17. Jahrhunderts für die Senner und Almhirten zum „Seelentrost" und hieß ursprünglich „Sankt-Hieronymus-Kirchlein auf dem Alm", dem Viehpatron geweiht. Im 18. Jahrhundert, während des Höhepunktes der Marienfrömmigkeit, bürgerte sich der Name „Maria Schnee auf der Hochalm" ein. Seitdem wird auch die „Hochalmmuttergottes" in dem Gotteshaus verehrt.

„Maria Schnee" passt gut zu der Hochalmkirche, angesichts der Schneemassen, die sich hier auf den Bergweiden oft noch bis weit in den Frühling hinein halten. Aber der Name bezieht sich auf die bedeutendste Marienkirche Roms, die Basilika Santa Maria Maggiore. Der Legende nach hatten Papst Liberius (352–366) und ein reicher römischer Adeliger im Jahr 358 zur gleichen Zeit eine Erscheinung der Gottesmutter. Diese forderte beide Männer dazu auf, ihr zu Ehren an der Stelle eine Kirche zu bauen, an der am nächsten Tag frischer Schnee liege. Dieser fiel dann, der Legende nach, mitten im August auf dem Esquilinhügel. Eines der beiden Buntglasfenster an der Außenseite der Wallfahrtskirche zeigt die Gottesmutter mit Kind zwischen der Kirche Santa Maria Maggiore und der Hochalmkirche.

Die Hochalmmuttergottes in ihrem Winterquartier am Kühberghof

„Die Aussicht ist einzigartig und ein wahres Panorama", schrieb schon Erzherzog Johann in sein Tagebuch, als er 1810 den Wallfahrtsort besuchte. Zur Zweihundertjahrfeier im Jahr 1860 gewährte der Papst allen Hochalmpilgern einen vollkommenen Ablass, was sicher mitentscheidend dafür war, dass zum Jubiläum 15.000 Menschen gezählt wurden. Die Hochalmkirche hat bis heute nichts von ihrer Anziehungskraft verloren. Nach wie vor ziehen jährlich tausende Wallfahrer und Wanderer zur „Muttergottes", genießen die Stimmung, den herrlichen Rundblick und legen eine Rast ein, bevor es weitergeht zum Kumpitzstein (1924 m), zum Seckauer Zinken (2397 m) oder zurück zum Kühberger. Wallfahrten finden an den „Hochalmsonntagen" (jeweils der erste Sonntag im Juli und August) statt. Bergmessen am Annatag (25. 7.) und an „Maria Schnee" (Patrozinium am 5. 8.)

Der Vorraum des Gotteshauses fungiert in einer Doppelfunktion. Zum einen gewährt er einen Blick durch das Absperrgitter in den einfachen, aber sehr anziehend wirkenden Innenraum der Bauernkirche und zum anderen dient er als Winterraum für Tourenskifahrer und Wanderer.

In einer kleinen Kreuznische stehen noch die brennenden Kerzen der jungen Männer, die ich beim Aufstieg getroffen habe. Nach einer ausgiebigen Rast trete auch ich den Rückweg an, „in Gottes Namen".

24

KÄRNTEN

Dreifaltigkeit am Gray

Hölzernes Kleinod

Anfahrt:	Tauernautobahn A 10 Salzburg – Villach bis Knoten Villach, Autobahn bis Klagenfurt, B 317 bis St. Veit an der Glan, dann abzweigen Richtung Hintnausdorf-Schaumboden
Ausgangspunkt:	Gasthaus Lindenwirt in Hintnausdorf
Wegverlauf:	Gasthaus Lindenwirt in Hintnausdorf (ca. 680 m) – zuerst auf der Teerstraße, dann über Wald- und Forstwege zur Wallfahrtskirche (1183 m); Kompass-WK 214 (Gurk – Friesach)
Höhenunterschied:	ca. 500 Hm
Gesamtgehzeit:	ca. 2½ Stunden
Anforderung:	Leichte Wanderung
Einkehrmöglichkeit:	Lindenwirt Hintnausdorf, Jägerwirt Dreifaltigkeit
Beste Jahreszeit:	Bei guter Witterung ganzjährig
Tipp:	Information über die Kirchtage: www.jaegerwirt-dreifaltigkeit.at

Mitten in den bewaldeten Vorbergen der Gurktaler Alpen in Kärnten, zwischen der Bischofsstadt Gurk und St. Veit an der Glan, befindet sich unterhalb des Sonntagsberges ein Kleinod aus Holz: die Pfarr- und Wallfahrtskirche der Heiligsten Dreifaltigkeit.
Ich parke meinen Wagen beim Lindenwirt, oberhalb von St. Veit, und marschiere auf der schmalen Teerstraße weiter. Es ist Frühling, die Obstbäume blühen und die Luft ist klar und frisch.
Vorbei an einzelnen Gehöften und Wegkreuzen führt die Straße nach einigen Abzweigungen an der Volksschule Dreifaltigkeit vorbei. Eine interessante Einrichtung, denn hier unterrichtet Johann Schaffer alle 4 Klassen zusammen, so wie es früher auf dem Land überall üblich war. Fünfzehn Schüler im Alter von sechs bis zehn Jahren besuchen die Zwergschule. Selbst Eltern aus St. Veit bringen ihren Nachwuchs hier herauf in die Waldeinsamkeit, erzählt mir der freundliche Lehrer. Die beliebte Schule besteht schon seit dem Ende des 19. Jahrhunderts. Wegen der Wasserknappheit im tiefer gelegenen Dorf verlegte man sie 1927 in den Bergwald. Hoffentlich ist ihr Fortbestand gesichert, denn wenn man schon zur Schule gehen muss, was kann für die Kinder schöner sein, als dass ihnen das Wissen inmitten dieser wunderbaren Natur vermittelt wird.
Nun ist es nicht mehr weit bis zum Ziel. Nach einer halben Stunde taucht, auf einer großen Waldlichtung gelegen, die Wallfahrtskirche auf. Sofort fühlt man sich an die Holzkirchen in Schweden oder in den Karpaten erinnert. Ganz bescheiden und unaufdringlich steht sie da und ist doch etwas ganz Außergewöhnliches.
Hier, unterhalb der bewaldeten Anhöhe des Sonntagsberges, soll es einst eine Knappensiedlung gegeben haben. Die Inschrift eines alten Römersteins beweist, dass an diesem Ort schon in der Antike Bergbau betrieben wurde.
Im neben dem Kirchlein liegenden, urigen Gasthaus duftet es nach allerlei Mehlspeisen. Mir ist klar, dass ich diesen Köstlichkeiten nicht lange wider-

Die südlichste Holzkirche des deutschsprachigen Raums ist trotz oder vielleicht auch auf Grund ihrer Schlichtheit etwas ganz Besonderes.

stehen kann. Von der Wirtin bekomme ich den Schlüssel für das Gotteshaus. Der Weg zum Geistlichen führt manchmal eben auch über das Weltliche. Gleich nach dem niederen Eingang stehen allerlei Wallfahrtsdevotionalien bereit: Kerzen, Bildchen, Weihwasser abgefüllt in kleinen Fläschchen.

Das Alter der einzigen Blockbaukirche Österreichs, die zugleich auch Pfarrkirche ist, lässt sich nicht mehr genau feststellen. Vom „Einschichtdorf am Gray" wird erstmals im Jahre 1346 berichtet, während die Kirche ab 1724 Erwähnung findet. Die Pfarrei besteht seit 1785.

Die südlichste Holzkirche des deutschsprachigen Siedlungsraumes beeindruckt durch ihre Bauweise. Eine hölzerne Tonne mit Vorlaube und Walmdach. Nur die angebaute Sakristei ist nicht aus Holz. Ich sitze lange im kleinen Innenraum, um seine Einrichtung auf mich wirken zu lassen. Nur wenig Licht fällt durch die kleinen Fenster neben dem Hochaltar, doch die Wandverkleidung ist in hellem Blau gehalten und macht das Interieur freundlicher. Das Altarblatt des Hauptaltars zeigt die Heiligste Dreifaltigkeit. Ein Blickfang ist die Kanzel mit Darstellungen der vier Evangelisten und verschiedener Heiliger. Beeindruckend ist auch das Fastentuch mit der Kreuzigungsszene und vier Medaillons, die die Leidensgeschichte Christi erzählen.

Die Kirche ist von einem kleinen Friedhof mit alten und neuen Grabkreuzen, aber auch modernen Grabsteinen umgeben. Nach wie vor finden in der Waldeinsamkeit also auch Begräbnisse statt.

Einem Bauer aus der Gegend war hier einst die Heilige Dreifaltigkeit erschienen, berichtet die Legende. Das verstörte ihn so sehr, dass er fortan nicht mehr zur Kirche ging. Das fiel dem Pfarrer auf und er stellte den Mann zur Rede. Der Bauer gab sein Geheimnis preis und erzählte von seinem Erlebnis. Daraufhin begaben sich beide an den geheimnisvollen Ort. Als auch dem Pfarrer die Dreifaltigkeit erschien, ließ er an der Stelle, an dem sich das Wunder ereignete, ein Marterl aufstellen. Die Geschichte sprach sich schnell herum, die Anzahl der Gläubigen wuchs ständig an und schließlich entschloss man sich, die Holzkirche zu errichten.

Je länger ich in der kleinen Kirche sitze, desto vertrauter wird sie mir. Was ist es,

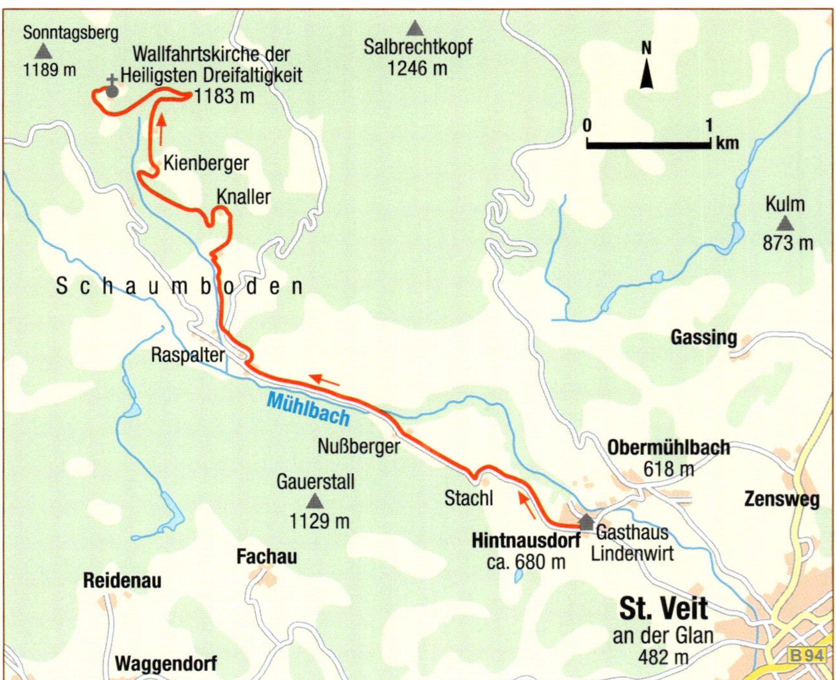

Die Innengestaltung der Holzkirche sorgt fast für Gemütlichkeit.

das ihre Faszination ausmacht? Ist es das Knirschen der Eingangstür oder der Bodendielen? Es wirkt alles eine Nummer kleiner als in den Kirchen aus Stein. Kein Prunk, kein Pomp, keine großen Geschichten. Sie steht einfach nur da zur Ehre Gottes und lädt ein zur Pause und Besinnung.

Aber schließlich treibt mich der Appetit doch aus der Kirche. Ich schließe die Pforte ab und gebe die Schlüssel am Gasthaus wieder ab. Aus der Küche locken nun schon die Düfte Kärntner Spezialitäten, denen ich sogleich erliege. Beim Nachtisch erzählt mir die Wirtin dann von erstaunlicher Wallfahrtstätigkeit. Mit dem Dreifaltigkeitssonntag, dem ersten Sonntag nach Pfingsten, beginnen die „normalen" Sonntage im kirchlichen Jahreskreislauf, d. h., die Sonntage, die weder zur Osternoch zur Weihnachtszeit zählen. So findet zum Patrozinium der kleinen Holzkirche jedes Jahr ein Bittgang von Kriegsheimkehrern mit reger Beteiligung der Bevölkerung statt. Bei gutem Wetter sind an diesem Tag durchaus bis zu 2000 Besucher möglich. Aber auch immer mehr Einzelpilger, Wanderer und Touristen finden erfreulicherweise den Weg herauf zur Hl. Dreifaltigkeit am Gray.

25 Vierbergelauf

KÄRNTEN

Der lange Weg über die „heiligen Berge“

Anfahrt:	Tauernautobahn A 10 Salzburg – Villach bis Knoten Villach, Autobahn bis Klagenfurt, B 317 bis St. Veit an der Glan, Parkplatz am Bahnhof
Ausgangspunkt:	Bahnhof St. Veit, Busverkehr zum Magdalensberg (ab 19.00 Uhr jede halbe Stunde bis 23.00 Uhr)
Wegverlauf:	Magdalensberg (1059 m) – Zollfeld (461 m) – Pörtschach am Berg (584 m) – Ulrichsberg (1022 m) – Karnberg (634 m) – Zweikirchen (517 m) – Liemberg (725 m) – Veitsberg (1171 m) – Sörg (840 m) – Lorenziberg (971 m); Kompass-WK 214 (Gurk – Friesach)
Höhenunterschied:	ca. 2000 Hm, jeweils im Auf- und Abstieg
Gesamtgehzeit:	ca. 12 bis 16 Stunden im Zug der Wallfahrer
Anforderung:	Konditionell sehr anstrengende Tour (ca. 52 km) mit vielen, teilweise steilen Anstiegen
Einkehrmöglichkeit:	Viele Gasthäuser und Labestationen entlang der Strecke
Tipp:	Rückfahrt ab der Landstraße unterhalb des Lorenzibergs (Parkplatz Nußberg, ca. 3 km Fußweg vom Gipfel) mit dem Bus ab 15.00 Uhr zum Bahnhof St. Veit

Es ist stockdunkel, eisig kalt und vor mir liegt eine gut 50 Kilometer lange Fußstrecke. Die Einheimischen behaupten, dies sei der Weg ins Paradies! Auf dem Magdalensberg, oberhalb des schönen Städtchens St. Veit an der Glan, einst Kärntens Hauptstadt, beginnt mitten in der Nacht die berühmteste und sonderbarste Wallfahrt Kärntens: der Weg über die heiligen vier Berge, der Vierbergelauf. Jedes Jahr, am 2. Freitag nach Ostern, dem „Dreinagelfreitag“, benannt nach den drei Nägeln, mit denen Jesus ans Kreuz ge-

Der Vierbergelauf beginnt um Mitternacht auf dem Magdalensberg.

schlagen wurde, machen sich Tausende von Menschen – dem Lauf der Sonne folgend – von hier aus auf den Weg über den Ulrichsberg (1022 m), Veitsberg (1171 m) zum Lorenziberg (971 m). Bis zum Sonnenuntergang, nach spätestens 17 Stunden, muss die Strecke bewältigt sein. Ich bin zum ersten Mal dabei und in gespannter Erwartung.

Die im Jahr 1262 erstmals erwähnte Gipfelkirche auf dem schon in der Keltenzeit verehrten Berg ist zwei Frauen geweiht – Helena und Maria Magdalena – und zeugt von einem ganz besonderen Ort. Die heilige Helena (248–329) war die Mutter des römischen Kaisers Konstantin. Der Legende nach brachte sie von einer Reise nach Palästina eine große Zahl von Reliquien mit, darunter auch die drei Nägel vom Kreuz Christi.

Die Ursprünge der Wallfahrt dürften in uralten Flurumgängen liegen. Vermutlich wollten die Menschen um ein gutes Erntejahr bitten und hofften auf Befreiung von Sündenschuld.

Erste Berichte über diesen Bittgang lassen sich bis um das Jahr 1500 zurückverfolgen. Es heißt, dass Kärntner Frauen barfüßig am „Dreinagelfreitag" über die vier Berge gelaufen sind. 1772 wurde ein allgemeines Wallfahrtsverbot erlassen und der Feiertag abgeschafft, heimliche Pilgerfahrten fanden trotzdem statt. Auch während der Nazizeit waren die Wallfahrten verboten und nur der Bauer und legendäre Vor-

Die beeindruckende Kirchenruine auf dem Ulrichsberg

beter Ferdinand Eicher und vier Metnitztaler Frauen pilgerten im Jahr 1945 über die vier Berge, um die Tradition auch während dieser schwierigen Zeit aufrechtzuerhalten. Verächtlich verspottete man die Pilger damals als die „Altdummen". Auch in den ersten Jahren nach dem Krieg waren es nur wenige Wallfahrer, die über die heiligen Berge gingen, hauptsächlich wieder Frauen, die für eine gute Heimkehr ihrer Männer beteten.

Schon lange vor der Mitternachtsmesse ist das kleine Gotteshaus auf dem Magdalensberg überfüllt. Vom Tal herauf grüßt das Lichtermeer von Klagenfurt und St. Veit. Temperaturen um den Gefrierpunkt zwingen mich ins neben der Kirche liegende Gasthaus. Dort herrscht Hochbetrieb. Noch ein wenig aufwärmen mit einem heißen Getränk, die Unruhe vor dem Start überbrücken. Um Mitternacht ist es endlich so weit und der Gottesdienst beginnt. Eine unüberschaubare Menge von Pilgern füllt den Platz vor der Kirche. 6000 Teilnehmer sollen es diesmal sein und die Zahl scheint mir nicht zu hoch gegriffen. Die riesigen Schatten huschen gespenstisch an der hell erleuchteten Kirchenwand entlang.

Nach der Messe strömen die Menschen ins Freie. Während die Kreuzträger in die sternenklare Nacht hinausziehen, schallt es laut und voller Inbrunst aus der Kirche:

Du großer Gott, wenn ich die Welt betrachte,
Die du geschaffen
Durch dein Allmachtswort,
Wenn ich auf alle
Jene Wesen achte,
Die du regierst
Und nährest fort und fort.
|: Dann jauchzt mein Herz
Dir, großer Herrscher, zu:
Wie groß bist du,
Wie groß bist du! :|

Tausende Stirnlampen funkeln wie Irrlichter in einer endlosen Schlange den Berg hinunter. Auf mich wartet nun ein stundenlanger Marsch über das Zollfeld zum Ulrichsberg. Teerstraßen und Feldwege wechseln einander ab. „Nur nicht abreißen lassen in dem unbekannten Gelände", denke ich mir. Der Waldboden ist völlig aufgeweicht von den Tritten der vielen Menschen, „gatschig", sagt man hier. Als ich die Bahnlinie nach Klagenfurt passiere, nähern sich rasch die Lichter eines schweren Güterzuges. Mit einem langen Pfeifsignal donnert er an uns vorüber, ehe er wieder im Dunkel der Nacht verschwindet. Gruß und Warnung zugleich.

Erste Rast in Pörtschach am Berg. Um drei Uhr früh ist der „Tschinder Wirt" hell erleuchtet und bis auf den letzten Platz gefüllt. Taxifahrer sammeln die ersten Fußkranken auf. Glocken läuten die Frühmesse ein. Danach heißt es aufbrechen zum Ulrichsberg. Vierhundert Höhenmeter gilt es auf rutschigem Laubboden zu überwinden. Ich bin überrascht vom steilen, anstrengenden Aufstieg. Immer wieder kommt es zu kleineren Staus. Die mächtige Kirchenruine auf dem Gipfel ragt wie ein Zeigefinger in den Nachthimmel. Messen finden hier schon seit 200 Jahren nicht mehr statt und trotzdem kann ich mich der besonderen Ausstrahlung dieses ehemaligen Gotteshauses nicht entziehen. Eine seltsame Faszination geht von diesen Mauern, Bögen und Gewölben aus. Sie scheint alle Leute zu erfassen. Schweigend umrunde ich dreimal das Birkenkreuz in der ehemaligen Apsis.

Jetzt wechseln, einem alten Brauch zufolge, geweihte Getreidekörner ihre Besitzer. Auch Kräuter werden getauscht, die man unterwegs gesammelt hat, das sogenannte „Vierbergelaub": Efeu, Bärlapp, Fichte, Buchsbaum und Wacholder, zusammengebunden zu einem „Büscherl". Der Kreuzträger steckt es auf sein Kreuz, der Wallfahrer auf seinen Hut oder Rucksack. Immergrüne „Zauberkräuter", die wohl schon in vorchristlicher Zeit mit der Bitte um eine gute Ernte zu tun hatten. Das „Vierbergelaub" wird nach dem Ende der Wall-

fahrt nicht weggeworfen, sondern als Andenken aufbewahrt, im Herrgottswinkel oder an einem anderen Ehrenplatz in der Wohnung.
Eine kurze Rast mit einem Becher Tee von den zahlreichen Helfern, aufmunternde Worte, ein kleines Gebet, etwas Aufwärmen und schon geht es weiter, bergab auf glattem Buchenlaub. Bedächtig und doch konzentriert setze ich Schritt für Schritt. Es ist still und niemand möchte diese Stille stören. Wir reiben uns langsam die Nacht aus den Augen, denn ein wunderschöner Morgen ist uns geschenkt. Der Siegeszug des Lichts ist immer wieder ein grandioses Erlebnis, ein erster Morgengruß unseres Schöpfers. Er führt uns mitten hinein in die aufgehende Sonne Kärntens. Es hat sich also wieder einmal gelohnt, eine Nacht durchzugehen, fröstelnd, eingepackt in Anorak und Pullover, dem nächsten Ziel entgegenzustreben und darüber zu staunen, was Gott mit einem „neuen Morgen" meint. Um sieben Uhr wird in Karnberg am Fuße des Berges traditionell die Bischofsmesse gefeiert, zelebriert durch Bischof Dr. Alois Schwarz von der Diözese Gurk. Der Fischerverein versorgt die müden Pilger mit kräftigem Frühstück am wärmenden, offenen Feuer.
Über viele Kilometer zieht sich die Wallfahrer-Karawane durch die Landschaft. In der Kühle des Morgens hält mich der monotone Gleichklang meiner Schritte warm. Ich treffe Schülergruppen, die mit ihren Lehrern unterwegs sind. „Wer am Vierbergelauf teilnimmt, hat schulfrei", erklärt mir eine Pilgerin aus Villach.
29 Rosenkränze sollten unterwegs gebetet werden. Der Rhythmus der Gebete bestimmt das Tempo, aber ich bin mit dem Zählen längst durcheinandergekommen.
Kinder warten am Straßenrand. Die Wallfahrer beschenken sie traditionell mit Süßigkeiten. „Die stehen halt so da und halten ihre Sackalen auf und hoffen, dass jeder ein paar Zuckalen hineinwirft", erzählt mir die Mutter eines kleinen Jungen, der sich brav bedankt. Mit etwas Glück wird er heute seinen Jahresbedarf an Süßigkeiten einsacken. „Vierbergeprofis" klären mich auf, dass ich am Anfang nicht zu viel verschenken sollte, denn sonst bleibe zum Schluss nichts mehr übrig für die vielen Knirpse am Ende des Weges.
Zweikirchen ist das Dorf der Kreuzbegegnung und des Kreuzküssens, ein Sinnbild des Zusammentreffens der vielen Menschen aus Stadt und Land. Pfarrer, Ministranten mit Kirchenfahnen und natürlich die Bevölkerung empfangen die Wallfahrer. Viele größere Pilgergruppen haben ihren eigenen Kreuzträger, aber auch einzelne Bittgänger tragen ein Kruzifix als Zeichen ihres eigenen Kreuzweges. Um acht Uhr findet die dritte von fünf Messen statt. Menschentrauben an den vielen „Labestationen", Bänke und Tische sind noch mit Reif überzogen. Buntes Treiben herrscht zwischen selbstgebackenem Kuchen, Brot, Wurst, Käse, Kaffee, Milch und Most, gespendet von den Bauern und Wirten. Es gibt alles, was das Pilgerherz begehrt! Die ehrenamtlichen Helfer haben alle Hände voll zu tun und machen ihre Arbeit mit einer Freundlichkeit, als sei die Versorgung der vielen Wallfahrer ihre Lieblingsbeschäftigung. In der bunten Vielfalt der Teilnehmer wird deutlich, dass wir trotz allem Individualismus vereint sind in Hunger und Durst nach der anstrengenden und kalten Nacht.

Der Vierbergelauf hat sich für den kleinen „Zuckerle"-Sammler auf jeden Fall gelohnt.

Jetzt verläuft die Route flach über Wiesen und Äcker durch den Glantalboden bis nach Liemberg, am Fuße des Veitsberges. Mittagsrast bis zur Messe, köstliche Frittatensuppe zur Stärkung, bestes Frühlingswetter. „So schön warm war es schon Jahre nicht mehr", schwärmt mir ein erfahrener Wallfahrer aus St. Veit vor. Die vielen Menschen verteilen sich auf die Bierbänke, sitzen auf Mauersockeln oder liegen im Gras herum und genießen die Mittagssonne. Das Ziel formuliert jeder Teilnehmer für sich selbst. Für die einen ist es eine Gelegenheit, sich zu verausgaben, bis an die eigene Grenze zu gehen, gestärkt durch körperliche Fitness, für die anderen ein Weg zu sich selbst, gestärkt durch den Glauben.

„Für mich ist das eine Erbauung", meint ein älterer „Vierbergler", der schon gar nicht mehr weiß, wie oft er bereits mitgegangen ist, „eine echte Kärntner Veranstaltung, die man hochhalten soll!" Eine junge Frau, die – wie ich – zum ersten Mal mitgeht, erzählt mir, dass sie dankbar ist für all das, was sie hier erleben darf, für die Nacht, in der sie sehr müde war, für den Sonnenaufgang, für die Gemeinschaft, hier passe einfach alles zusammen.

Nach Liemberg folgt der steile Anstieg zur höchsten der vier Stationen, dem Veitsberg. Nach 450 Höhenmetern erreiche ich die kleine Gipfelkirche, die einem der beiden Schutzpatrone von St. Veit an der Glan geweiht ist. Ganz idyllisch steht sie inmitten einer Waldlichtung. Kilometerweit ist ihre Glocke zu hören.

Das Wunschläuten der Wallfahrer ist alter Brauch, doch zuvor soll man noch dreimal die Kirche umrunden, damit sich der stille Wunsch auch wirklich erfüllt. Die überragende Fernsicht bis zu den Julischen Alpen wirkt wie eine Ext-

Erschöpft, aber glücklich – Ankunft auf dem Lorenziberg nach 12 bis 16 Stunden Fußmarsch

rabelohnung nach der Anstrengung des Aufstiegs.
Müde, im Sog der vielen Wallfahrer, geht es weiter. Zwei Tage ohne Schlaf und die lange Anfahrt machen sich immer stärker bemerkbar, fordern ihren Tribut. Ich passiere Gradenegg und Sörg, kleine Orte zwischen blühenden Wiesen. Bauern bieten vor ihren Höfen wieder eine kleine Stärkung an. Bildstöcke an Feldwegen erzählen Geschichten aus der Heiligen Schrift. Weit vor uns läutet die Glocke einer kleinen Kapelle. Dem Gleichklang der Gebete angepasst, scheinen sich die Körper gleichsam zu verselbständigen, während sich die Gedanken zwischen Müdigkeit und Hochgefühl verlieren, irgendwo zwischen den Zeiten.

Noch einmal geht es bergauf, aber nicht mehr steil. Von weitem sehe ich schon das Ziel, den Lorenziberg. Bis 17.00 Uhr sollte die kleine Kirche auf dem Gipfel erreicht sein. Es heißt, dann ist die Wallfahrt gelungen und die geheimen Wünsche der Pilger gehen in Erfüllung. Da liege ich noch sehr gut im Plan.
Eine bunte Schar von Wallfahrern umlagert das Gotteshaus. Die Kirche ist fast tausend Jahre alt und dem zweiten Schutzpatron von St. Veit, dem heiligen Laurentius geweiht. Todmüde, aber glücklich und dankbar liegen die Menschen nach 50 Kilometern und 2000 Höhenmetern Aufstieg in der Wiese oder sitzen an den Tischen der Gipfelwirtschaft. Nur langsam kehren die Lebensgeister zurück. Mit der Schlussan-

dacht um 16.30 Uhr endet schließlich der Bittgang rund um die Berge von St. Veit an der Glan.

Es ist schwer, das Phänomen „Vierbergelauf“ in die richtigen Worte zu kleiden. Keine Reliquie, kein Mysterium, kein verehrungswürdiges Bild, kurzum nichts, was aus christlicher Sicht eine Wallfahrt über die vier Berge erklären könnte. Dafür aber alte Bräuche, viele Geschichten und Volksglauben. Vielleicht hat man dem heidnischen Gedankengut auch nur das Christentum übergestülpt und Kirchen auf die vier heiligen Berge gebaut. Diese Kontrapunkte waren sicher auch nötig, um die alte Philosophie einer unübersichtlichen Götterwelt zu überwinden. Aber trotzdem, ich muss nur in die Gesichter der vielen Pilger schauen, um zu wissen, dass sie auch im nächsten Jahr wieder dabei sein werden, trotz des Beginns mitten in der Nacht, trotz der steilen Anstiege und der verschlammten Wege. Sie sind „süchtig“ nach den vier Bergen und jedes Jahr kommen mehr, die die besondere Energie dieses Bittgangs spüren möchten. Für einen Tag ausbrechen, sich aus dem Kreislauf des Alltags ausklinken in der Gemeinschaft von Gleichgesinnten, das scheint mir die eigentliche Anziehungskraft dieser Wallfahrt zu sein.

Man sagt, solange die Kärntner über die vier Berge ziehen, wird es dem Land gut gehen und demjenigen soll das Paradies sicher sein, der dreimal mitgegangen ist.

Durch Wald und Wiesen zum Veitsberg

26 Hemmaberg, Globasnitz

KÄRNTEN

Fundamente des Glaubens

Anfahrt:	Tauernautobahn A 10 Salzburg – Villach, Autobahn Villach – Klagenfurt, Ausfahrt Völkermarkt, B 82 bis Eberndorf, Landstraße Köcking – Launstein – Globasnitz. Parkplatz im Ort
Ausgangspunkt:	Globasnitz, Ortszentrum
Wegverlauf:	Globasnitz (541 m) – Landstraße zum Hemmaberg (Hemmaweg), nach ca. 1 km rechts abbiegen in den Wald – Hemmaberg (842 m), über Rundweg zur Rosaliengrotte und zurück zur Hemmakirche; Kompass-WK 65 (Klopeiner See – Karawanken Ost)
Höhenunterschied:	ca. 300 Hm
Gesamtgehzeit:	1 Stunde, ca. 45 Minuten für den Rundweg
Anforderung:	Leichte Wanderung auf Asphaltstraßen und Waldwegen, auf dem Rundweg keine wesentlichen Höhenunterschiede
Einkehrmöglichkeit:	Gasthof Mariandl in Globasnitz, Hemmaberg
Beste Jahreszeit:	Ganzjährig
Kurzvariante	
Anfahrt:	Mit dem Auto von Globasnitz auf der Landstraße bis zum Parkplatz Hemmaberg
Ausgangspunkt:	Parkplatz Hemmaberg
Wegverlauf:	Vom Parkplatz auf dem Rundweg über Hemmakirche und Rosaliengrotte zurück zum Parkplatz
Gehzeit:	ca. 45 Minuten

Es muss schon ein ganz besonderer Berg sein, wenn sich auf seinem Gipfelplateau neben der Wallfahrtskirche noch die Grundmauern von vier Kirchen, zwei Grabkapellen, einer Taufkapelle und eines Pilgerhauses befinden. Der Hemmaberg liegt nur wenige Kilometer entfernt von der zweisprachigen Gemeinde Globasnitz im Kärntner Jauntal, am Fuße der Karawanken. Der beschilderte Weg führt entlang der Teerstraße bergauf. Er ist Teil des 162 Kilometer langen „Hemma-Pilgerweges Nr. 2“ von Črna in Slowenien nach Gurk in Kärnten. Nach einem Kilometer wähle ich jedoch die Variante durch den Hochwald, biege rechts ab und folge anschließend einem Wanderweg, der mich schließlich direkt zum Kirchenkomplex bringt.

Die Wolken, die mehr und mehr den Himmel verhängen, wirken nicht gerade stimmungsaufhellend nach der langen Autofahrt und auch die Aussicht vom Gipfel des Berges, der wie eine Felskanzel über dem Jauntal thront, bleibt mir verwehrt.

Der Hemmaberg ist seit ca. 3500 Jahren besiedelt und galt als religiöses Zentrum des Kärntner Unterlandes. Die Kelten errichteten hier einen Tempel zu Ehren ihres Gottes Jouenat, von dem sich auch der Name des Jauntals ableitet. Die Verehrung von Reliquien eines Heiligen oder Märtyrers führte zum Bau von zwei christlichen Doppelkirchenanlagen im 5. und 6. Jahrhundert. In Folge entstand eines der größten christlichen Wallfahrtszentren im gesamten Alpenraum.

Fundament einer frühchristlichen Kirche auf dem Hemmaberg

In der heutigen, spätgotischen Wallfahrtskirche aus dem 16. Jahrhundert, die etwas abseits der frühchristlichen Anlagen steht, verehrt man die heilige Hemma, die Landesmutter von Kärnten und Gründerin des Benediktinerinnenklosters von Gurk, sowie die heilige Dorothea. Im Jahr 2004 wurden die Reliquien einer namentlich nicht bekannten Märtyrerin aus Syrien, die unter dem Fundament der ehemaligen, westlichen Gemeindekirche auf dem Hemmaberg gefunden worden waren, feierlich in einem neu errichteten Volksaltar beigesetzt.
Doch der heilige Berg des Jauntals kann noch mit weiteren Glanzstücken aufwarten, denn auf der Wiese vor der Kirche steht eine mächtige, tausendjährige Linde. Seit Urzeiten spielen Bäume im Alltag der Menschen eine tragende Rolle. Sie galten schon im Altertum als Ort göttlicher Kräfte und als Symbol der Geburt des Lebens und tragen deshalb auch überwiegend weibliche Namen. Man vermutet, dass auch diese Linde auf dem Hemmaberg ein besonderer Kraftplatz ist. Schon der weise Konfuzius sagte, dass derjenige, der Bäume pflanzen würde, den Himmel gewänne. Die Linde, Baum der Göttin Freya, galt als Sinnbild der Weisheit und Fruchtbarkeit. „300 Jahre kommt sie, 300 Jahre bleibt sie und 300 Jahre geht sie", sagte

man im Volksmund über diesen Baum. Während der Christianisierung hat man viele der alten Linden unter die Obhut Mariens gestellt. So konnte bei der Zerstörung der heidnischen Symbole manches alte Exemplar erhalten werden. Für die naturverbundenen Kelten galt die Linde als Baum der Wahrheit. Musste Recht gesprochen werden, versammelte man sich unter Linden. Es heißt, dass so manches Urteil milder ausfiel, weil der Duft der Blüten die Richter und Kontrahenten versöhnlich stimmte.

Vom Gipfelplateau führt mich ein abschüssiger Weg in zehn Minuten zur Rosaliengrotte an den nördlichen Abfall des Berges. Auf halbem Weg weist ein Schild auf eine große Öffnung von einem Meter Durchmesser im Felsen hin. Aus dem Dunkel der Höhle leuchtet mir schwaches Kerzenlicht entgegen und macht mich neugierig. Ein kurzer, steiler Steig führt entlang der Felswand zur Grotte. Auf einigen feuchten, glitschigen Stufen geht es schließlich hinauf zur hölzernen Kapelle, die in einer Nische im Felsen errichtet wurde. Direkt unter der Statue der schlafenden Rosalia entspringt eine bekannte Heilquelle, deren Wasser besondere Wirkung bei Augenleiden nachgesagt wird. Ein Schild informiert die Besucher und weist auf die besondere Heilkraft des rechtsdrehenden Wassers hin, das über einem geteilten Ast in einem Steinbottich zusammenfließt. Es soll positive Strahlenfelder aufweisen, die denen des heiligen Wassers von Lourdes ähneln. Nicht nur viele Einheimische nehmen sich das kostbare Nass, abgefüllt in Flaschen, mit nach Hause.

Das große Loch im Felsen lässt etwas Licht in die Grotte und leuchtet das beliebte Felsheiligtum spärlich aus. Die Legende erzählt von einem schönen Mädchen aus der Gegend, dem bei einem nächtlichen Gang ein Bursche begegnete, der es schon lange auf sie abgesehen hatte. Sie lief vor ihm davon und flüchtete in Todesangst auf den

Hier wurde das Mädchen auf wundersame Weise gerettet – die Rosaliengrotte

Hemmaberg. Dort stürzte sie sich in das Loch über der Grotte. Doch dann geschah ein Wunder, das sie vom Tode bewahrte, weil die heilige Rosalia höchstpersönlich sie in der Grotte auffing und sachte zu Boden setzte. Jetzt hatte das Mädchen einen solchen Vorsprung vor ihrem Verfolger bekommen, dass es unbeschadet nach Hause laufen konnte. Damit dieses Wunder nicht in Vergessenheit geriet, errichteten die Gläubigen einen Altar in der Grotte und brachten fortan Kränze und Blumen als Opfer dar.

Auf einem Rundweg erreiche ich schließlich wieder die Wallfahrtskirche und die Reste des frühchristlichen Kirchenzentrums. Ich setze mich auf den Rand eines dieser uralten Steinfundamente und spüre, wie die beim Aufstieg so ersehnte Ruhe langsam in mich eindringt. War ich anfangs auf Grund des bewölkten Himmels noch enttäuscht, so empfinde ich nun tiefe Zufriedenheit. Ich versuche, mir das Leben und Treiben in frühchristlicher Zeit vorzustellen. Die Existenz von Pilgerhäusern und Versorgungsstationen

Wallfahrtskirche zu den hll. Hemma und Dorothea

deutet auf eine rege Wallfahrtstätigkeit hin und lässt die Betriebsamkeit vergangener Zeiten erahnen. Hier muss es vor Menschen nur so gewimmelt haben, ganz im Gegensatz zu heute. Das Fundament der Hemmakirche wurde mit Steinen der alten Gotteshäuser errichtet. Wie werden unsere Kirchen in fünfzig, hundert oder fünfhundert Jahren aussehen? Wie stark wird ihr Fundament, wie tragfähig wird das Fundament des Glaubens noch sein? Was ist noch sichtbar oder schon verschüttet? Ich glaube, gerade dann, wenn alles bröckelt und wegbricht, was uns Orientierung gibt, erinnert jede Kapelle, jedes Licht einer Kerze und jeder Blick auf das Kreuz Christi, dass Gott lebendige Bausteine und Bauarbeiter braucht, die ständig am Fundament der Kirche mitarbeiten.

So seid ihr nun nicht mehr Fremdlinge und Gäste, sondern Mitbürger der Heiligen und Gottes Hausgenossen, auferbaut auf die Grundlage der Apostel und Propheten, während Jesus Christus selber der Eckstein ist, in welchem der ganze Bau, zusammengefügt, wächst zu einem heiligen Tempel im Herrn, in welchem auch ihr miterbaut werdet zu einer Behausung Gottes im Geist. (Eph 2, 19–22)

Vor der Wallfahrtskirche treffe ich Slavko und Anna, ein jüngeres Paar aus Slowenien. Sie sind zu Fuß unterwegs nach Gurk, mit Rucksack und Zelt zum Grab der heiligen Hemma. Wir gehen gemeinsam auf der Teerstraße hinunter nach Globasnitz. Die beiden entpuppen sich als echte Hemmaweg-Profis. Seit vielen Jahren sind sie auf den verschiedenen Pilgerrouten zum Dom von Gurk unterwegs. Diesmal brachen sie ohne einen Cent in der Tasche auf, um zu testen, wie weit die Hilfsbereitschaft der Menschen reicht. Aber sie sind selbst überrascht von der Güte und Selbstlosigkeit, die ihnen unterwegs entgegenkommt. Nie gehen sie mit leeren Händen aus den Geschäften, wenn sie um Essen bitten. Einmal durften sie sogar kostenlos übernachten und mussten ihr Zelt nicht aufbauen. Es gibt sie also noch: die Bank vor dem Haus, auf der man sich ausruhen darf, das Stück Brot oder Glas Milch, das über den Zaun gereicht wird. Die beiden Hemmapilger ziehen wie eine Leuchtspur durch das Land und geben den Menschen Gelegenheit, Barmherzigkeit und Nächstenliebe zu praktizieren, Begriffe, die heute oft schon wie Fremdwörter klingen. Nicht nur diejenigen, die Almosen bekommen, werden beschenkt, sondern vor allem die Menschen, die geben dürfen. Ich glaube, diese Erkenntnis ist ein weit größeres Geschenk.

Ich erinnere mich an eine Begegnung am Jakobsweg. Dort traf ich einen mittellosen Pilger, der vor den Kirchenportalen sammelte, kostenlos in den Herbergen schlief, seine Mahlzeit und seinen „Cafe con leche" (span.: Kaffee mit Milch) umsonst bekam. Die Versorgung dieser Menschen hat dort eine jahrhundertealte Tradition, getreu der Regel des heiligen Benedikt:

> *Alle Fremden, die kommen, sollen aufgenommen werden wie Christus; denn er wird sagen: „Ich war fremd, und ihr habt mich aufgenommen." Allen erweise man die angemessene Ehre, besonders den Brüdern im Glauben und den Pilgern. (Benediktusregel Kap. 53/1–2)*

Niemand verliert, wenn er gibt, denn nicht vom Geben werden wir arm, sondern vom Behalten. Von Gott erhalten wir ohnehin unseren gerechten Lohn. Auch die unzufriedenen Bauarbeiter, die die Kirche in Gurk bauten, wurden redlich bezahlt. Sie beschwerten sich der Legende nach bei der hl. Hemma, weil sie mit ihrem Lohn nicht einverstanden waren. Da ließ Hemma jeden Arbeiter in einen gut gefüllten Sack mit Geld greifen, damit er sich nehmen sollte, was ihm seiner Meinung nach zustehe. Jeder konnte aber nur so viel entnehmen, wie es gerecht war und er immer schon erhalten hatte, der Rest war nicht greifbar und entschwand immer wieder seinen Fingern.

Besondere Festtage auf dem Hemmaberg sind der 27. Juni (Hemmatag) und der 3. Sonntag im September (Rosalienkirchtag). Den Schlüssel für die Wallfahrtskirche sowie den Stempel für den Hemma-Pilgerpass bekommt man im Pfarramt von Globasnitz.

27

FRIAUL/ JULISCH VENETIEN

Monte Lussari, Tarvisio

Sprachverbindende Königin der Völker

Anfahrt:	Autobahn Villach – Udine, Ausfahrt Tarvisio, SS 13 bis Camporosso in Valcanale. Im Kreisverkehr abzweigen zur Kabinenbahn auf den Monte Lussari, Parkplatz der Bergbahn
Ausgangspunkt:	Talstation Bergbahn
Wegverlauf:	Talstation (ca. 820 m) – Pilgerweg (Nr. 613) – Malga Lussari (1573 m) – Monte Lussari (1789 m) – Wallfahrtskirche (1766 m); Kompass-WK 2801 (Julische Alpen – Steiner Alpen)
Höhenunterschied:	ca. 970 Hm
Gesamtgehzeit:	ca. 2½ Stunden
Anforderung:	Leichte Wanderung auf breitem Pilgerweg, meist durch den Bergwald
Einkehrmöglichkeit:	Luscharialm (Malga di Santo Lussari), mehrere Gasthäuser auf dem Kirchenberg
Beste Jahreszeit:	Frühjahr bis Herbst
Tipp:	Die Kabinenbahn fährt von Mitte Juni bis Mitte September täglich (Information: 0039 0428 653915).

Auf den Wallfahrtsort Santa Maria Lussari bei Tarvisio machten mich erst einige Leute aus Hüttschlag im Salzburger Großarltal aufmerksam, als ich von einer Bergtour zur Kalten Wand (Ankogelgruppe) zurückkam. Mein Weg führte damals über die Arlscharte (2252 m), einen ehemaligen, sehr beschwerlichen Tauernübergang nach Kärnten. Die Einheimischen erzählten mir von einer alten, längst erloschenen Fernwallfahrt zum „Heiligen Berg der gnadenreichen Gottesmutter Maria Luschari", deren Teilnehmer ebenfalls die anstrengende Route über die Scharte nehmen mussten. Es handelte sich um eine privat organisierte Wallfahrt ohne geistliche Begleitung. Weil der Bittgang jeweils um Jakobi (25. Juli) stattfand, konnten die Bauern wegen der langen Abwesenheit von ihren Höfen nicht teilnehmen. So beschränkte sich die einwöchige Wallfahrt hauptsächlich auf Holz- und Bergarbeiter sowie auf Kleinhäusler. Unterwegs wechselte sich das Beten des Rosenkranzes mit dem „Lussari-Lied" ab. Nach über 30 km Tagespensum und beträchtlichen Höhenunterschieden schlossen sich die Bittgänger in Gmünd mit Pilgern aus dem Lungau und Kärntnern zusammen und zogen gemeinsam über Spittal und Tarvisio nach Lussari. Nach dem Ende des Ersten Weltkrieges wurde Südtirol und mit diesem auch der Wallfahrtsort Italien zugeschlagen, worauf die Männerwallfahrt der Großarler, deren Anfänge bis ins 17. Jahrhundert zurückreichten, ein jähes Ende fand.

Meine Wanderung auf den „Heiligen Berg" beginnt in Camporosso (Saifnitz), im Val Canale unweit von Tarvisio, nur wenige Kilometer von der slowenischen Grenze entfernt. Vom Parkplatz der Gondelbahn folge ich einer Forststraße bis zum Beginn des Pilgerweges (Sentiero del Pellegrino). Auf steil ansteigendem Weg erreiche ich über die Betstationen des Kreuzweges und die Wiesen der Luscharialm schließlich den Kirchenberg. Auch

Die Wallfahrtskirche auf dem Luschariberg beherbergt die „Königin der europäischen Völker".

wenn die Sicht durch Wolken etwas getrübt ist, bietet sich zeitweise doch ein schöner Ausblick in die Julischen Alpen mit den Spitzen von Poverello und Cacciatore. Die Weggabelung, an der die Routen zur Cima Cacciatore, zur Sella Prasnig und zur Wallfahrtskirche auseinanderführen, wirken für mich wie ein Symbol für den heiligen Ort. Der Monte Lussari, Svete Visarje oder Luschariberg ist auch der Kreuzungspunkt dreier Völker: Kärntner, Italiener und Slowenen. Der einst berühmteste Gnadenort Kärntens galt allen als heilig und erfreute sich großer Beliebtheit. Es heißt, dass im Jahr 1358 ein Marchese Bonifacio Rotario d'Asti ein Madonnenbild auf den Gipfel des Berges trug, um ihn zu einem Ort der Christenheit zu machen. Welch heidnischer Kult früher auf dem Luschariberg zelebriert wurde, ist heute nicht mehr genau nachzuvollziehen.

Im Jahr 1360 soll sich folgende Geschichte zugetragen haben: Ein Hirte suchte seine Schafe, die sich verlaufen hatten. Er fand sie kreisrund kniend um einen Bergkiefernstrauch, in dem er eine kleine Marienstatue entdeckte. Sofort trug er sie hinunter ins Tal zum Pfarrer von Saifnitz, wobei ihm seine Schafe paarweise vorangingen, wie bei

einer Prozession. Zweimal kehrte die Figur auf wundersame Weise zu ihrem Fundort auf dem Luschariberg zurück. Daraufhin ließ der Patriarch von Aquileia dort die erste Kapelle errichten. Die im 16. Jahrhundert erbaute Kirche zerstörte italienisches Artilleriefeuer im Ersten Weltkrieg. Das heutige Marienheiligtum wurde 1926 eingeweiht.
In der Kirche herrscht Hochbetrieb. Buntes Sprachengewirr dringt nach draußen. Die Messen für die Wallfahrer, die aus allen Himmelsrichtungen kommen, werden in drei Sprachen abgehalten. Deutsch, Italienisch und Slowenisch fließen ineinander, das Gotteshaus als Treffpunkt der Kulturen. Das verehrte Gnadenbild der Gottesmutter aus Lindenholz konnte im Jahr 2010 auf eine 650-jährige Wallfahrtsgeschichte zurückschauen. Sie wird als „Königin der europäischen Völker" verehrt. In einem Gebet zu ihrer Wertschätzung heißt es:

Gottesmutter von Luschari,
die Du schon seit 600 Jahren
hier an diesem Orte thronst,
wo drei europäische Völker sich begegnen:
Romanen, Slawen und Germanen,
Bewahre uns den Frieden,
welcher Sehnsucht der Herzen und Geschenk Gottes ist
an die Menschen,
die guten Willens sind …

Nicht nur viele Wallfahrer tummeln sich auf dem Monte Santo, auch Wanderer, Bergsteiger und Ausflügler finden hier herauf und genießen die be-

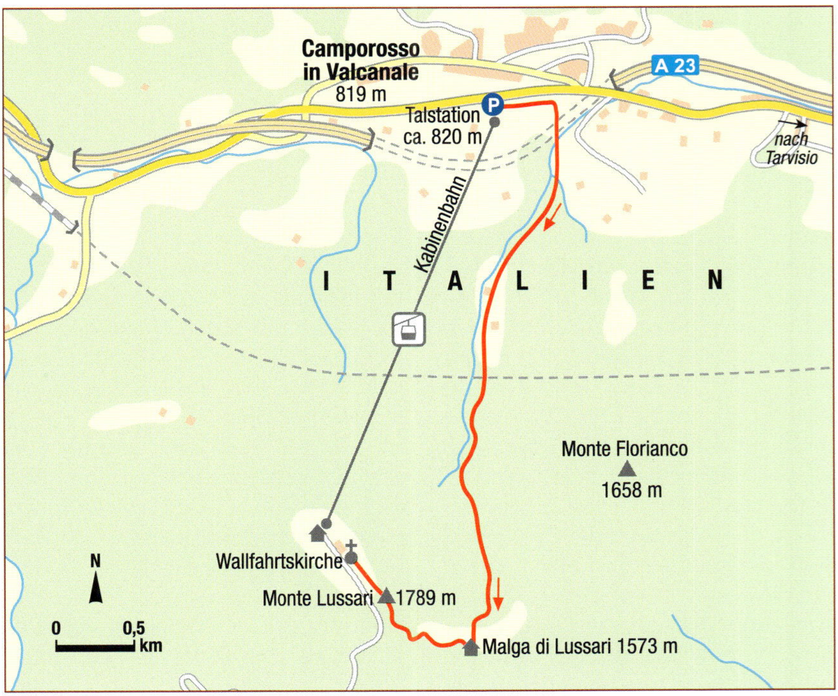

sondere Atmosphäre des „Santuario". Seit dem Jahr 2000 bringt eine moderne Kabinenbahn die Besucher in elf Minuten auf den Luschariberg und macht ihn somit für Wintersportler zunehmend interessant. Sogar Skiweltcuprennen finden hier statt. In den Zeiten vor 1918 waren Schlittenfahrten im Sommer bis hinunter ins Tal die große Attraktion. Heute, im Zeitalter des Natur- und Umweltschutzes, wären solche Aktionen über Almwiesen, Fels und Geröll ein unvorstellbares Unterfangen und hätten nicht zu Unrecht einen Massenaufmarsch von Naturschützern zur Folge.

Auf dem Rückweg kommen mir Pilgergruppen aus Italien, Österreich und Slowenien entgegen. Sie tragen ein Holzkreuz auf dem steilen Weg voran, beten Rosenkränze und singen Wallfahrtslieder. Manche kommen von weit her und die Anstrengung der langen Märsche kann ich von ihren Gesichtern ablesen. Ich freue mich über die völkerverbindende, sprachenübergreifende Funktion, die von der Madonna di Lussari ausgeht.

Ich muss an den Jakobsweg in Spanien denken. In den kleinen Dörfern und Städten wurden abends Pilgergottesdienste abgehalten. Der Ausdruck „Weltkirche" kam mir dabei immer in den Sinn, angesichts so vieler Pilger aus den verschiedensten Nationen. Nach der Messe beteten wir zusammen, jeder in seiner Sprache, das Vaterunser. Ein bewegender Moment, immer aufs Neue. Das Ende eines Tages, einer Etappe, das gemeinsame Ziel vor Augen, ein unbeschreibliches Glücksgefühl in der Gemeinschaft Gleichgesinnter. Demut und Dankbarkeit, Aufregung und Vorfreude im ständigen Wechselbad der Gefühle. Und trotzdem habe ich mir manchmal gewünscht, dass wir ein Gebet in einer gemeinsamen Sprache gesprochen hätten, um die Einheit der Christen und Pilger zu dokumentieren. In den katholischen Kirchen betete man früher das gemeinsame Vaterunser in Latein. Auch wenn nur wenige die Sprache gelernt hatten, konnte das Gebet doch jeder verstehen. Es drückte eine tiefe Verbundenheit mit dem Glauben aus.

Am Parkplatz der Bergbahn kommt gerade ein Bus mit Pilgern aus dem Salzburger Land an. Gutgelaunt streben sie zur Talstation. Heutzutage ist es kein Problem mehr, den Luschariberg zu erklimmen. Die Pilger aus dem Großarltal hatten bis hier zwar schon die größten Strapazen hinter sich gebracht, aber bis zur Madonna mussten sie immerhin noch 1000 Höhenmeter überwinden. Anschließend standen ihnen die Beschwerlichkeiten des Rückwegs bevor, die erst mit dem Bau der Eisenbahn von Spittal nach Tarvis und später ab Badgastein etwas abgemildert wurden. Die Wallfahrt dauerte dann nur noch drei Tage.

28 Heiligenblut

KÄRNTEN

Die Großglocknerwallfahrt über das Hochtor

Anfahrt:	Tauernautobahn A 10 Salzburg – Villach, Ausfahrt Bischofshofen, B 311 bis Taxenbach, Landstraße Rauris – Wörth – Gasthaus Weixen, Parken am Parkplatz, mit dem Zubringerbus (ab 4.30 Uhr) zum Rauriser Tauernhaus
Ausgangspunkt:	Rauriser Tauernhaus
Wegverlauf:	Tauernhaus (1528 m) – Litzlhofalm (1727 m) – Hochtor (2576 m) – Wallackhaus (2304 m) – Kasereckalm (1910 m) – Gipperkapelle (1624 m) – Heiligenblut (1288 m); Kompass-WK 39 (Großglocknergruppe – Nationalpark Hohe Tauern)
Höhenunterschied:	Aufstiege ca. 1000 Hm, Abstiege ca. 1220 Hm
Gesamtgehzeit:	ca. 6½ Stunden, 8 bis 9 Stunden im Zug der Wallfahrer
Anforderung:	Die lange Strecke auf vorwiegend guten Wegen verlangt viel Kondition.
Einkehrmöglichkeit:	Tauernhaus, Kasereckalm, in Heiligenblut erwartet die Wallfahrer ein bestens organisiertes Gastronomieangebot.
Beste Jahreszeit:	Sommer bis Frühherbst
Tipp:	Wer nicht in Heiligenblut übernachten möchte (Tourismusverband: www.heiligenblut.at), sollte sich gleich beim Parkplatz Gasthaus Weixen eine Ticket für die Rückfahrt kaufen, da diese sonst nicht geregelt ist.

Es ist kalt im Seidlwinkltal, sehr kalt! Dichtgedrängt sitzen die Wallfahrer in der dunklen Gaststube des Rauriser Tauernhauses. Obwohl ich schon um fünf Uhr morgens mit einem der ersten Zubringerbusse angekommen bin, ist das Haus hoffnungslos überfüllt.

Hier am Tauernhaus und in Ferleiten, am Beginn der Glocknerstraße, sammeln sich jedes Jahr am 28. Juni, am Vortag von Peter und Paul, Tausende von Teilnehmern zur Wallfahrt nach Heiligenblut. Während die Pilger ab der Mautstelle auf der Teerstraße bis zum Hochtor ziehen, folgen die Unterpinzgauer dem uralten Pilger- und Säumerweg durch das Seidlwinkltal.

Schon vor 2000 Jahren zogen die Römer mit Maultieren über die Tauern. Später kamen christliche Pilger, Händler und Säumer. Auf Kraxen und Saumpferden (Saum von lat. „sagma" = Packsattel) trugen sie ihre Lasten über das Gebirge. So entstanden bereits im 14. Jahrhundert die ersten Tauernhäuser, Quartiere, in denen die Reisenden versorgt werden konnten. Für die Landesfürsten war es praktiziertes Christentum. Sie unterstützten die Tauernwirte finanziell und statteten sie mit Privilegien aus, z. B. mit dem Schankrecht sowie Heu- und Getreidelieferungen. Dafür mussten diese notfalls mittellose Reisende umsonst verpflegen und beherbergen. Außerdem wurde ihnen auferlegt, die Wege freizuhalten und alle 50 Meter Wegstangen zur Orientierung aufzustellen. Der Saumhandel fand hauptsächlich im Winter statt und war für die Bauern eine wichtige Erwerbsquelle. Bis zu 900 Tonnen an Waren, hauptsächlich Wein nach Norden und Salz nach Süden, transportierten die Säumer pro Jahr über das Hochtor. Auch die Erhaltung der Wege gehörte zu den Aufgaben der Wirte. So beschwerten sich beispielsweise die Säumer im Jahr 1710 ganz offiziell über

Das Rauriser Tauernhaus mit der Kapelle Maria Schnee – Ausgangspunkt der Route durch das Seidlwinkltal zum Hochtor

den nicht selten desolaten Zustand der Pfade im Seidlwinkltal.

Das Leben in den Tauern war hart und beschwerlich. Immer wieder ist in alten Chroniken von Menschen die Rede, die beim Überqueren des Gebirges erfroren. So erinnert eine Gedenktafel bei der „Elendsgrube" an der Glocknerstraße an Wallfahrer, die im Jahre 1683 bei einem Schneesturm ums Leben kamen. Aber auch wilde Tiere und die Pest bedrohten die Existenz der Menschen. In ihrer Not und Verzweiflung gelobten sie im Jahre 1569 „als die Wölf von dem Thaurngebürg große Schaden gethan, einen beschwerlichen Creuzgang yber den Thaurn zum Hl. Blut". Überlieferte Pestgelöbnisse aus Bramberg im Pinzgau berichten sogar schon von Wallfahrten seit dem Jahr 1430 auf dem alten Römerweg über den Großglockner nach Heiligenblut.

Die meisten Wallfahrer halten – so wie ich – die Kälte am Rauriser Tauernhaus nicht aus. Wir beschließen, die erste Messe, die um sieben Uhr vor der kleinen Kapelle Maria Schnee stattfindet, nicht abzuwarten und uns langsam warm zu gehen. Der alte Säumerweg führt anfangs direkt am Seidlwinklbach entlang. Fast ebenerdig folgen wir dem Bachlauf, der sich aus den dünnen Fäden seiner Quellbäche speist und dessen Wasser sich silberglänzend in die dunkle Tiefe stürzt. Er ist das verbindende Element zwischen Berg und Tal, unser Rohstoff, den wir brauchen, um lebendig zu bleiben. Ganz langsam beginnt sich das Licht durchzusetzen, breitet seine Teppiche über Felsen und Schneefelder des Hochgebirges aus, nimmt Hochwald und Almen Schritt für Schritt in Besitz, gleitet die Hänge und Schluchten hinunter. Solche intensiven Stimmungen gehören mit zu den nachhaltigsten Eindrücken, die man von einer Wallfahrt im Gebirge mit nach Hause nehmen kann. Nie fühle ich mich näher am Ursprung allen Seins als in solchen Momenten. Wer so ein Morgen erlebt, kann nur voller Hoffnung und Freude in den neuen Tag gehen. „Ein Erlebnis ungewöhnlicher Art und einziger Schönheit [...] Da vereinigt sich das Staunen über die Wunder der Natur mit hoher religiöser Stimmung", schreibt Josef Lahnsteiner in seiner Chronik über den Unterpinzgau.

Mehr und mehr erwärmt sich der neue Tag und bei der Litzlhofalm hat die

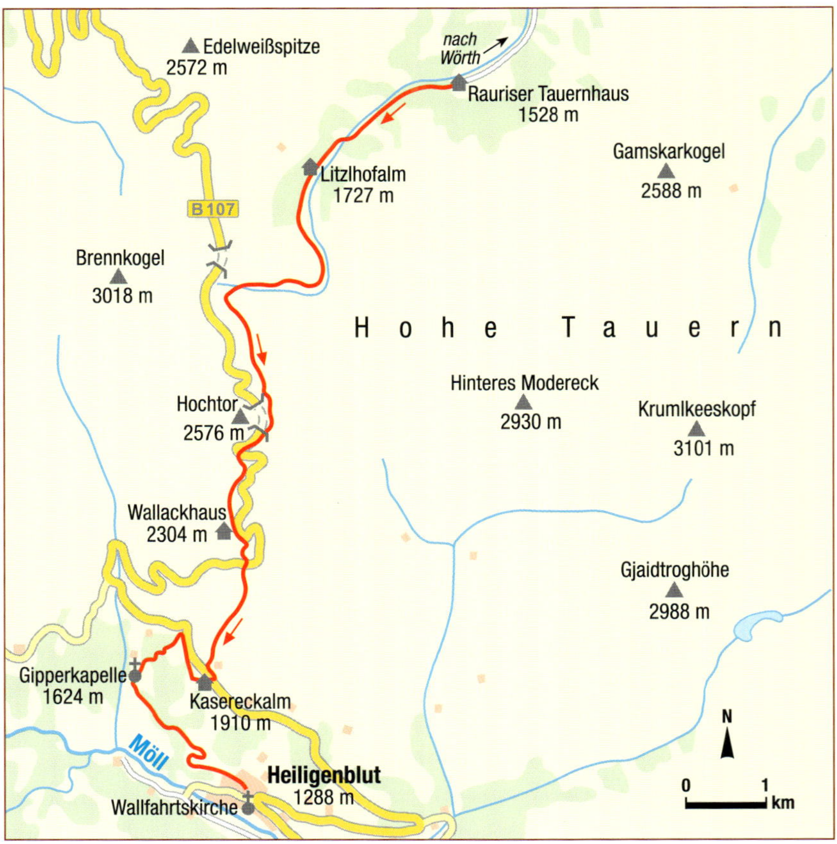

Aufstieg zum Hochtor

Sonne schon so viel Kraft, dass die Wallfahrer Anorak und Pulli nicht mehr ertragen. Licht und Schatten wechseln sich ständig ab auf dem uralten Pfad, über den die Saumrosse über Jahrhunderte ihre schweren Lasten schleppten. Der Blick zur Edelweißspitze ist frei, während sich das Hochtor noch in dichte Wolken hüllt. Wie selbstverständlich fügen sich die vielen Blumen auf den Almböden in die wellige Landschaft ein und zeigen uns ihre kleine, duftende Welt. Sie kennen keinen Streit untereinander wie wir Menschen, sondern leben in ihrer bunten Vielfalt nebeneinander. Sie brauchen uns nicht, um einen schönen Tag zu haben. Mir scheint, hier sind ihre Farben intensiver, praller, strahlender, so, als gäben sich diese Geschöpfe Gottes besondere Mühe, um uns nach stundenlanger Anstrengung mit ihrer Anwesenheit zu erfreuen und neu zu motivieren. Das Blau des Enzians wie die Farbe des Himmels, das Weiß der Anemone, die Farbe der Reinheit und das Rosa der Alpenrose, die Farbe der bedingungslosen, verbindenden Liebe Gottes. Es sind die unvergleichlichen, unnachahmlichen Farben des Bergsommers, voll mit den Spuren unseres Schöpfers. Kleine Paradiesgärten im

Angesicht der kahlen Felsen. Ich glaube, mit Blumen ist es manchmal wie mit Kindern, ich muss mich erst hinknien, um sie richtig zu verstehen.
Über erste Schneefelder nähern wir uns dem wolkenverhangenen Hochtor. Wenige hundert Höhenmeter über uns führt die Trasse der Hochalpenstraße vorbei. Erbaut von 1931 bis 1935, in Zeiten großer wirtschaftlicher Depression, zählt sie heute mit 900.000 Besuchern jährlich zu den meistbesuchten Sehenswürdigkeiten Österreichs und ist weit mehr als nur eine Straße, sondern ein „Impulsgeber für die ganze Region". Die gesamten Baukosten betrugen umgerechnet 53,5 Millionen Euro. 3200 Arbeiter leisteten 1,8 Millionen Arbeitsstunden, bewegten 870.000 Kubikmeter Fels und Erde und bauten 67 Brücken. Auch in unserer Zeit noch eine imponierende Leistung.
Am Hochtor, auf 2576 Metern Höhe, dem höchsten Punkt der Wallfahrt, vereinigen sich die Teilnehmer aus Ferleiten und Rauris und ziehen gemeinsam weiter nach Heiligenblut. Aber ich bin, trotz gemächlichem Tempo, noch immer weit vor dem offiziellen Wallfahrertross. Nach dem Durchschreiten des Hochtortunnels geht es – immer die gewaltigen Gipfel der Glocknergruppe vor Augen – ein Stück auf der elegant geschwungenen Asphaltstraße hinunter zum Wallackhaus, dann querfeldein über Almböden zum Kasereck und weiter zur Gipperkapelle. Dort holt uns endlich auch die große Wallfahrerschar aus Ferleiten ein. Hier an dieser einsamen Bergkapelle in 1600 Meter Höhe findet die letzte Gebetsrast statt, bevor es hinunter ins Mölltal geht.
Jetzt lässt sich auch der imposante Gipfel in seiner ganzen Pracht sehen, der der ganzen Gebirgskette seinen Namen gab, der Großglockner, mit 3798 Metern die höchste Erhebung Österreichs. Er ist überhaupt ein Berg der Superlative, mit dem größten Eismassiv der Ostalpen und der höchsten Passstraße des Landes. Schon seine Form, die mehr einer Pyramide gleicht als einer Glocke, löst bei Menschen, die sich mit Erdenergien und Kraftquellen beschäftigen, die Vermutung aus, dass es sich beim Großglockner um einen ganz besonderen Berg und außergewöhnlichen Kraftpunkt handelt. Auch für tibetanische Mönche gilt er als heilig. Sie nennen ihn nach dem heiligsten aller Berge im Himalaya „kleiner Bruder des Kailash" und kommen immer wieder hierher, um ihm in ihren Ritualen zu huldigen.
Vorbei an unglaublich steilen, aber exakt gemähten Wiesenhängen zieht die Karawane der Wallfahrer weiter. Ein Stück weit gehe ich zusammen mit einem jungen Landwirt aus Oberösterreich. Vor Mitternacht ist er bereits aufgebrochen und übernachtet heute in Heiligenblut. Er sei Bauer mit Leib und Seele, erzählt er mir, liebt seine Tiere, Äcker und Felder und geht völlig auf in seiner Arbeit. Er ist beeindruckt von den Menschen, die in dieser Höhe existieren müssen, bewundert ihre Arbeit. An hohen Holzgerüsten trocknet das Gras. Wie oft und wie selbstverständlich habe ich als Kind seinen Duft wahrgenommen. Jetzt, während der Wallfahrt, wird er wieder fühlbar. Wir zerreiben das mit Bergblumen und Kräutern angereicherte Heu zwischen den Fingern wie einen kostbaren Schatz und riechen das unvergleichliche Parfüm des Sommers.
Erstmals wird unser Ziel, die markante Wallfahrtskirche von Heiligenblut im Mölltal, sichtbar. Noch eine knappe

Wohlverdiente Rast am Hochtor

Stunde sind wir von ihr entfernt und die Wallfahrer mobilisieren ihre letzten Kräfte.
Der Name „Heiligenblut" ist mit einer Sage verbunden, deren Wurzeln wir im oströmischen Konstantinopel finden. Der dänische Feldherr Briccius stand dort in den Diensten von Kaiser Konstantin VIII. Eines Tages begab es sich, dass ein Mann ein Bild des gekreuzigten Jesus mit einem Messer durchstach. Sofort floss aus diesem Blut wie aus einem lebendigen Körper. Der Täter lief erschrocken davon und verkündete überall das Wunder. Da befahl der Kaiser, das Blut aufzufangen und in Glas zu fassen. Bei seinem Abschied erbat sich Briccius vom Kaiser ein paar Tropfen des kostbaren heiligen Blutes, was ihm schließlich auch gewährt wurde. Auf der Heimreise nach Dänemark starb der Mann im kalten Winter bei der Überquerung der Alpen durch einen Lawinenabgang. Im Frühjahr sahen Bauern drei Ähren aus dem Schnee herauswachsen. Als sie nachgruben, fanden sie den toten Briccius samt dem Fläschchen mit der Blutreliquie. Sie legten den Toten auf einen Schlitten und spannten Ochsen davor. Dort, wo sich heute die Kirche von Heiligenblut befindet, blieben die Tiere stehen und

ließen sich nicht mehr fortbewegen. An besagter Stelle baute man eine erste Kapelle und Jahrhunderte später die heutige, gotische Wallfahrtskirche. Die Reliquie des heiligen Blutes wird im Sakramentshäuschen aufbewahrt. Es befindet sich im Inneren der Kirche neben dem prächtigen, über zehn Meter hohen Flügelaltar, den Meister aus der Nachfolge Michael Pachers fertigstellten. Die Krypta liegt in Heiligenblut unter dem Chorraum. Neben einer Vespergruppe befindet sich hier das Hochgrab des sel. Briccius.

Und so ziehen die Pilger seit Jahrhunderten über die Tauern und lassen sich nicht von „ihrer" Wallfahrt abbringen. Auch nicht von den Nationalsozialisten, die den Bittgang offiziell verboten. 1940 traten sogar nur 94 Gläubige den Marsch nach Heiligenblut an, aber nach Kriegsende, im Juni 1945, zählte man bereits wieder 700 Teilnehmer. Ein Wallfahrer aus Fusch erzählt mir, dass seine Familie schon seit vier Generationen dabei ist. Nie habe man diesen Bittgang ausgelassen. Er könne zwar mit Kirche und Glauben wenig anfangen, meint er, aber er möchte auf keinen Fall derjenige sein, der diese Tradition beendet. „Vielleicht kommt ja mal wieder einer, der mehr damit zurechtkommt als ich", lacht er. Er pflegt die Saat, das Samenkorn, das in der Erde ruht und aufgeht, wenn Gott ruft.

Am Hotel Lärchenhof empfängt der Pfarrer von Heiligenblut mit seinen Ministranten die Wallfahrer. Begleitet von den feierlichen Klängen der Dorfkapelle ziehen wir schließlich in den Ort ein, wo um 17.00 Uhr in der Wallfahrtskirche die Schlussmesse beginnt.

Der festliche Einzug in Heiligenblut mit Musik und Kirchenfahnen ist für Teilnehmer und Zuseher ein Erlebnis.

Wallfahrtskirche Heiligenblut
vor dem Großglockner

29 Maria Luggau

KÄRNTEN

Dankwallfahrt auf alten Kriegssteigen

Anfahrt:	Tauernautobahn A 10 Salzburg – Villach, Ausfahrt Knoten Spittal/Millstätter See, B 100 über Oberdrauburg–Lienz nach Sillian oder mit dem Zug über Salzburg–Spittal–Lienz nach Sillian. Hüttentaxi bis zur Leckfeldhütte (Tel. 0664/3412813)
Ausgangspunkt:	Leckfeldhütte
Wegverlauf:	1. Tag: Leckfeldhütte (1925 m) – Sillianer Hütte (2447 m) – Hollbrucker Spitze (2581 m) – Demutspitze (2591 m) – Eisenreich (2665 m) – Obstanserseehütte (2304 m) 2. Tag: Obstanserseehütte – Obstanser Sattel (2453 m) – Pfannspitze (2678 m) – Großer Kinigat (2689 m) – Filmoor-Standschützenhütte (2350 m) – Oberer Stuckensee (2032 m) – Porzescharte (2094 m) – Neue Porzehütte (1942 m) 3. Tag: Neue Porzehütte – Tilliacher Joch (2094 m) – Bärenbadegg (2430 m) – Steinkarspitz (2524 m) – Luggauer Törl (2226 m) – Hochweißsteinhaus (1868 m) 4. Tag: Hochweißsteinhaus – Ingridhütte (1651 m) – Frohn (1324 m) – Sterzen (1126 m) – Maria Luggau (1179 m) Kompass-WK 47 (Lienzer Dolomiten – Lesachtal – Karnischer Höhenweg)
Höhenunterschied:	1. Tag: Aufstiege ca. 900 m, Abstiege ca. 550 m 2. Tag: Aufstiege ca. 530 Hm, Abstiege ca. 920 Hm 3. Tag: Aufstiege ca. 1150 Hm, Abstiege ca. 1250 Hm 4. Tag: Abstieg ca. 700 Hm
Gesamtgehzeit:	1. Tag: ca. 5 bis 6 Stunden 2. Tag: ca. 6 bis 7 Stunden 3. Tag: ca. 9 Stunden 4. Tag: ca. 5 bis 6 Stunden
Anforderung:	Gute Kondition und Bergerfahrung auf der gesamten Strecke erforderlich
Einkehrmöglichkeit:	1. Tag: Leckfeldhütte, Sillianer Hütte, Obstanserseehütte 2. Tag: Filmoor-Standschützenhütte, Neue Porzehütte 3. Tag: Hochweißsteinhaus 4. Tag: Gasthöfe in Maria Luggau
Beste Jahreszeit:	Sommer
Tipp:	Während der gesamten Tour ist Trittsicherheit und Schwindelfreiheit erforderlich, besonders am Klettersteig zum Großen Kinigat. Dieser kann aber auch südlich, über Schuttfelder umgangen werden.

Vor rund zehn Jahren unternahm ich zusammen mit meinen besten Freunden eine Alpenüberquerung. Vom Königssee bei Berchtesgaden gingen wir in 13 Tagen nach Venedig! In dieser Zeit erlebten wir vier das vollkommene Glück der Berge, konnten unsere Freundschaft vertiefen und unseren Horizont erweitern. Kein böses Wort, kein Streit, keine Verletzung und ausschließlich allerbestes Bergwetter: Unser ganzes Abenteuer war vom ersten bis zum letzten Tag ein gottgesegnetes Unternehmen.

Höchste Zeit also für eine Dankwallfahrt! Sie soll uns in die Nähe unseres damaligen Weges führen und so entschließen wir uns, über den Karnischen Höhenweg zur Wallfahrtskirche Maria Luggau ins Kärntner Lesachtal zu pilgern.

Der Zug bringt uns über Spittal an der Drau und Lienz nach Sillian in Osttirol. Von dort fährt das Hüttentaxi bis zur

Am Hochgräntenjoch (2429 m) befinden sich ein Soldatenfriedhof und eine Gedenkstätte für die Gefallenen des Ersten Weltkriegs.

Leckfeldhütte in 1925 Meter Höhe. Ab jetzt geht es nur noch zu Fuß weiter. Nach zahlreichen Kehren erreichen wir in zwei Stunden die Sillianer Hütte und befinden uns erstmals auf dem Karnischen Höhenweg, einem der schönsten Weitwanderwege Österreichs. Der in den Jahren 1975 bis 1978 vom Österreichischen Alpenverein, dem Bundesheer und den „Dolomitenfreunden" angelegte Weg führt über 130 km von Weitlanbrunn bei Sillian in Osttirol nach Thörl-Maglern in Kärnten, entlang der österreichisch-italienischen Grenze auf ehemaligen Kriegssteigen aus dem Ersten Weltkrieg.

Stumm stehen wir nach zehn Jahren wieder an der Stelle, von der wir zum ersten Mal in die Dolomiten schauten. Jeder hängt seinen eigenen Gedanken nach. Unser Blick geht hinüber zu den majestätischen Drei Zinnen. Wir erinnern uns, wie wir nach der Hälfte unserer Tour dankbar vor der kleinen Kapelle oberhalb der Dreizinnenhütte standen und kaum glauben konnten, es bis hierher geschafft zu haben.

Auf gut ausgebautem Weg wandern wir immer am Karnischen Hauptkamm entlang in Richtung Osten. Noch gut erkennbare Schützengräben, Stellungen und Unterstände zeugen von den Auseinandersetzungen im Gebirgskrieg. Zwischen 1915 und 1918 wurden mehr Menschen Opfer von Naturgewalten als durch Kampfhandlungen. Viele Bücher erzählen von diesen entsetzlichen Kämpfen und dennoch entziehen sich diese unserer Vorstellungskraft. Drei lange Jahre lagen sich Österreicher und Italiener in einem zermürbenden Stellungskrieg gegenüber, sprengten für ihr Vaterland ganze Berge in die Luft und erzielten doch keine entscheidenden Geländegewinne. Angesichts dieser Relikte wird uns wieder klar, wie zerbrechlich der Frieden sein kann und dass wir alles dafür tun müssen, um ihn zu erhalten. Heute sind die Karnischen Alpen, Österreichs südlichstes Grenzgebirge, zu einem Symbol der Verbindung und guten Nachbarschaft geworden. An einem kleinen See, in 2400 Meter Höhe, befindet sich ein Friedhof mit Gräbern ungarischer Soldaten, die an der Seite Österreichs kämpften. Ich muss an den ungarischen Pilger denken, mit dem ich in Mariazell gesprochen habe (Tour Nr. 22) und der sich noch immer mit der Donaumonarchie verbunden fühlte.

Beim Aufstieg über die Demutspitze zum Eisenreich erleben wir mit den Sextener Dolomiten im Süden und der Venediger- und Glocknergruppe im Norden ein weiteres Mal das gewaltige Gebirgspanorama. Vom hier aus betrachtet, liegen die zahlreichen Gipfel scheinbar nur einen Steinwurf auseinander, so, als würden sie sich gegenseitig aufmerksam beobachten, damit sich ja keiner zu weit aus ihrer Gruppe entfernt.

Unser erstes Etappenziel ist die Obstanserseehütte. Idyllisch liegt sie zwischen saftigen Almwiesen am gleichnamigen See. Es herrscht Hochbetrieb vor der Hütte und wir sind froh, dass wir noch ein Lager für die Nacht bekommen. Wir treffen viele interessante Menschen. Einigen von ihnen werden wir in den nächsten Tagen immer wieder begegnen, in den Hütten und auf den Wegen. Da ist der Vater aus Köln, der mit seinem erwachsenen Sohn unterwegs ist. Jeden Abend breiten sie ihr Familienleben aus, brüllen sich an und umarmen sich, je nach Alkoholspiegel. Es gehört zu den Rätseln eines mehrtägigen Weges, dass uns plötzlich die Schattenseiten unseres Daseins wieder einholen, egal wie schnell wir gehen. Ein gemeinsamer Weg, Zeit, um viel Verdrängtes und Vergrabenes aufzuarbeiten, Missverständnisse aus dem Weg zu räumen

und einen neuen Anfang zu wagen. Da ist Walter aus Kärnten, der täglich seinen Chef anrufen muss, um zu fragen, ob er am nächsten Tag noch weitergehen darf. Sein Mobiltelefon muss ständig eingeschaltet bleiben, um immer erreichbar zu sein. Was ist das für ein Urlaub? Manchmal denke ich mir: Was ist nur aus uns Menschen geworden, moderne Sklaverei und wir erkennen es nicht mehr? Rossana und Sandro kommen aus dem Südtiroler Pustertal. Sie sind ausgerüstet mit allen erdenklichen hochalpinen Hilfsmitteln: Seil, Pickel, Steigeisen und Helm. Die Frau dynamisch, explosiv, voller Energie und Spontanität, ein kleines Kraftwerk. Der junge Mann ruhig, gelassen, mild lächelnd, eher der Romantiker unter den Bergsteigern. Wird das gut gehen? Und da ist noch Paul, der Maler aus Wien. Äußerlich wirkt er mit sich im Reinen. Gedankenverloren sitzt er vor der Hütte und scheint nur in seinen Bildern und Skizzen zu leben.
„Frische Milch, wenn die Kuh mag", offeriert der Hüttenwirt auf der Speisekarte. Wir haben Glück, denn sie mag und die Milch schmeckt wirklich vorzüglich.
Der zweite Tag beginnt mit dem steilen Anstieg zur Pfannspitze, deren Gipfel prächtige Ausblicke auf die Lienzer Dolomiten bietet. Wir können gut unseren weiteren Weg erkennen, der immer am Grat entlang, zum Großen Kinigat führt. Eine Ansammlung von Gipfelkreuzen liegt vor uns, unser ganz besonderer „Gipfel-Kreuzweg". Die Variante über den Großen Kinigat lockt mit einem seilversicherten Klettersteig. Wir nehmen die Herausforderung gerne an, denn sie bringt Abwechslung in die Etappe. Rossana und Sandro sind schon vor uns aufgebrochen und begrüßen uns am mächtigen Europakreuz. Nach einer Rast an der Standschützenhütte geht es immer wieder durch ein rosa Meer von blühendem Almenrausch. Am Oberen Stuckensee breitet sich die ganze florale Pracht der Karnischen Alpen in ihrer Einzigartigkeit vor uns aus. Solange sich Afrika unter Europa schiebt, wachsen und verändern sich die Alpen. Die Kontinentalplatten beider Erdteile sind auch die Architekten dieser außergewöhnlichen Karnischen Alpen. Dazu kommen die Urgewalt und die formende Kraft des Wassers sowie zahlreicher Erdbeben. Sie führten zum außerordentlich komplexen geologischen Aufbau des Gebirges, woraus sich wiederum eine schier unerschöpfliche Pflanzenvielfalt ergibt.

Im Anfang schuf Gott Himmel und Erde;
Die Erde aber war wüst und wirr,
Finsternis lag über der Urflut
Und Gottes Geist schwebte über dem
Wasser (Gen 1, 1–2)

Diese Berge sind ein Schaufenster der Vergangenheit und können uns viel erzählen von der Entstehung unseres Planeten.
Unser ganz besonderer Pilgerweg in den Karnischen Alpen, auf dem wir so weit nach vorne und gleichzeitig zurückschauen können, spiegelt symbolisch das ständige Bergauf und Bergab unseres Lebens wider. Auch wenn wir schon viel erreicht, viele Höhen und Tiefen gemeistert haben, so ist doch unser Weg noch nicht zu Ende. Dieser Höhenweg zeigt uns nicht nur die prächtigen Gipfel, sondern auch die Täler und wir werden uns bewusst, dass wir nicht das Maß aller Dinge sind. Auch an uns wird eines Tages Maß genommen. In der Schöpfungsge-

schichte heißt es, dass Gott alles ansah, was er geschaffen hatte, und es war gut. Ganz im Widerspruch zu uns, denn wenn wir anschauen, was wir aus dieser Schöpfung gemacht haben, ist nicht mehr sehr viel Gutes zu sehen. Hier in den Bergen weitet sich unser Blick für neue Denkanstöße zu einem verantwortungsvolleren und respektvolleren Umgang mit unserer Erde. Noch viele Gipfel sind zu bezwingen, bevor unsere Spur zu Gott so eben wird, dass wir darauf gehen können.

Nach ständigem Auf und Ab erreichen wir am frühen Nachmittag über das Rosskar die Neue Porzehütte, die am Fuße der Nordwand der mächtigen Porze liegt. Die nächste bewirtschaftete Hütte liegt zu weit entfernt, um einen Weitermarsch zu riskieren. Nach und nach treffen alle Wanderer ein, die mit uns von der Obstanserseehütte aufgebrochen sind.

Die Hütten sind die Fixpunkte einer mehrtägigen Bergtour. Aufgereiht wie an einer Perlenschnur liegen sie entlang des Hauptkammes. Wir fühlen uns hier geborgen, wachsen schön langsam zusammen zu einer Gemeinschaft von Menschen, die für eine kurze Zeit auf dem gleichen Weg unterwegs ist. Der Austausch von Erfahrungen, der Rhythmus des Gehens, das gemeinsame Essen, der „beste Kaiserschmarrn der Welt", das Glas Wein, das wir zusammen trinken, schweißen uns zusammen. Die abendliche Runde vergrößert sich, immer mehr Stühle haben Platz am gemeinsamen, runden Tisch. Wir spüren alle, dass sich die Aufregung und Ungewissheit des ersten Tages gelegt hat. Vom Tal herauf grüßen die ersten Lichter von Obertilliach. Der Kirchturm der Dorfkirche wirkt wie ein aufgestelltes Streichholz. Noch heute läuten seine Glocken ab dem ersten Sonntag im Oktober bis zum Palmsonntag jeweils um 16 Uhr, als Dank für die Verschonung vor italienischem Artilleriefeuer im Ersten Weltkrieg.

Die Auseinandersetzungen zwischen Vater und Sohn aus Köln klingen schon deutlich milder, Rossana notiert einige Zeilen in ihr Tagebuch, während Sandro die letzten Sonnenstrahlen aufsaugt. Walter hat seinen Chef noch nicht angerufen und Paul sitzt stumm vor der Hütte und lebt in seinen Bildern und Skizzen.

Schwere Gewitter während der Nacht bereiten uns Sorgen. Doch am nächsten Morgen hat es wenigstens aufgehört zu regnen. Trotz dichtem Nebel und nassem Boden entscheiden wir uns für den direkten Weg auf der italienischen Seite über den Hauptkamm. Erst am Steinkarspitz wechseln wir wieder die Grenze. Im Laufe des Vormittags löst die Sonne die Nebelwände langsam auf und ermöglicht eine bessere Sicht auf den Steigen, während uns der Tiefblick auf unser Ziel, Maria Luggau im Lesachtal, leider verwehrt bleibt. Diese Etappe verlangt eine enorme Gehleistung von uns und stellt hohe Anforderung an die Kondition. Letztendlich lohnt sich aber der schwerere Weg, weil er bedeutend kürzer ist.

Einen sehr schweren Weg musste im Jahr 1513 auch die arme Bäuerin Helena aus Maria Luggau gehen. Auf einem Getreideacker hatte sie eine Traumvision der Gottesmutter, die sie aufforderte, an einer bestimmten Stelle, ihr zu Ehren eine Kapelle zu errichten. Da entschloss sie sich, die Wahrheit dieser wundersamen Erscheinung zu testen, und stellte trotz stürmischem Wetter eine brennende Kerze auf das Feld. Und so geschah ein weiteres Wunder,

Einer der markantesten Gipfel auf dem Karnischen Höhenweg ist der von großen Schutthalden umgebene Große Kinigat (2689 m).

denn drei Tage erlosch das Licht der Kerze nicht. Daraufhin besorgte sie sich von einem Holzschnitzer eine kleine, spätgotische Pietà, das heutige Gnadenbild. Lange Zeit glaubte man der Bäuerin allerdings nicht, bezichtigte sie sogar der Hexerei. Aber ihre Durchsetzungskraft und der starke Wille führten schließlich doch zum Bau einer ersten Kapelle für die Madonna. Bald zog das Vesperbild „Unserer Lieben Frau von Luggau“ viele Pilger an, so dass sich die Kapelle schnell als zu klein erwies. Wieder war es die Bäuerin, die trotz heftigen Widerstandes den Bau der ersten Kirche durchsetzte. So wanderte die Pietà mit von der kleinen Holzkapelle auf dem Acker bis zur heutigen, von Papst Johannes Paul II. zur „Basilica minor“ erhobenen Wallfahrtskirche. Den Anfang aber machte Helena, die arme Bäuerin, die sich nie von ihrem Weg abbringen ließ. In den Mittagsstunden setzt sich die Sonne endgültig durch und in der dampfenden Hitze wird es quälend schwül. Ab dem Luggauer Törl eröffnet sich uns wieder die vielseitige Blumenwelt der Karnischen Alpen. Unzählige Polster mit Alpenmohn sorgen für gelbe Farbtupfer im Gestein. Bald kommt unser Etappenziel, das Hochweißsteinhaus in Sicht. Der teilweise steile Pfad führt nun über Almwiesen mit Türkenbundlilien, Läusekraut und Teufelskralle. Wir sind froh, die anstrengende Etappe nach gut neun Stunden geschafft zu haben.

Am Hochweißsteinhaus herrscht emsige Geschäftigkeit. Aus allen Richtungen führen Wege zur Hütte. Sie liegt direkt auf dem Weg der Wallfahrer aus Sappada (Bladen) – einer der letzten deutschen Sprachinseln im Belluno – nach Maria Luggau. Einige hundert Menschen nehmen jedes Jahr am dritten Samstag im September den weiten Weg auf sich, in Erinnerung an und als Dank für die Abwendung einer Rinderseuche im beginnenden 19. Jahrhundert.

Wallfahrten in den Bergen vermitteln ein Gemeinschaftsgefühl, das mehr und mehr verlorenzugehen droht. In den Familien, im Beruf, im Verkehr und im täglichen Alltagsgeschäft spüren wir den schleichenden Verfall der Menschlichkeit. Er scheint wie ein schlimmer Virus nach und nach alle Zweige unserer Gesellschaft zu erfassen. Mittlerweile glaube ich, dass der überstrapazierte Spruch von den Bergen, an denen man Gott näher ist, eine tiefe Wahrheit in sich birgt. Da ist die Sicht nach oben, zum Himmel, aber auch nach unten, wo alles winzig aussieht und relativ wird. Auf der einen Seite der weite, offene Himmel und auf der anderen die Enge und Verschlossenheit im Tal. Für Christen weisen die Wege immer nach oben zu Gott und einer davon, wie der Innsbrucker Altbischof Stecher sagt, führt auch über die Berge.

Die kräftezehrende Etappe endet mit einem langen Hüttenabend. Schwere Gewitter und Dauerregen sind vorausgesagt und wir spüren Abschiedsstimmung. Es gilt, Entscheidungen zu treffen für den kommenden Tag. Wir müssen unseren Abstecher hinauf zum Monte Peralba (Hochweißstein) streichen und direkt nach Maria Luggau hinuntergehen. Rossana und Sandro wollen weiter in Richtung Thörl-Maglern, die Kölner brechen die Tour ab und wandern nach St. Lorenzen. Walter und Paul bleiben noch einen Tag auf der Hütte und wollen abwarten, wie sich das Wetter entwickelt. Vater und Sohn aus Köln streiten nicht mehr, haben sich ausgesprochen. Sie lachen und scherzen miteinander und ihre Erleichterung ist für uns alle spürbar. Walter hält triumphierend sein Telefon hoch und sagt, dass er es heute abgeschaltet hat. Die lange Leine zum Chef ist durchtrennt, kein Empfang mehr im Gebirge! Sandro und Rossana sitzen eng umschlungen am Tisch, im Gleichklang ihrer Gefühle. Paul sitzt vor der Hütte und lebt in seinen Bildern und Skizzen. Ein gemeinsamer Weg über einige Tage schreibt viele kleine Episoden, die sich schließlich zu einer Geschichte zusammenfinden. In den Bergen ist viel Platz, wenn Menschen bereit sind, dafür ihre Herzen zu öffnen.

Die ganze Nacht regnet es. Als wir am nächsten Morgen ins Lesachtal aufbrechen, ist es noch still in der Hütte. Nur Sandro und Rossana sind schon unterwegs, während sonst noch alle schlafen. Nach einer Stunde hört es auf zu regnen. Der Boden ist völlig aufgeweicht vom nächtlichen Gewitter und es fällt uns schwer, vorwärtszukommen. Doch je weiter wir hinuntersteigen, desto besser wird das Wetter. Als wir ein Stück den Frohnbach entlangmarschieren, blitzt schon ein wenig Sonne durch die Wolken, während sich die Gipfel noch immer nicht sehen lassen. Über Wald und Wiesen führt uns der Weg zum Ziel. Immer wieder hören wir die Glocke der Wallfahrtskirche

Nach vier Tagen endlich am Ziel: die Wallfahrtskirche Maria Luggau

Maria Luggau im Tal, so, als würde sie sich schon auf uns freuen. Ich muss an die Bittgänger aus Sappada denken und an ihre Dankwallfahrt. Aber auch für uns wird es Zeit zu danken, im Bewusstsein, dass uns vieles geschenkt wurde. Immer wieder gehen unsere Gedanken zurück zu unserem Weg nach Venedig vor zehn Jahren. Die Blasen an den Füßen, eine falsche Markierung, Überanstrengung, schlaflose Nächte, ein falscher Tritt auf den vielen Klettersteigen, alles hätte unsere Tour gefährden können. Es war, als gehe uns ein Schutzengel stets einen Schritt voraus, und unsere Alpenüberquerung wurde zum grandiosen Erlebnis.

Dir begegnet kein Unheil,
kein Unglück naht deinem Zelt.
Denn er befiehlt seinen Engeln,
dich zu behüten auf all deinen Wegen.
Sie tragen dich auf ihren Händen,
damit dein Fuß nicht an einen Stein stößt.
(Psalm 91, 10–12)

Als wir schließlich die Wallfahrtskirche betreten, empfängt uns eine wohltuende Stille. Vor dem beeindruckenden Gnadenbild mit der Madonna bleiben wir lange stehen. Sie scheint uns anzulächeln, so als wollte sie sagen: „Das hat ja ganz schön lange gedauert. Ich habe auf euch gewartet, aber jetzt seid ihr ja da."

30

SÜDTIROL

Heiligkreuzkofel

Alpine Emmausgänge

Anfahrt:	Brennerautobahn A 22, Ausfahrt Bruneck/Pustertal, SS 49 bis Bruneck, Landstraße bis Pedraces/St. Leonhard, Parkplatz bei der Bergbahnstation
Ausgangspunkt:	Talstation St. Leonhard
Wegverlauf:	St. Leonhard – Weg Nr. 7 (1365 m) – Wallfahrtskirche Heiligkreuz (2045 m) – Heiligkreuzkofel (2908 m); Kompass-WK 624 (Hochabtei – Alta Badia)
Höhenunterschied:	ca. 1550 Hm
Gesamtgehzeit:	bis zur Wallfahrtskirche ca. 2 Stunden, bis zum Gipfel des Kreuzkofels ca. 5½ Stunden
Anforderung:	Leichte Wanderung bis zum Heiligkreuzhospiz, anschl. bis zur Kreuzkofelscharte seilversicherter Klettersteig, dann mäßig steiler Anstieg zum Gipfel, ab dem Heiligkreuzhospiz ist Trittsicherheit und Schwindelfreiheit erforderlich
Einkehrmöglichkeit:	Heiligkreuzhospiz
Beste Jahreszeit:	Frühsommer bis Herbst, je nach Schneelage
Tipp:	Im Hospiz gibt es eine Übernachtungsmöglichkeit.

Schon die Anfahrt über das Pustertal lässt beim Anblick der Dolomitengipfelparade mein Herz höherschlagen. Mein Ziel ist die Wallfahrtskirche „Heiligkreuz“ über dem Dorf St. Leonhard im Abteital. Es heißt, dass sich um das Jahr 1000 ein junger Graf aus dem Pustertal, nach der Rückkehr von einer Pilgerreise ins Heilige Land, am Fuße des Kreuzkofels niederließ. Er führte dort ein Leben als Einsiedler und baute eine kleine Kapelle, die er dem Kreuz Jesu weihte.

Ich parke auf dem großen Parkplatz vor der Talstation der Bergbahn. Es ist sehr früh am Tag und der Seilbahnbetrieb startet erst in drei Stunden. Die Wallfahrtskirche auf gut 2000 Meter Höhe unterhalb des mächtigen Kreuzkofelmassivs ist für mich noch nicht zu erkennen. Dunkel, fast drohend wirken die gewaltigen Wände in der Morgenstille. Zuerst führt mich der alte Pilgerweg auf einer Teerstraße durch St. Leonhard und dann über Waldwege und Wiesenpfade weiter nach Heiligkreuz. Verstreut an den sonnenseitigen Steilhängen kleben die markanten Bauernhöfe. Diese Hofgruppen, bestehend aus Wohngebäuden, Getreidespeichern, Ställen, Mühlen und Backstuben, prägen seit Jahrhunderten das Bild des Abteitals.

Je mehr ich an Höhe gewinne, desto vertrauter wird mir der Anblick des stattlichen Felsmassivs, das nach der Kirche benannt ist. Was anfangs grau und abweisend wirkte, bekommt durch das zunehmende Sonnenlicht mehr und mehr gelbe, braune und rötliche Farbschattierungen und ich beschließe spontan, meine Tour bis auf die Kreuzkofelspitze auszudehnen. Nach knapp zwei Stunden taucht oberhalb der Baumgrenze die Wallfahrtskirche mit dem danebenliegenden, mittelalterlichen Hospizgebäude auf. Der Grundstein der heutigen Kirche wurde im Jahr 1484 gelegt. Das Gotteshaus, das so romantisch zu Füßen der Steilwände liegt, hat viel erlebt. Im Jahr 1782 ließ es Kaiser Joseph II. schließen und entwei-

Vor den steilen Wänden des Kreuzkofels: das Hospiz Heiligkreuz

hen. Es diente nur noch als Schafstall. Erst ab 1840 durften wieder Wallfahrer zur Heiligkreuzkirche hinaufziehen.
Das ehemalige Hospiz ist heute Wirtshaus und Übernachtungsmöglichkeit. Der Wirt, der das Gasthaus fast ganzjährig bewirtschaftet, sorgt nicht nur für das leibliche Wohl der vielen Ausflügler und Wallfahrer, die zu Fuß oder per Seilbahn heraufkommen, sondern versieht auch noch den Messdienst in der Kirche.
Beklemmend und finster wirken die drei Kreuze der Golgathaszene, die vor den steilen Wänden des ehrwürdigen Kreuzkofels in den Himmel ragen. Fast könnte ich mich hineinversetzen in die deprimierende Stimmung bei der Kreuzigung Christi.

Es war etwa um die sechste Stunde, als die Finsternis über das ganze Land hereinbrach. Sie dauerte bis zur neunten Stunde. Die Sonne verdunkelte sich. Der Vorhang im Tempel riss mitten entzwei und Jesus rief laut: „Vater, in deine Hände lege ich meinen Geist." Nach diesen Worten hauchte er den Geist aus. (Lk 23, 44–46)

Ich beschließe, der Kirche erst auf dem Rückweg einen Besuch abzustatten, und gehe weiter. Der Weg wird zum Pfad und führt über Geröll und Schotter immer an den Wänden des Kreuzkofels entlang. Er ist mit rot-weißen Punkten bestens markiert. Auf diese Punkte kann ich mich verlassen, selbst dann, wenn die Orientierung einmal nicht so einfach ist. Ich überlege, ob es gut wäre, wenn ich auf diese „Richtungsweiser" auch im Alltag zurückgreifen könnte, vor allem wenn es gilt, folgenschwere Entscheidungen zu treffen. Die Störung in der Beziehung, die Wahl des Berufs, die Erziehung der Kinder. Es gibt viele Krisen und Probleme, wo eine kleine Markierung gut helfen könnte. Aber mache ich mir das Leben nicht zu leicht, wenn an allen Kreuzungen und Hindernissen Wegweiser stehen? Wenn ich nicht auf meine innere Stimme hören muss? Überlasse ich anderen diese Entscheidung, stellen andere die Weichen? Benutze ich nur die bequemen und ausgetretenen Wege? Spielt sich mein Leben nur auf der Autobahn ab? Auf der Fahrt durch das Leben liegt auch viel in meiner Hand, kann auch ich die Richtung bestimmen. Nur auf der Autobahn zu fahren wäre eintönig und langweilig, richtig interessant wird es doch erst auf den Pfaden und Feldwegen, die mich durchs Dasein führen und auf denen ich mich bewähren muss.

Endlich biegt die Pfadspur in die Westwand ab. Entlang von immer neuen Felsbändern schraubt sie sich bergauf. Viele Wege führen in das Reich der Fanesgruppe, der berühmteste und schönste unter ihnen ist der Weg Nr. 7 und kommt von der Wallfahrtskirche. Er zieht sich über seilversicherte Klettersteige zur Kreuzkofelscharte hinauf. Die einzigartige Aussicht weit über das Abteital entschädigt für die Mühen des Aufstiegs in der prallen Vormittagssonne. Nach einer guten Stunde ab dem Heiligkreuzhospiz erreiche ich die Scharte. Vor mir breitet sich ein riesiges Hochtal mit den Gipfeln der Fanes aus. Viele berühmte Sagen ranken sich um ein geheimnisvolles, gleichnamiges Gebirgsvolk, das vor Urzeiten hier gehaust haben soll. Vieles deutet außerdem auf eine sehr frühe Besiedelung dieser Gegend hin.

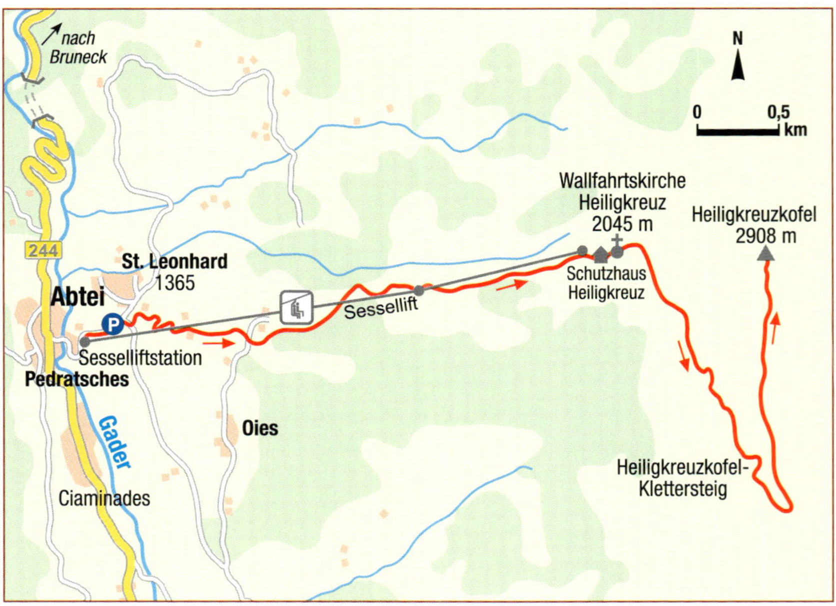

An diesem wunderbaren Sommertag hat es sich außer mir noch ein älterer Mann auf der Kreuzkofelscharte bequem gemacht und genießt die Sonnenstrahlen. Wir kommen ins Gespräch und schwärmen von den umliegenden Gipfeln und der schönen Aussicht. Nach einer Weile erzählt er mir, dass er auf einem Auge blind ist und auf dem anderen nur noch 30 Prozent Sehfähigkeit besitzt. Verwundert frage ich, wie er denn allein über den steilen Klettersteig heraufgekommen ist. „Ich war nicht allein", sagt er, „andere haben mich mitgenommen, Stück für Stück bis zur Scharte. Der Gipfel ist jetzt hier für mich. Ich war oft ganz oben, aber jetzt geht das nicht mehr. Doch ich bin glücklich hier zu sitzen, die Luft zu atmen, den Wind zu spüren, noch ein wenig dabei zu sein." Die Bescheidenheit dieses Menschen beschämt mich. Kein Berg ist heutzutage zu hoch, keine Wand zu steil, keine Schlucht zu tief, während dieser Mann froh und dankbar ist, dass er überhaupt noch unterwegs sein darf. Ich lerne sogar noch von ihm, was es heißt, jemanden glücklich zu machen, indem ich ihn mitnehme, Stück für Stück begleite und ihm Sicherheit gebe. Vielleicht ist das Vertrauen zu fremden Menschen am Berg besonders groß. Wenn wir den Anderen, unseren Nächsten, einen Teil auf dem gemeinsamen Weg mitnehmen, dann erinnern wir uns vielleicht daran, dass auch wir zu manch einem Ziel „mitgeschleppt" wurden, auf die Hilfe anderer Menschen angewiesen waren, ohne die wir aus eigener Kraft unser Ziel nie erreicht hätten.

Als ich weitergehe, ruft er mir noch nach: „Wenn du am Gipfelkreuz ein Gebet sprichst, dann schließ mich mit ein." Der Weg zur Spitze des Kreuzkofels verläuft nun oberhalb der steilen Felswände ziemlich eben und steigt erst einige hundert Meter unter dem Gipfelkreuz etwas steiler an. Unter ihren Abbrüchen, fast 900 Höhenmeter unter mir, ist deutlich die winzige Wallfahrtskirche zu erkennen, so als wollte Gott uns zeigen, dass unsere Verbindung zu ihm nie abreißt, egal wie weit wir uns von ihm entfernt haben.

Einige Bergsteiger sind schon vor mir auf dem Gipfel und machen sich für den Rückweg fertig. Sie werden den Mann auf der Scharte wieder mit hinunternehmen zum Heiligkreuzhospiz und – so wie ich – noch lange an ihn denken, da bin ich mir sicher.

Trotz des prächtigen Ausblicks auf die Marmolada, den Sellastock und den Sassongher, zählen die Begegnungen mit den Menschen unterwegs heute für mich mehr als jeder Gipfelsieg. Es sind die wertvollsten Erlebnisse einer Bergtour. Wer hier unterwegs ist, hat den Kopf freier und manches von seiner Alltagslast abgelegt. Viele, die ich im Laufe der Jahre unterwegs getroffen habe, die mit mir einen Weg gemeinsam gegangen sind, haben mir von sich erzählt, von der Umgebung, der Natur und Geschichte. Sie haben mir viele neue Einsichten eröffnet. Für diese „alpinen Emmausgänge" bin ich heute sehr dankbar.

Beim Abstieg in der Hitze der Mittagsstunden habe ich fast immer die Heiligkreuzkirche, das Abteital und die Dolomitenkulisse vor Augen. Nur in einigen wenigen, abgelegenen Bergtälern Südtirols, wie im Abteital, haben sich noch ladinische Sprachinseln erhalten. Für die älteren Menschen ist Ladinisch aber die Hauptsprache geblieben. Bevor die Römer nach und nach das ganze Gebiet des heutigen Südtirols in ihr

Der Hochaltar mit dem „kreuztragenden Christus"

Reich eingliederten, sprach man hier Ladinisch. Die Bauern übernahmen das Latein der römischen Beamten und Soldaten. Ab dem 6. Jahrhundert drangen die Bajuwaren und Langobarden in die Gebirgstäler vor, brachten ihre Muttersprache mit und verdrängten das Lateinische wieder. Die Menschen wurden zweisprachig und das Ladinische immer mehr zurückgedrängt. Nur noch ca. 30.000 Menschen sprechen heute diese Sprache, die von der Europäischen Union als Minderheitensprache anerkannt ist. In einigen Gemeinden wird sie aber noch als Schul- und Behördensprache anerkannt.

Vom Heiligkreuzhospiz dringt mir lautes Stimmengewirr entgegen. Eine große Gruppe aus Cortina d'Ampezzo macht einen Familienausflug und die vielen jungen Leute belagern die Wiesen um die Kirche herum, lachen und singen fröhliche Lieder. Es herrscht eine prächtige Stimmung und ich lasse mich gerne davon anstecken. Selbst die Golgathaszene oberhalb der Kirche mit den drei Kreuzen hat viel von ihrer tristen Stimmung verloren und wirkt nicht mehr so schreckenerregend. Am Morgen war noch die Aussage des Räubers in mir präsent, der zur linken Seite von Jesus gekreuzigt wurde: „Wenn du Christus bist, so hilf dir selbst und uns." Seine Enttäuschung und Hoffnungslosigkeit gipfeln im Abfall von Gott. Aber jetzt, in der hellen Freundlichkeit des Tages, drängt sich der Häscher an seiner rechten Seite deutlich in den Vordergrund: „Gedenke meiner, o Herr, wenn du in dein Reich kommst." Und Jesus antwortet: „Amen, ich sage dir: Heute noch wirst du mit mir im Paradies sein" (Lk 23, 39, 42, 43). In seiner größten Verzweiflung hat er sich im letzten Moment für Jesus entschieden. Weil er an den Messias glaubt, ist dieser Mann von einem Moment auf den anderen verändert. Der Tod gehört zwar zu uns, aber wir gehören ihm nicht, denn am Kreuz Christi zeigt sich, wie groß die Liebe Gottes zu uns Menschen ist. Wir haben die übergroße Freude und Gewissheit, dass wir in ihm ein neues Leben der Liebe leben dürfen.

Die Einsamkeit der Bergwelt ist wie weggeblasen. Ich setze mich auf einen Stein und betrachte lange das bunte Treiben vor den gigantischen Wänden des Kreuzkofelmassivs, bevor ich die Wallfahrtskirche betrete. Der Versuch, meine Gedanken etwas abtropfen zu lassen, gelingt mir nicht so recht. Zu sehr beschäftigen mich die Umgebung und die Erlebnisse unterwegs. Trotzdem bin ich froh und glücklich, dass ich diesen Umweg über den Berg gegangen bin.

Erst als ich das Gotteshaus betrete, empfängt mich wieder wohltuende Stille. Menschen kommen und gehen, knien in den Bänken, betrachten das Gnadenbild des kreuztragenden Christus im Hauptaltar. Sie sehen eine gequälte Kreatur, aber auch die unzerstörbare Majestät Christi. Was mögen sie bei seinem Anblick denken? Dass Jesus den Weg für uns gegangen ist? Zu seiner linken und rechten Seite sieht man Menschen, die ihn begleiten. Einer von ihnen ist Simon von Cyrene, der Jesus für kurze Zeit die Last des Kreuzes abnahm. Auch der Mann auf der Kreuzkofelscharte hat gelernt, sein Kreuz zu tragen, aber auch er findet immer Menschen, die ihn dabei begleiten und ihm tragen helfen.

Auf dem Rückweg nach St. Leonhard sehe ich die Kreuzwegstationen am alten Pilgerweg mit ganz anderen Augen. Der kreuztragende Christus geht mir nicht aus dem Kopf. Jesus wusste, dass dieser Weg mit seinem Tod enden würde, und dennoch ist er ihn zu Ende gegangen, Schritt für Schritt, trotz aller Zweifel und Angst im unauslöschlichen Vertrauen zu seinem Vater.

Vater, wenn du willst, nimm diesen Kelch von mir! Aber nicht mein, sondern dein Wille soll geschehen.
(Lk 22, 42)

Etwa 100 bis 200 Gläubige aus St. Leonhard sind jedes Jahr am zweiten Sonntag im Oktober bei der „Heimführung" des Gnadenbildes in ihre Pfarrkirche dabei. Begleitet von der Musikkapelle, den Kommunionkindern und den Ministranten begeht die Pfarrgemeinde den Umgang. Am ersten Samstag im Juni bringen sie den kreuztragenden Christus wieder hinauf zur Wallfahrtskirche. Diese kann sich über viele Bittgänge im Jahr erfreuen. Am Annatag, an Peter und Paul, an Bartholomäus und zum Fest der Kreuzerhöhung ziehen traditionell viele Wallfahrten aus nah und fern hinauf zum Hospiz und machen die Heiligkreuzkirche zu einer Begegnungsstätte zwischen Gott und den Menschen.

31

VENETO

Madonna della Corona, Monte Baldo

Kraftkammer zwischen Himmel und Erde

Anfahrt:	Brennerautobahn A 22, Ausfahrt Ala/Avio, Richtung Ala/Avio nach Brentino, in Brentino Parkplatz in der Ortsmitte
Ausgangspunkt:	Brentino, Ortsmitte
Wegverlauf:	Ortsmitte (187 m) – Via Matris (Tafeln und rot-weiße Farbmarkierungen) – Santurio Madonna della Corona (774 m) – Spiazzi (862 m); Kompass-WK 692 (Monte Baldo Süd)
Höhenunterschied:	590 Hm, bis Spiazzi 675 Hm
Gesamtgehzeit:	ca. 1½ bis 2 Stunden plus 30 Minuten über die „Via Crucis" nach Spiazzi
Anforderung:	Unschwierige Wanderung mit steilen Anstiegen
Einkehrmöglichkeit:	Mehrere Lokale in Spiazzi
Beste Jahreszeit:	Ganzjährig
Kurzvariante	
Anfahrt:	Brennerautobahn A 22, Ausfahrt Affi/Lago di Garda Sud, über Caprino, Veronese und Pazzon nach Spiazzi
Ausgangspunkt:	Parkplatz in Spiazzi oder beim Hotel „Stella Alpi". Bergab über die asphaltierte „Via Crucis" nach Madonna della Corona (Buspendelverkehr in den Sommermonaten)
Gesamtgehzeit:	ca. 20 bis 30 Minuten

September und Oktober sind die idealen Monate für Bergsteiger und Wanderer am Monte Baldo, dem südlichen Ausläufer der Veroneser Alpen. Zwischen Etschtal und Gardasee türmt sich das mächtige, 37 Kilometer lange und 11 Kilometer breite Gebirge auf. Während seine unteren Lagen dicht bewaldet oder mit Olivenhainen und Weinstöcken bewachsen sind, finden sich in den von Wind und Wetter geprägten Gipfelbereichen nur Grasnarben zwischen dem schroffen Fels.

Die Touristenmassen sind längst abgezogen und das Gebiet um den riesigen See gehört wieder den Einheimischen und den Späturlaubern, die - angezogen von der südlichen Weichheit und dem stillen Zauber der Landschaft - die letzten warmen Herbsttage genießen. Ausgedehnte Abendspaziergänge an den Uferpromenaden, wunderschöne Sonnenuntergänge und lange Ausfahrten mit den schwachbesetzten Linienschiffen machen die Region im Herbst zum Geheimtipp. Die Verkostung des neuen Olivenöls in den Ölmühlen, der Besuch der Weinkellereien und die traditionellen Dorffeste lassen zwischen den Bergtouren keine Langeweile aufkommen. Die Maronen an den Kastanienhängen des Monte Baldo haben jetzt ihre richtige, braune Erntefarbe, einen großen, sternenförmigen Strahlenkranz und eine leicht lösbare Schale.

Lichte Baumkronen, herbstfarbene Blätter und die schneebedeckten Gipfel des Monte Baldo künden vom endgültigen Abschied der warmen Jahreszeit. Nach einer Woche in den Bergen der Gardaseeregion breche ich zu mei-

Die Wallfahrtskirche klebt wie ein Schwalbennest hoch über dem Etschtal an den Felsen.

nem letzten Ziel auf, zur Wallfahrtskirche Madonna della Corona.

Der Gnadenort gleicht einer mystischen Kraftkammer. In schwindelerregender Höhe, fast 800 m hoch über dem Etschtal, klebt er an einem überhängenden Felsvorsprung. Von allen heiligen Orten, die ich besucht habe, zählt er zu denen, die mich am meisten beeindruckt haben, ein Glaubensbekenntnis aus Fels und Gestein.

Der alte Büßerweg beginnt an der Ostseite des Monte-Baldo-Massivs beim Örtchen Brentino. Nach 15 Minuten zweigt ein Pfad ab, der zu einem weithin sichtbaren Kreuz führt. Hier bietet sich ein wunderbarer Ausblick auf das Etschtal. Es fällt schwer, sich vom Blick auf diese unendliche Weite zu lösen. Die „Via Matris“ führt anschließend in vielen Treppen steil bergauf. Im kühlen Schatten zwischen Felsen und Bäumen bahnen sich die unzähligen Stufen ihren Weg nach oben und ich bin froh, nach 90 Minuten mein Ziel erreicht zu haben. Bis 1922 mussten alle Pilger diese Mühen auf sich nehmen, wenn sie den Wallfahrtsort erreichen wollten. Wie ein Nest des Friedens und der Stille liegt das Santurio versteckt zwischen Himmel und Erde an der lebensfeindlichen Steilwand. Ich fühle mich zurückerinnert an die äußerst exponierte Lage der Athos- und Meteoraklöster in Griechenland.

Die Anfänge des im 12. Jahrhundert erstmals erwähnten Ortes gehen auf eine Einsiedelei zurück, die ursprünglich zum Kloster San Zeno in Verona gehörte. Ab 1437 ging die Abtei in den Besitz der Ritter des „Heiligen Grabes" (des späteren Malteserordens) über und blieb bis zur Auflösung des Ordens (1806) in dessen Besitz.

Ein Bild mit der sitzenden Madonna und dem Jesuskind wurde hier bereits ca. seit dem 13. oder 14. Jahrhundert als „Santa Maria di Montebaldo" verehrt. Die großen Pilgerströme setzten aber erst nach der Auffindung einer siebzig Zentimeter hohen Pietà ein, die der Legende nach im Jahr 1522 in der steilen Felswand gefunden wurde. Sie soll auf wunderbare Weise von der Insel Rhodos, welche die Türken im selben Jahr eroberten, nach Italien gekommen sein. Seitdem musste die Wallfahrtskirche mehrfach umgebaut und erweitert werden. Zwischen 1975 und 1978 erfolgte sogar der Abriss und völlige Neuaufbau der Kirche samt ihren Nebengebäuden. Eng und dicht stehen sie nun beisammen, als wollten sie sich gegenseitig umklammern, damit sie nicht die steilen Abbrüche hinunterstürzen.

Das Gotteshaus ist teilweise in den Fels hineingeschlagen. Es überrascht und beeindruckt durch seine Schlichtheit im Inneren. Über dem Hauptaltar thront das steinerne Gnadenbild – die Madonna, die ihren toten Sohn beweint. Die Ruhe, die von der Pietà ausgeht, überträgt sich auch auf mich. Ich sitze lange in der Kirche, betrachte die Fotonegative des Leichentuchs Christi und die zahlreichen Votivbilder. Diese vielen gemalten Dankbezeugungen bewirken, dass die kleinen und großen Anliegen der Menschen, ihre Nöte und Sorgen, nicht im Dunkel der Geschichte verschwinden. Besonders beein-

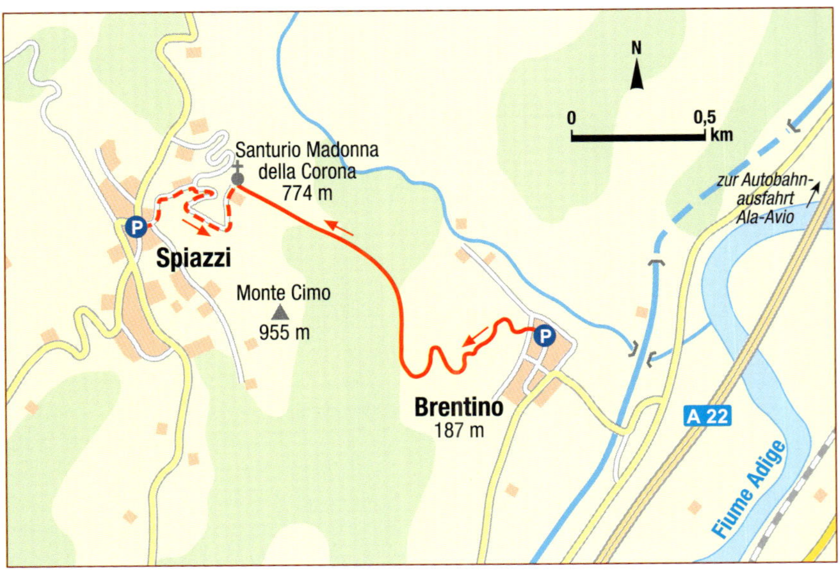

druckt mich das große Bild einer Wallfahrt von 1665, das die Bürger von Bardolino am Gardasee zeigt, die als Dank für das Geschenk des Regens nach Madonna della Corona zogen. An solchen Orten, den erschreckenden Abgrund und die steilen Felswände vor Augen, scheint die Allmacht unseres Schöpfers zum Greifen nah.

Vom Untergeschoß führt die „Heilige Treppe“, auf der viele Pilger hinaufrutschen, zu einer faszinierenden Christusdarstellung. Auf jeder Stufe büßen sie für eine Sünde, die sie meinen, begangen zu haben. Welche Lasten mögen Menschen so in die Knie zwingen? Sehr sehenswert ist auch die Sammlung „Mater Dolorosa“ mit achtzig der weltweit bekanntesten und verehrtesten Statuen der Schmerzensmutter.

Weit bequemer als über den steilen Fußweg ist der Wallfahrtsort mit dem Auto über das Dorf Spiazzi zu erreichen, das oberhalb der Kirche liegt. Die „Via Crucis“ stellt in 15 lebensgroßen Bronzegruppen den Leidensweg Christi besonders ergreifend dar. Auch wer von Brentino kommt, sollte sich diese außergewöhnlichen Kreuzwegstationen unbedingt ansehen. Am meisten beeindruckt mich die Darstellung der Begegnung Jesu mit den frommen Frauen. Sie stehen am Weg und beweinen den gequälten Christus, doch dieser nimmt ihr Mitleid nicht an, weil er weiß, dass in diesem Mitleid ihr eigenes Leid steckt. Sie sollen erkennen, dass sie über sich selbst klagen, über das Unheil, das ihnen bevorsteht.

Jesus wandte sich zu ihnen um und sagte: Ihr Frauen von Jerusalem, weint nicht über mich; weint über euch und eure Kinder! Denn es kommen Tage, da wird man sagen: Wohl den Frauen, die unfruchtbar sind, die nicht geboren und nicht gestillt haben. Dann wird man zu den Bergen sagen: Fallt auf uns!, und zu den Hügeln: Deckt uns zu! (Lk 23, 28–30)

Der Gesichtsausdruck Christi drückt für mich nicht in erster Linie den Schmerz seines Martyriums aus, sondern eine unglaubliche Traurigkeit. Vielleicht auch die Traurigkeit und Enttäuschung über den Zustand der heutigen Christenheit. Nie zuvor habe ich eine eindrucksvollere Darstellung von Kummer und Schwermut gesehen. Sein misshandeltes, menschliches Antlitz zeigt zwar Zeichen des nahenden Todes, doch auch im Schmerz behält es den Ausdruck seines göttlichen Wesens, das jede Dornenkrone überstrahlt.

Jerusalem, Jerusalem, die du tötest die Propheten und steinigest, die zu dir gesandt werden, wie oft habe ich wollen deine Kinder versammeln, wie eine Henne ihr Nest unter ihre Flügel, und ihr habt nicht gewollt! (Lk 13, 34)

Was bleibt, ist die Hoffnung und die allumfassende Liebe des lebendigen Gottes zu uns Menschen und die drückt sich in der fünfzehnten und letzten Station der „Via Crucis“ aus: die Auferstehung Christi.

32 Kurtatsch

SÜDTIROL

Über Rebhänge zur „Weinenden Muttergottes“

Anfahrt:	Brennerautobahn A 22, Ausfahrt Bozen Süd, SS 33 bis Ausfahrt Eppan/Kaltern, Landstraße über Eppan nach Kaltern
Ausgangspunkt:	Ortsteil St. Anton
Wegverlauf:	Kaltern, Ortsteil St. Anton (526 m) – Altenburg (620 m) – St. Josef am See (228 m) – Seerundweg – Kalterer See (214 m) – Camping St. Josef am See – Söll (ca. 520 m) – St. Jakob in Kastelaz – Tramin (276 m) – Kurtatsch (332 m); Kompass-WK 54 (Bozen/Bolzano)
Höhenunterschied:	Aufstiege ca. 650 Hm, Abstiege ca. 900 Hm
Gesamtgehzeit:	ca. 8 bis 9 Stunden
Anforderung:	Leichte, aber sehr lange Wanderung, Ausdauer erforderlich
Einkehrmöglichkeit:	Gasthof Klughammer am See, Gasthaus St. Jakob in Kastelaz, mehrere Lokale in Tramin und Kurtatsch
Beste Jahreszeit:	Ganzjährig

Es hat nicht viel gefehlt und meine Herbstwanderung zur Wallfahrtskirche in Kurtatsch wäre buchstäblich ins Wasser gefallen. Seit einer Woche regnet es unaufhörlich und die Wein- und Obstbauern an der Südtiroler Weinstraße bangen um ihre Erträge. Aber dann hat das Wetter doch noch ein Einsehen und schenkt den Winzern ein Zeitfenster von drei Tagen, gerade genug, um ihre Ernte einzufahren. Mir gibt das Schönwetter die Gelegenheit, doch noch meine Exkursion durchzuführen.

Ich starte in Kaltern im Ortsteil St. Anton. Über den aussichtsreichen „Kalterer Höhenweg“ erreiche ich Altenburg und schließlich in St. Josef den Kalterer See. Die Umrundung des größten natürlichen Sees in Südtirol führt meist über asphaltierte Wege. Ganze Heerscharen von Ausflüglern haben die gleiche Idee wie ich und nutzen das schöne Wetter. Ich wandere durch ein Meer von Apfelbäumen und prallen Weinstöcken. Mit ihren gelben, grünen und roten Früchten sind sie die Farbtupfer in den Plantagen. Die Stämme biegen sich förmlich unter der Last der vielen Trauben und Äpfel. Noch einmal fällt kräftiges Herbstlicht durch das Blattwerk. Die Obstbauern und ihre Erntehelfer haben allerdings keinen Blick dafür, denn bei ihnen herrscht rege Betriebsamkeit. Sie haben alle Hände voll zu tun, um die Bäume und Rebstöcke abzuernten. Von der Ruine Leuchtenburg (576 m) aus reicht die Sicht weit in das Etschtal bis nach Kaltern. Der anstrengende Auf- und Abstieg kostet allerdings viel Kraft und zusätzliche zwei Stunden Aufwand zur normalen Gehzeit. Zwischen dem Grün der Obstwiesen, der Wälder und Weinreben hebt sich das Blau des wärmsten Alpensees kontrastreich ab. Bereits im Frühjahr kann er auf Grund seiner geringen Tiefe schon eine Temperatur von 19 Grad erreichen.

Nach zwei Stunden gemütlicher Seeumrundung komme ich am Campingplatz St. Josef an, überquere die Teer-

Der Kalterer See – malerisch zwischen Wein- und Obstgärten gelegen

straße und steige nach Westen einen schmalen Weg Richtung Tramin bergauf, der mich nach einer Abzweigung zum Weiler Söll führt. Hier steht die kleine Kirche St. Mauritius, ein Kleinod inmitten von Weinbergen. Sie ist dem angeblichen Kommandeur der Thebaischen Legion geweiht. Die Legende berichtet, dass Mauritius sich weigerte, seine Soldaten zur Christenverfolgung einzusetzen. Das soll den römischen Kaiser Maximian damals so erzürnt haben, dass er den grausamen Befehl gab, die ganze Legion zu vernichten.

Die mehrfach umgebaute Kirche ist nun bereits stolze 800 Jahre alt. Im Inneren konnte der bedeutende Freskenschmuck an den Wänden erhalten werden. Besonders im Chorraum weist dieser zum Teil noch eine hervorragende Qualität auf.

Richtung Tramin führt der Weg mitten durch die hügelige Weinlandschaft. Ich atme förmlich den Duft und die Farben des Südens im schmalen Schatten der Zypressen. Auf den Höhenterrassen des Etschtals ziehen sich im Schutz des Mendelkamms endlose Rebenhänge entlang. An seinen Ausläufern, in der klimatisch besonders begünstigten Lage, sind Vernatsch- und Lagreintraube wieder bestens gediehen. Unter den roten Rebsorten werden diese in Südtirol am häufigsten angebaut. Ihre

Früchte sind so süß und saftig, dass meine Hände schon bei der Berührung der Trauben ganz klebrig werden. Sie haben ihre Arbeit getan, setzten sich nur noch der milden Herbstsonne aus, reifen und warten auf die Ernte, um uns später in Form von Wein und Saft zu erfreuen. Zwischen Rebstöcken, Zypressen und Steinmauern kann ich gut die „Seele laufen lassen", Schritt für Schritt auf den weichen Böden alter Wege. Meine Gedanken scheinen weit über das Tal zu fliegen. Eine kurze Rast an einem Wegkreuz, mein Blick geht zurück zum kleinen Kirchlein in Söll, das schon so weit und unscheinbar unter mir liegt. Dabei durfte ich gerade noch ihre große Kunst bewundern. Es lohnt sich eben, auch an den kleinen Dingen Halt zu machen und sie eingehend zu betrachten, auch sie sind Gottes Werk.

Tramin nimmt, wie Kaltern auch, eine besondere Stellung unter den Weinorten Südtirols ein. Der Ort und der Wein sind aufs Engste miteinander verbunden, denn hier ist die Heimat des Gewürztraminers. Ein ausgeprägter, aromatischer Tropfen mit dem Bukett von Rosen und Nelken. Ein Wein mit feinwürzigem Geschmack. Er gehört sicher mit zum Reizvollsten, was Europas

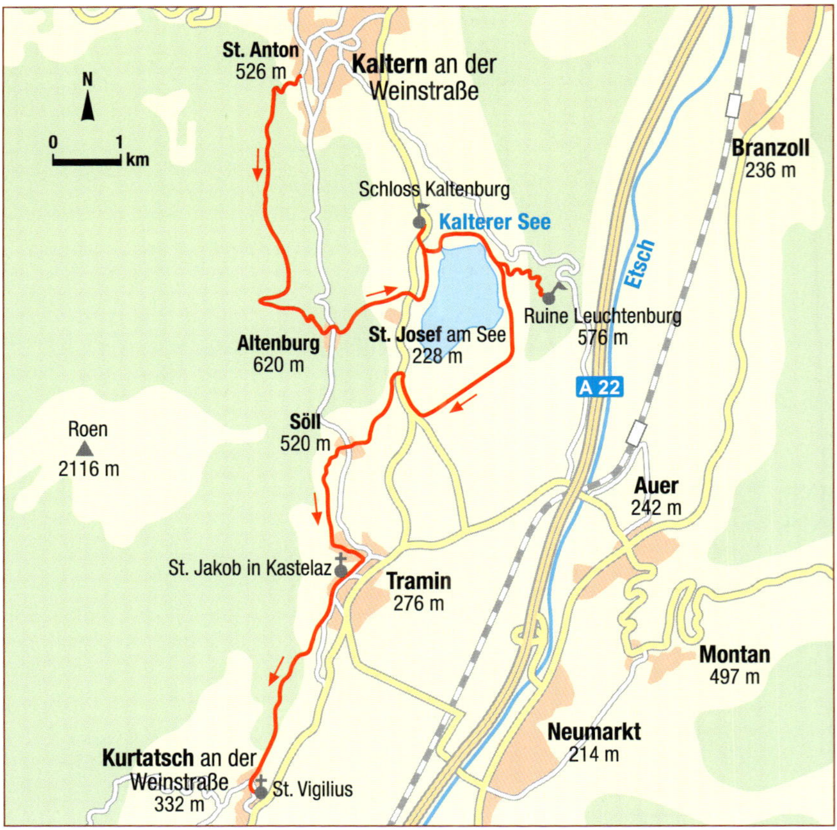

Weinberge, so weit das Auge reicht – Tramin an der Südtiroler Weinstraße

Traubenstöcke hervorbringen, und hat den kleinen, hübschen Ort bei Weinkennern berühmt gemacht. Weinberge, so weit das Auge reicht, im Tal und an den Hängen. Seit Jahrhunderten ziehen die Reben ihren Saft aus diesem Boden und prägen das Bild der außergewöhnlichen Landschaft. Sie sind mit Sonne und Regen eine einzigartige Verbindung eingegangen.

Von weitem sehe ich schon die kleine Kirche St. Jakob in Kastelaz, oberhalb Tramins. In aussichtsreicher Lage thront sie auf einem Hügelvorsprung über dem Ort. Sie wird schon im Jahr 1214 erstmals erwähnt und war einst Station der Jakobspilger, denn gegenüber der Kirche befand sich ein Hospiz, in dem diese versorgt wurden und übernachten konnten.

Berühmt sind die hervorragenden romanischen und gotischen Fresken der Kirche. In der Apsis der alten Kapelle betrachte ich himmlische Sphären, Aposteldarstellungen sowie die Grimassen schauriger Fabelwesen. Außergewöhnlich ist die Darstellung von David und Goliath, in der David dem Riesen den Kopf abschlägt. An der Westwand erkenne ich die „Hühnerlegende

Die Wallfahrtskirche St. Vigilius in Kurtatsch

von Santo Domingo", eine der bekanntesten Legenden auf dem Jakobsweg. Sie betont in besonderer Weise die Verbindung der kleinen Kirche mit dem berühmten Jakob-Heiligtum in Spanien. Am kleinen Kirchplatz mit dem Brunnen, der mit Rosen und Lavendel geschmückt ist, halte ich kurz inne, bevor ich den alten Kirchensteig hinunter nach Tramin spaziere. Dort, zwischen verwinkelten Gassen, Oleandern, Feigenbäumen und Blumenfenstern empfängt mich südliches Flair. Am Marktplatz vor der stattlichen Pfarrkirche gönne ich mir noch eine kräftige Stärkung, bevor ich mich wieder auf den Weg mache. Dieser führt mich nun durch den Laubwald oberhalb der Weinberge nach Kurtatsch.

Nach eineinhalb Stunden erreiche ich schließlich das romantische und beschauliche Weindorf, mein Tagesziel. Es besticht durch die einheitliche Bauweise der alten, gut erhaltenen Höfe, die von der jahrhundertealten Weinbautradition zeugen.

Die Pfarr- und Wallfahrtskirche St. Vigilius steht wie auf einem Sonnenbalkon, hoch über dem Etschtal. Ihr genaues Alter ist nicht mehr nachzuweisen, wahrscheinlich wurde sie aber schon im 11. Jahrhundert erbaut. Interessant ist das Taufbecken. Es trägt die Inschrift MXXXIII (1033). Wenn es das

Entstehungsjahr des Taufsteins ist, wäre er einer der ältesten Tirols. Im rechten Seitenaltar befindet sich das Gnadenbild der schmerzhaften Muttergottes. Am 28. November 1733 beobachtete ein kaiserlicher Soldat während eines Rosenkranzgebetes im „Hof an der Platten", an dem Ölbild Tropfen, die wie Tränen oder Schweiß aussahen. Vier Jahre hindurch fanden diese Erscheinungen statt, die trotz eingehender, kirchlicher Untersuchungen nicht zu erklären waren. Ab dem Jahr 1738 durfte das Bild, das mittlerweile in die Pfarrkirche überführt wurde, öffentlich verehrt werden und die Wallfahrten setzten ein. Seit dieser Zeit hörten die Erscheinungen auf und es konnten nie wieder Tropfen oder Tränen festgestellt werden. Im hinteren Teil der Kirche sind noch viele Votivtafeln von Gebetserhörungen erhalten, die an die einstige Blütezeit des Wallfahrtsortes erinnern.

Pfarrer Franz Josef Campidell erzählt mir, dass jedes Jahr Fußwallfahrer aus St. Michael bei Eppan zur schmerzhaften Muttergottes kommen. Eine feste Einrichtung ist auch der jährliche Bittgang der Bäuerinnen des Bezirks zur Fastenzeit. Ansonsten teilt sich Kurtatsch das Los mit vielen anderen Gnadenorten. Es ist ruhig geworden um den Wallfahrtsort an der Weinstraße. Heute glauben viele Menschen, alles selbst regeln zu können. Sie sind der Meinung, Gott nicht mehr zu brauchen, und vergessen ihn mehr und mehr. Wenn sie Probleme haben, gehen sie entweder zum Arzt, konsultieren einen Rechtsanwalt oder rufen ihre Versicherung an.

Ich bin der Weinstock, ihr seid die Reben.
Wer in mir bleibt und in wem ich bleibe,
der bringt reiche Frucht;
Denn getrennt von mir könnt ihr nichts
vollbringen. (Joh 15, 5)

Ich glaube, besser kann man diese ewige Verbindung zwischen Jesus und uns Menschen nicht ausdrücken. Übersehen wir vielleicht, dass die beste „Lebensversicherung", das Vertrauen auf Gott, für uns völlig beitragsfrei ist? In vielen Stellen des Neuen Testaments zieht Jesus durch Städte und Dörfer, heilt Kranke an Leib und Seele, schickt seine Jünger aus und gibt ihnen den Auftrag, Kranke zu heilen, Tote aufzuwecken, Aussätzige rein zu machen und Dämonen auszutreiben. Christus medicus, der Arzt, dessen Praxis immer für uns geöffnet ist, 24 Stunden am Tag. Außerdem halten wir den besten Schutzbrief, den es gibt, in unseren Händen. Er verheißt uns: „Siehe, ich bin bei euch alle Tage bis an der Welt Ende" (Mt 28, 20). Wen also sollen wir fürchten?

33 Maria Weißenstein

SÜDTIROL

Kleine Madonna – Große Wirkung

Anfahrt:	Brennerautobahn A 22, Ausfahrt Bozen Süd, Richtung Neumarkt/Auer bis Leifers
Ausgangspunkt:	Ortszentrum Leifers
Wegverlauf:	Leifers (280 m) – ehem. Gasthaus Halbweg (980 m) – Weißenstein (1530 m); Kompass-WK 54 (Bozen/Bolzano)
Höhenunterschied:	ca. 1250 Hm
Gesamtgehzeit:	ca. 3½ bis 4 Stunden
Anforderung:	Technisch leichte Tour, die aber Ausdauer verlangt
Einkehrmöglichkeit:	Gasthof Weißenstein
Beste Jahreszeit:	Bei entsprechender Schneelage ganzjährig

Wallfahrtsorte in Südtirol genießen meist ein besonderes Privileg: sie liegen in einer fabelhaften Landschaft. Das verhält sich auch so mit Maria Weißenstein. Vor den märchenhaften Dolomitenmassiven des Rosengartens und des Latemars, inmitten von Wiesen und Wäldern, befindet sich der bedeutendste Ort der Marienverehrung Südtirols.

Doch noch liegt eine Tour von ca. vier Stunden vor mir. In Leifers im Etschtal, mit seinen riesigen Obstgärten, beginnt der alte Pilgerweg. Ein kurzes Stück folge ich anfangs der Straße hinein ins Brantental, dann zweigt der steile Weg ab in den Bergwald. Nach knapp zwei Stunden schon sagt mir der Name des ehemaligen Gasthauses Halbweg, dass ich bereits die Hälfte der Strecke hinter mir habe. Es ist noch sehr früh an diesem Augustmorgen und außer mir ist weit und breit niemand unterwegs. Ich möchte die kühle Frische nutzen, da ich mir sicher bin, dass es später unerträglich heiß wird. Kurz folge ich der Teerstraße nach Petersberg, überquere sie schließlich, um anschließend wieder in den Bergwald einzutauchen.

Ich habe Zeit, genieße den Ausblick auf die Südtiroler Bilderbuchlandschaft und bleibe immer wieder vor den Kreuzen und Marterln stehen, lese ihre Botschaften und Geschichten, die sie mir erzählen wollen.

Als der riesige Gebäudekomplex aus Wallfahrtskirche und Kloster vor mir auftaucht, befällt mich fast etwas Traurigkeit, weil ich mein Ziel schon erreicht habe und nicht mehr „unterwegs“ bin. Zu sehr haben sich meine Gedanken schon verlaufen zwischen Bäumen, Blumen und Sträuchern. Auch „ankommen“ ist manchmal gar nicht so einfach und die Umstellung fällt mir nicht leicht.

Der riesige Parkplatz vor der Kirche ist mäßig gefüllt, aber mehr und mehr Busse mit Wallfahrern quälen sich schon die Bergstraße von Auer und Deutschnofen herauf.

Unter der Balustrade des breiten, fast schon palastähnlichen Aufgangs liegt der Eingang zu einer dunklen Gruft, in deren Mauern die Gebeine von Mönchen aus Maria Weißenstein ruhen.

Der Ursprung der Wallfahrt geht auf die Legende des Großbauern Leon-

Maria Weißenstein zählt zu den bedeutendsten Wallfahrtsorten Südtirols.

hard Weißensteiner aus dem Jahr 1553 zurück, der dem Wahnsinn verfallen war und in geistiger Umnachtung in eine tiefe Schlucht stürzte. Wie durch ein Wunder blieb er dabei unverletzt und war anschließend auch von seiner Krankheit geheilt. Zum Dank errichtete er der Gottesmutter eine Kapelle. Bei deren Bau fand sich in der Erde eine zwanzig Zentimeter große Pietà aus weißem Stein, das spätere Gnadenbild. Bald ereigneten sich die ersten Wunder und der Ruf der „Gnadenmuttergottes vom weißen Stein" verbreitete sich schnell. Diese „Ursprungskapelle", die sich heute innerhalb der Wallfahrtskirche befindet, zog sogleich die Pilgerströme aus nah und fern an. Der außerordentlich große Zulauf machte bald den Bau einer richtigen Kirche erforderlich. Die heutige Basilika im barocken Stil wurde 1654 vollendet und fügt sich harmonisch in die Fassade des Servitenklosters ein. Der Habsburger Joseph II. ordnete 1787 die Schließung des Klosters an, ließ die drei Türme einreißen, das Inventar versteigern und die Bettelmönche vertreiben. Ab dem Jahr 1800 begann man mit dem Wiederaufbau und als die Serviten nach 47 Jahren Abwesenheit schließlich wieder einziehen durften, geschah

sogar ein Wunder. In der Nähe der Kirche stand ein abgestorbener Kirschbaum, der am Tag ihrer Rückkehr wieder blühte.
Ein überaus reichhaltiger Sagenschatz erzählt von allerhand wundersamen Dingen, die sich in Weißenstein ereignet haben sollen, manche dieser Geschichten bringen einen zum Schmunzeln. Als es im nahegelegenen Deutschnofen einmal längere Zeit nicht geregnet hatte und die Wiesen und Felder schon ganz dürr waren, da beschlossen die Einwohner, nach Weißenstein zu pilgern und dort die hl. Mutter Anna um Regen zu bitten. Als die Deutschnofner dann aus der Wallfahrtskirche herauskamen und ihnen auf einmal Hagel und Schnee entgegenschlugen, da kehrten sie um und riefen zum Bildnis der hl. Mutter Anna empor: „Hl. Mutter Anna, du hasch üns nit verstanna: Wir hab'n gebet'n um an Rögn – Schnee und Schauer hascht du uns göb'n!" Eine andere Geschichte erzählt von einem Ritter, der sein Pestversprechen nicht einhielt und deshalb samt seiner ganzen Sippe starb und seither als Geist umherirren muss.
Langsam kommt Leben in das Innere der Kirche. Waren es zuerst nur einige Wanderer wie ich, die sich zwischen den Bänken verloren, füllen nun immer mehr Buspilger die Basilika. Stündlich finden Messen statt, abwechselnd in deutscher und italienischer Sprache. Für Gottesdienste im Freien steht für größere Gruppen ein überdachter Platz neben dem Kloster zur Verfügung.
In dem mit Blattgold und Blattsilber überzogenen Hochaltar erkenne ich, in einer kleinen, mit Samt ausgekleideten Nische, das Gnadenbild der Schmerzhaften Muttergottes mit dem toten Christus auf ihrem Schoß. Die kleine Ursprungskapelle des Bauern Leonhard Weißensteiner neben dem Haupteingang ist auch heutzutage Ziel aller Besucher.
Bemerkenswert ist die Vielzahl der über zwei Stockwerke verteilten Votivbilder und ihre Botschaften. Wie viel

Not und Sorge mögen die Menschen vor die Madonna di Pietralba getragen haben, Österreicher, Deutsche und Italiener! Schweigend stehen die Besucher vor den vielen Glaubensbezeugungen und lesen die Geschichten. Da dankt ein Mann, der beinahe von zwei Güterwagen zerquetscht wurde, eine Frau bewahrte für jeden Tag, an dem ihr Mann im Koma lag, das Kalenderblatt auf. Ihr Leben schien stehengeblieben zu sein, kreiste nur noch um 17 qualvolle Tage, bis er endlich erwachte. Kriegsteilnehmer aus beiden Weltkriegen danken für ihre glückliche Heimkehr. Kleine Kunstwerke und einfache Bildchen halten sich die Waage, von tiefem Glauben erzählen sie alle. Über 4000 Gnadenbezeugungen zählt Maria Weißenstein heute.

Von der außerordentlichen Beliebtheit des Wallfahrtsortes zeugt allein schon der Besuch von zwei Päpsten. Johannes Paul I., der hochverehrte „33-Tage-Papst", verbrachte als Kardinal hier sogar seine Sommerferien und auch sein Nachfolger, Johannes Paul II., ist gern ins Leiferer Tal gekommen.

Ergreifend ist die Skulptur „Begegnung der Mütter", welche die beiden schwangeren Frauen Maria und Elisabeth darstellt. Sie wurde im Jahr 2006 von der „Bewegung für das Leben" hinter dem Kloster im Freien aufgestellt und mahnt zum Schutz des ungeborenen Kindes. Die beiden Statuen sollen uns daran erinnern, dass alles, was diese um ihre Lebenschance gebrachten Menschen in ihrem irdischen Leben vollbracht hätten, für immer verloren ist und dass wir nie erfahren werden, wie sie von Gott gedacht waren, wie sie die Welt mit

Votivtafeln – Zeugen der Dankbarkeit und des Glaubens

all ihren Talenten mitgestaltet hätten. Wer könnte besser die Wertschätzung Gottes für die Kleinsten im Schoß ihrer Mütter zum Ausdruck bringen als diese beiden biblischen Frauen?

Die Servitenmönche haben an alles gedacht. Nicht nur für geistiges Wohl ist gesorgt, sondern auch für Essen, Trinken und Schlafen im Klostergasthof. Im Devotionalienladen könnte ich mich reichlich mit allerlei Andenken versorgen.

Als Selbstversorger halte ich mich allerdings etwas abseits vom allgemeinen Trubel und stärke mich oberhalb des großen Parkplatzes an einem der massiven Holztische, bevor ich mich wieder auf den Rückweg nach Leifers mache.

34

SÜDTIROL

Drei Brunnen bei Trafoi

Heiliges Wasser aus dem Eis des Ortlers

Anfahrt:	Brennerautobahn A 22, Ausfahrt Bozen Süd, Staatsstraße 38 bis Trafoi oder Autobahn Innsbruck – Feldkirch, Ausfahrt Landeck, B 180/Staatsstraße 40 bis Spondinig, Staatsstraße 38 bis Trafoi. Parken im Ort
Ausgangspunkt:	Trafoi, Hotel Post
Wegverlauf:	Mit dem Bus von Trafoi (Haltestelle Hotel Post, Abfahrt ab ca. 8.00 Uhr in den Sommermonaten) zur Passhöhe Stilfser Joch, zurück mit dem Bus bis zur Haltestelle Hotel Franzenshöhe (2189 m). Über Weg Nr. 14 (Dreifernerweg) zur Berglhütte (2188 m), dann auf Weg Nr. 15 zur Wallfahrtskirche (1605 m). Von dort in ca. 30 Minuten auf ebener Teerstraße zurück nach Trafoi (1532 m). Kompass-WK 072 (Nationalpark Stilfser Joch)
Höhenunterschied:	Abstieg ca. 680 Hm
Gesamtgehzeit:	ca. 4½–5 Stunden
Anforderung:	Lange Bergtour, die Ausdauer und Konzentration verlangt Trittsicherheit, besonders im Bereich des Gletschers erforderlich.
Einkehrmöglichkeit:	Berglhütte
Beste Jahreszeit:	Sommer

Als ich in Trafoi den Bus hinauf zum Stilfser Joch besteige, bietet mir die Ortlergruppe ein atemberaubendes Panorama. Noch sind die Tabarettaspitze, der Ortler (3905 m) und die drei Spitzen des Madatsch frei von Wolken und das Glück der Berge scheint zum Greifen nahe. Die Stilfserjochstraße, eine der höchsten Passstraßen der Welt, verbindet den Vinschgau mit dem Veltlin. Das Schwitzen überlasse ich heute ausnahmsweise dem Busfahrer. In 48 Haarnadelkurven schraubt sich sein Fahrzeug über sieben Kilometer hinauf zur Passhöhe in 2758 Meter. Erstaunlicherweise hat sich die Linienführung der Straße trotz Modernisierung seit dem Baubeginn im Jahre 1820 kaum verändert. Diente sie anfangs hauptsächlich militärischen Zwecken, so ist ihre heutige Bestimmung vor allem touristischer und sportlicher Natur. Mit einer unfreiwilligen und ungewöhnlichen Werbung machte ein gewisser Henry de Tourville im Jahr 1876 die Jochstraße weltbekannt. Er stürzte seine Frau in den Tod, indem er einen Unfall vortäuschte. Vor Gericht verstrickte er sich in Widersprüche, wurde zum Tode verurteilt und später begnadigt.

Das Wetter meint es nicht so gut, wie ich mir erhofft habe, denn je mehr wir an Höhe gewinnen, desto häufiger bauen sich Nebelwände auf. Während der Ausblick von der Passhöhe nach Westen noch grenzenlos ist, sind die vielen Spitzen der Ortlergruppe nur noch zeitweise zu sehen und verschwinden mehr und mehr hinter dichten Wolken.

Dass wir heute überall von Lärm umgeben sind, ist nichts Neues, und dass man dem gerne entfliehen möchte ebenso. Auch das ist einer von vielen Gründen, um auf Berge zu steigen. Auf dem Stilfser Joch sind diese Regeln jedoch außer Kraft gesetzt, denn der

Über die Brücke zum gnadenreichen Ort – das Bergkirchlein am Fuße des Ortlers

Massentourismus hat die Passhöhe fest im Griff. Und trotzdem, die ganze Stimmung hier ist sympathisch und international. Italienische Lebensfreude verbreitet sich überall und hat das Stilfser Joch förmlich infiziert. Bis dicht heran an die Straße stehen Motorräder, Autos, Geschäfte, Souvenirstände und Verpflegungsbuden. Es herrscht ein buntes, fröhliches Durcheinander, Volksfeststimmung den ganzen Tag. Bier- und Bratwurstgeruch verbreiten sich in luftiger Höhe. Eine Gondelbahn bringt die Menschen sogar noch bis zur Livirohütte in 3175 Meter Höhe, in das einzige Skigebiet der Alpen, in dem nur im Sommer Pistenbetrieb stattfindet. Mein Abstieg nach Trafoi beginnt aber an der Franzenshöhe. Unterhalb der gewaltigen Felsblöcke des Madatsch und der Nashornspitze, flankiert von Trafoier- und Madatschferner, zieht sich der teilweise schwierige Weg über Gletscher und Moränen zur Berglhütte. Sie ist der ideale Stützpunkt für Touren im Ortlergebiet. An dieser Stelle biwakierte 1804 auch der legendäre Josef Pichler, der „Passeier Josele", bei der Erstbesteigung des Berges.

Die mächtigen Gletscher speichern das ganze Jahr über Wasser und Schnee, bevor sie es wieder an uns verschenken, als wüssten sie, dass das kostbare Nass die Grundlage allen Daseins ist, lebenspendendes, lebendiges Wasser.

Immer mehr Nebel drückt von den

Gipfeln herunter ins Trafoier Tal, so dass mir der Blick auf die furchterregenden Wände des Madatsch und auf die kühne Linienführung der Passstraße meist verwehrt bleibt. Zwischen Lärchen und Zirben zieht sich mein Weg bergab. Frost und Eis haben hier gewaltige Massen von Schutt und Geröll aus dem Fels gelöst und mit dem Eiswasser ins Tal transportiert. Schließlich rückt auf 1605 Metern Höhe, vor der Kulisse der Madatschspitzen einer der eindrucksvollsten Wallfahrtsorte, die ich je besucht habe, in mein Blickfeld. Ein wunderbarer Ort der Stille und Besinnung in einer grandiosen Landschaft, für mich zunächst aber ein Platz der Erholung.
Die Ursprungslegende von der Entstehung des Gnadenortes zu den Heiligen Drei Brunnen geht auf das Jahr 1229 zurück. Damals sah der Viehhirte Moritz, wie plötzlich aus dem blanken Fels an drei Stellen Wasser hervorbrach. Jede der Quellen spülte ein Kreuz aus. „Vom Himmel herab seinds Komben auch in Wahrheit die heilige Engel die heilige Creiz heruntergetragen", berichtet eine Urkunde aus dem 18. Jahrhundert. Der Hirte konnte aber nur ein Kreuz festhalten, während die beiden anderen fortgespült wurden. Bald nach diesem Wunder kam auch der erste christliche Einsiedler, Johannes de Grave, aus dem Schweizer Münstertal. Man sagt, dass er auch das Gnadenbild mit der Muttergottes von dort mitbrachte. Ein erster Kreuzgang wird im Jahr 1526 erwähnt. Vermutlich verwüsteten Naturkatastrophen den heiligen

Ort und ließen ihn in Vergessenheit geraten. Später berichten Schriften von einer legendären Wiederauffindung des Gnadenbildes in den Zweigen eines Baumes. Die heutige Wallfahrtskapelle entstand in den Jahren 1701 und 1702. Bald danach kehrten auch die Eremiten zurück. Diese waren nicht nur für den Kirchen-, sondern auch für den Schuldienst im Dorf zuständig.

Befinden sich in den meisten Gnadenorten mit Quellheiligtümern die heiligen Wasser im Inneren der Kirche, so hat man hier, dreißig Meter vom Gotteshaus entfernt, ein eigenes Brunnenhäuschen gebaut. Aus Dankbarkeit über ihre glückliche Heimkehr wurde dieses zuletzt von Kriegsteilnehmern aus Trafoi im Jahr 1957 renoviert. Auf drei Sockeln stehen die Statuen von Christus mit dem Kreuz, Maria und Johannes, aus deren Brüsten über Röhren früher das eiskalte Wasser strömte. Heute rinnt es aus den Steinen einer nachgebildeten Quelle unter den Figuren in einen Steintrog.

Das heilige Wasser aus dem Inneren des Ortlers gilt als wundertätig. Es ist kalt, vereist aber selbst im Winter nicht. An seinen Rändern soll es selbst dann noch mit Grün bewachsen sein. „Wer also von drei Wasser oder Prunen getrunken, ist von Fieber, auch unterschiedlichen Krankheiten erlödigt und gesund geworden in diesem wilden Gnadenorte“, berichten alte Schriften. Allerdings soll es nur wirken, wenn man aus allen drei Quellen trinkt. Geheimnisvolles, kühles, quirliges Nass. Es reinigt und belebt die durstigen Kehlen der Bergsteiger und Pilger.

Die kleine Wallfahrtskirche kann auch viel von schweren Zeiten berichten und besonders in Kriegszeiten vertraute die Bevölkerung auf die Muttergottes von Trafoi. Zweimal beschützte sie sie vor den Franzosen. 1704 „verlahnten“ dreißig von ihnen, starben unter Lawinen und 1797 kamen sie nur bis Meran. Daraufhin fanden Kreuzgänge zu den Heiligen Drei Brunnen statt, weil „der Franzos wiederum aus Tirol geschlagen und verjagt worden ist“. Im Ersten Weltkrieg wurde Trafoi mehrfach beschossen und musste geräumt werden. In der Nähe der Wallfahrtskapelle auf dem Einsiedelboden befand sich eine Materialseilbahn, die die Soldaten in ihren Bergstellungen mit Nachschub versorgte. Dadurch geriet auch die Kapelle in die Schusslinie. Eine Granate durchschlug das Kirchendach, explodierte aber wie durch ein Wunder nicht, sondern blieb im Gewölbe liegen. Die Gottesmutter hatte den Menschen einmal mehr ihren ganz besonderen Schutz erwiesen. Immerhin war der damalige Gegner aber „ritterlich genug, die religiösen Feiern nicht zu stören“.

Das Gnadenbild der Muttergottes überwintert vom letzten Sonntag im September bis Pfingstmontag in der Dorfkirche von Trafoi. Dann wird es unter großer Beteiligung der Bevölkerung und Begleitung von Musikkapellen wieder in die Bergkirche am Fuße des Ortlers übertragen.

35

SÜDTIROL

St. Martin im Kofel

Wie der Heilige in die Höhle kam

Anfahrt:	Brennerautobahn A 22, Ausfahrt Bozen Süd, SS 38 bis Schlanders
Ausgangspunkt:	Schlanders, Pfarrkirche
Wegverlauf:	Pfarrkirche (ca.750 m) – Schloss Schlandersberg (1060 m) – Zuckbichl (1508 m) – verf. Laggarhof (1626 m) – Forra (1689 m) – St. Martin im Kofel (1740 m); Kompass-WK 52 (Vinschgau)
Höhenunterschied:	ca. 1000 Hm
Gesamtgehzeit:	ca. 4–5 Stunden
Anforderung:	Technisch leichte Wanderung mit steilem Anstieg am Anfang, Ausdauer erforderlich
Einkehrmöglichkeit:	Gasthof Egg
Beste Jahreszeit:	Frühjahr bis Spätherbst
Tipp:	Information zur Seilbahn www.gemeinde.latsch.bz.it

Der Westwind bläst trotz strahlendem Himmel stramm durch den Vinschgau an diesem Spätsommertag. Eigentlich ideal für meine Höhenwanderung über den Sonnenberg. Sie gehört sicher zum Schönsten, was der Vinschgau in dieser Beziehung zu bieten hat. Das Dorf Schlanders liegt eingebettet in einem Meer von Obstbäumen. Der Turm der Pfarrkirche Mariä Himmelfahrt gilt mit 97 Metern als der höchste Tirols. Mein Ziel ist die Ansiedlung St. Martin im Kofel mit dem gleichnamigen uralten Wallfahrtsheiligtum. Vorbei an Schloss Schlandersberg zieht sich der anfangs steile Weg in östlicher Richtung bergauf, an alten, aufgelassenen Bauernhöfen vorbei.

Ein Blick auf die endlosen Wein- und Obstgärten macht deutlich, dass dies ein fruchtbares, gesegnetes Land ist, das großzügig mit den Erträgen umge-

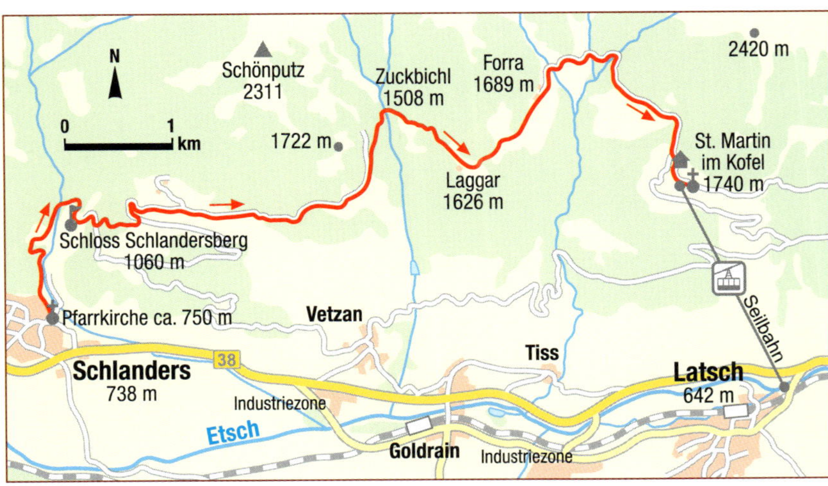

Die Wallfahrtskirche St. Martin im Kofel in steiler, ausgesetzter Lage

hen kann, die ihm seine Erde schenkt. Tief unter mir liegt der Eingang in das Martelltal, in das ich weit hineinschauen kann, und darüber eröffnet sich die unvergessliche Fernsicht auf die Ortlergruppe. Eine Landschaft voll großer Impressionen. Fragt man sich, wo Gott mit der Erschaffung der Welt begonnen hat, könnte man sagen: im Vinschgau, hier hatte er die besten Ideen. Den schönsten Ausblick habe ich von Forra und Egg aus, zwei Bauernhöfen in einer unvorstellbaren Steilheit, die auch heute bewirtschaftet werden. Noch im Jahr 1972 war das Gehöft von Egg Heimat von zwei Familien und vierzehn Kindern. Ich kann mir gut vorstellen, wie schwer das Leben früher in dieser Höhe gewesen sein muss. Ohne Zufahrtsstraßen konnte man die Höfe nur auf schmalen Steigen erreichen. In den ärmlichen Behausungen spiegelt sich der harte Daseinskampf der vergangenen Jahrhunderte wider. Ständig lebten ihre Bewohner mit der Angst vor Bergstürzen, Lawinen- und Murenabgängen. Ich kann mir selbst ein Bild davon machen, denn mehrmals sehe ich tiefe Schneisen im Bergwald, steige über herabgestürzte Bäume und vermurte Wege. Der Verlust des Viehbestandes konnte die Bauern zudem um die Existenz bringen. Da war der hl. Martin im Kofel, der Viehpatron, natürlich die erste Adresse. Wie ein Leuchtturm des Glaubens liegt die kleine Wallfahrtskirche direkt am Steilhang des Sonnenbergs. Nie zuvor habe ich ein Gotteshaus an so einem majestätischen Platz gesehen.

Der kleine Ort mit seinen etwa hundert Einwohnern besteht aus verschiedenen, teils weit auseinanderliegenden Höfen und Hofstellen und gehört zur Gemeinde Latsch, tief unten im Tal. Er weist die größte relative Siedlungshöhe

Der hl. Martin mit Mantel und Schwert im Grottenaltar der Wallfahrtskirche

der Ostalpen auf. An den steil ins Etschtal abfallenden Wiesen und Äckern erreichte einst der Getreideanbau eine Höchstgrenze. Im Vinschgau und im Schnalstal standen die exponiertesten Kornhöfe der Donaumonarchie. Bis zum Jahr 2005 unterhielt die Fraktion von St. Martin sogar eine eigene einklassige Volksschule, die aber wegen Schülermangels geschlossen werden musste.

Immerhin sieben Kilometer von hier entfernt im Tal liegt Göflan, wo man seit urdenklichen Zeiten ein Gnadenbild des heiligen Martin von Tours verehrte. Die Legende erzählt, dass der Ehrwürdige eines Tages das Dorf auf einem weißen Pferd verließ und in eine Steinhöhle hoch über Latsch hinaufschwebte. Da stiegen die Göflaner hinauf, um ihn zurückzuholen, doch am nächsten Tag befand sich der Heilige wieder in der Grotte. Schließlich nahm der Bauer Georg Platzer die Figur aus der Felsenhöhle, sperrte sie in einen Schrein und versteckte den Schlüssel unter seinem Kopfkissen. Doch es nützte nichts, am nächsten Tag stand sie wieder oben in der Höhle. Die Bauern mussten sich schließlich damit abfinden, dass der Heilige nun einmal dort oben bleiben wollte und nicht mehr in Göflan. Als erste Wallfahrtszüge einsetzten, erbaute man Anfang des 16. Jahrhunderts die heutige Kirche über die Urzelle, in der St. Martin auch heute noch verehrt wird. Die Figur ist mit einem Barockmantel bekleidet und führt ein Schwert in der Hand. Es lohnt sich, die Beleuchtung für den Grottenaltar einzuschalten, da der Heilige sonst nur recht schwer zu erkennen ist. Im rückwärtigen Teil des Innenraums befindet sich auf der rechten Seite eine Tafel aus Marmor, die den heiligen Martin mit dem Bettler darstellt. Am 1.

Mai 1510 weihte der Bischof von Veltlin die Kirche und so hält St. Martin nun seit über 500 Jahren seine schützende Hand über die Menschen und Tiere des Vinschgaus. Von den Sorgen und Ängsten, die die Bauern dem Heiligen vortrugen, erzählen die Votivtafeln. „Im Jahre 1856 hatte ich eine kranke Kue, durch Anruf der Mutter Gottes in Schnals und den hl. Martinus ist eine Stricknadel zwischen den vordern Schenkel herauskomen, und die Kue ward gleich wiederum Gesund ...".
Seit Jahrhunderten ziehen die Bauern von St. Martin am Fest des heiligen Johannes zur Gottesmutter in der Wallfahrtskirche „Unser Frau im Schnalstal". Der Grund dafür war immer derselbe: die Angst um die Existenz. Wer sie verlor, musste sich meist mit dem bitteren Los eines Knechts oder Tagelöhners abfinden.

Segne die Früchte der Erde und wende ab alles Schädliche: langwierige Nässe, Regengüsse, Hagel und Dürre. Bewahre uns vor ansteckenden Krankheiten, Feuersgefahr, Feindschaft und Krieg. Beschütze unsere Wohnungen und Fluren, segne unsere Arbeiten und lass uns zum Guten gedeihen, was wir genießen und besitzen, damit wir so durch das Zeitliche gehen, dass wir das Ewige nicht verlieren …
(Auszug aus einem Gebet zum Wettersegen)

Der Johannistag war ein wichtiger Tag für die Bergbauern, davon erzählen allein schon die vielen Wetterregeln, die auf den 24. Juni gelegt sind. „ Vor Johann bitt um Regen, nachher kommt er ungelegen" oder „Johannisregen bringt keinen Segen"; all diese Wettersprüche zeugen vom ständigen Ringen der Menschen mit den Naturgewalten.

Bereits am Tag vor dem Bittgang wird in der Kirche von St. Martin der „Engel des Herrn" gebetet. Tags darauf erfolgt um 9.00 Uhr der Start und nach zehn Stunden anstrengendem Marsch findet die Messe in der Wallfahrtskirche des Schnalstals statt. Der Weg der Bittgänger ins Tal führt über das Niederjöchl (2662 m) und das Penaudtal, einst eine bedeutende Verbindung vom Vinschgau ins Ötztal. Auf der Penauder Alm (2323 m) binden die Frauen einen Schmuckkranz aus den Blüten des Speick, den die Männer hier vorher gepflückt haben. Der Speick, auch „Klebrige Mehlprimel" genannt, ist zwar geschützt, aber für das Haupt des Herrgotts auf dem Wallfahrerkreuz, das mit einem Kranz aus Blüten geschmückt wird, ist schon mal eine Ausnahme erlaubt.
„Von jeder Familie geht mindestens einer mit", erzählt mir der Pfarrer von Unser Frau im Schnalstal. Etwa 30 bis 50 Leute aus den noch 14 bewirtschafteten Berghöfen nehmen jedes Jahr teil. Er könne sich nicht erinnern, dass die Wallfahrt jemals ausgelassen oder verschoben werden musste.
Unmittelbar neben der Kirche von St. Martin befindet sich die Bergstation der Seilbahn nach Latsch. Ihr Bau im Jahr 1959 war ein Meilenstein in der Entwicklung der abgeschiedenen Höfe und die „modernen Zeiten" hielten auch in St. Martin im Kofel Einzug. Seither können die 1100 Höhenmeter, statt in stundenlangem Fußmarsch, in nur neun Minuten bewältigt werden. Dieser Verlockung erliege schließlich auch ich, indem ich mir den zweieinhalbstündigen, steilen Abstieg ins Tal erspare. Noch einmal genieße ich den atemberaubenden Ausblick ins Tal und die Sicht auf die kleine Wallfahrtskirche in abenteuerlicher Lage.

36

SÜDTIROL

Unser Frau

„Isch halt an guata Platz“

Anfahrt:	Brennerautobahn A 22, Ausfahrt Bozen Süd, SS 38 bis Naturns, Landstraße bis Kurzras, Talschluss oder bis Unser Frau und mit dem Bus nach Kurzras
Ausgangspunkt:	Parkplatz Kurzras
Wegverlauf:	Parkplatz (ca. 2000 m) – Köflhöfe, Weg Nr 7 A – Marchegghof (1800 m) – Vernagt-Stausee (1690 m) – Seeweg Südseite – Weg Nr. 15 bis Unser Frau (ca. 1500 m); Kompass-WK 051 (Naturns – Latsch – Schnalstal)
Höhenunterschied:	Abstieg ca. 500 Hm
Gesamtgehzeit:	ca. 2½ Stunden
Anforderung:	Leichte Wanderung
Einkehrmöglichkeit:	Marchegghof
Beste Jahreszeit:	Frühjahr bis Spätherbst
Tipp:	Busfahrplan Schnalstal www.schnalstal.com oder Tourist-Info Tel. +39 0473 679148

Ich sitze schon über eine Stunde am sonnig gelegenen Marchegghof, denn Helene, die junge Bäuerin, hat mir so viel erzählt, dass ich an das Weitergehen gar nicht mehr gedacht habe. Ich bin unterwegs von Kurzras, am Ende des Schnalstals, zur Wallfahrtskirche Mariä Himmelfahrt in Unser Frau.

Neben dem Wohnhaus besitzt der Hof aus dem 13. Jahrhundert eine Mühle, einen Kuh- und Schafstall, eine Scheune und eine Hütte mit Holzvorrat. Hochinteressant ist der auf runden Säulen stehende „Vorratskasten“ aus dem Jahr 1507. Katzen, Bergschafe, Enten, Ziegen und Kälber laufen frei her-

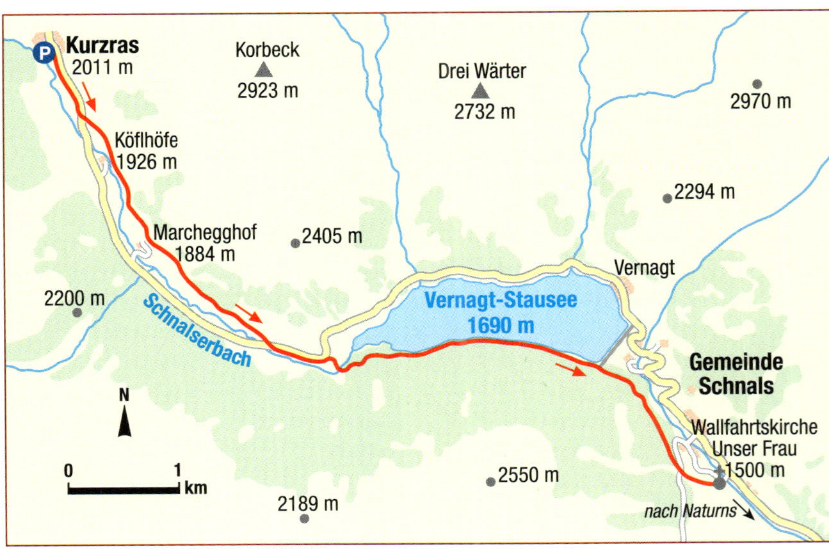

um und scheinen ein fröhliches, ungetrübtes Almleben zu führen. Viel Arbeit und Geld hat die junge Familie in den Erbhof investiert, vermietet einige Zimmer und serviert den Wanderern Getränke und kleine Gerichte. Den hervorragenden Tiroler Bauernschinken, die Käseplatte und den frischen Salat aus dem eigenen Garten lasse ich mir schmecken. Ein Südtiroler Erbhof muss sich mindestens 200 Jahre im Familienbesitz befinden und darf unter den Nachkommen nicht aufgeteilt werden. Etwa fünfzehn solcher Höfe werden im Schnalstal noch bewirtschaftet.

Nach etwa einer halben Stunde Gehzeit ab Marchegg erreiche ich den Vernagt-Stausee, der in den Jahren 1956 bis 1962 angelegt wurde. Er sammelt das Wasser der wilden Gletscherbäche aus der Texelgruppe und den Ötztaler Alpen. Eine Druckrohrleitung führt es über 1100 Meter Gefälle, 15 Kilometer weit, ins Elektrizitätswerk nach Naturns. Paradebilder zeigen einen randvollen, tiefblauen Stausee, doch bei Niedrigwasser ist noch der Turm einer Kirche zu sehen, der zusammen mit acht Häusern dem Staudamm geopfert wurde – ein gespenstischer Anblick. Noch heute zieht es die umgesiedelten, ehemaligen Bewohner und deren Nachkommen regelmäßig zurück zu ihren Wurzeln.

Der wunderschöne, gut markierte Weg führt mich entlang des Sees und anschließend hinunter nach Unser Frau.

Das Tal durchliefen früher wichtige Verbindungswege, sogenannte Urwege, vom Etschtal nach Nordtirol, zum Arlberg und ins Außerfern. Diese Urwege benützten natürlich auch die Pilger auf ihren langen Reisen nach Santiago de Compostela, Rom und ins Heilige Land. Ein Hinweis dazu ist die Kirche zum hl. Jakobus von Vent im Ötztal, die dem Apostel der Pilger geweiht ist.

Majestätisch erhebt sich die Kirche Mariä Himmelfahrt mit ihrem Zwiebelturm über den Häusern des Dorfes. Das Barockjuwel zeugt vom tiefen Glauben an die Gottesmutter über die Jahrhunderte. Schon für das Jahr 1304 ist die Wallfahrt von Schnals schriftlich bezeugt. Somit zählt Unser Frau zu den ältesten Gnadenorten Tirols.

Eine Legende erzählt von durchreisenden Pilgern, die aus „südlichen Wallfahrtsorten“, vielleicht sogar aus dem Hl. Land kamen und von dort eine kleine Marienstatue mit Kind mitbrachten. Bei ihrem Rückweg über die Alpen überließen sie einer Schnalser Bauernfamilie aus unbekannten Gründen ihr Andenken. Die Menschen im Tal fanden tiefstes Zutrauen zu dieser Statue und bauten eine Kapelle. Wunderbare Gebetserhörungen ließen viele Gläubige zur Gnadenmutter pilgern. Grund genug, um den Ort zur Wallfahrtsstätte zu erheben.

Die mehrmals umgebaute und erweiterte Kirche kann auf eine stolze, 700-jährige Geschichte zurückblicken. Der barocke Gnadenaltar enthält die nur 13 Zentimeter hohe Muttergottesstatue aus Buchsbaumholz, eine langzöpfige Madonna mit Kind aus dem 13. Jahrhundert. Vom vielen „Abbusseln“ der Statue sind die Gesichter fast nicht mehr zu erkennen. Deshalb steht die Figur jetzt geschützt hinter einer Glasscheibe. Lange Zeit waren die Wallfahrer aus St. Martin im Kofel (Tour Nr. 35) die Einzigen, die das Gnadenbild berühren durften, weil sie den weitesten Weg auf sich nahmen. An der inneren Nordwand der Kirche ist die Entstehungslegende in barocken Bildern dargestellt und beschrieben:

„Im MCCC und Im 4 Jar
ist komen ain Bilger firwar
Im disn thal ganz unbekandt
aus weidten und auch fern Landt
Auf disem koffel wie die kirchn stett
Unser frauen bildnus er funden hadt
Im gestreit und dornen hanngen
darnach hadt man angefanngen"

Ich habe Glück, denn heute ist es still in dem Gotteshaus. Außer mir sitzt nur noch ein betagtes Ehepaar aus Turin in den Bänken. Der alte Mann erzählt mir mit Tränen in den Augen, dass er sich immer gewünscht habe, noch einmal die Muttergottes von Unser Frau zu besuchen. Er war im Krieg hier und er sei dankbar, dass er sich diesen Wunsch noch erfüllen dürfe.
Vom Friedhof mit den schönen Grabkreuzen kann ich gut auf die alten, von Wind und Wetter geschwärzten Bauernhöfe schauen. Das dunkle Holz und die mit Geranien geschmückten Fenster sind ein immer wiederkehrendes Motiv dieser Landschaft, ein Wahrzeichen des Schnalstals. Malerisch breiten sie sich unter dem Kirchenhügel aus. Ein Bauer erzählt mir, dass sein Hof mindestens 400 Jahre alt ist. Auf meinen ungläubigen Blick hin meinte er: „Na ja, isch halt an guata Platz!" Die Menschen wussten anscheinend früher ganz genau, wohin sie ihre Häuser bauen mussten. Aber auch alte Steinhäuser sind noch in relativ gutem Zustand. Ein uraltes Gebäude aus dem 14. Jahrhundert, einst Gericht, Gefängnis und Gasthaus, wird noch von einer 91-jährigen Frau und ihrem 83-jährigen Mann bewohnt. Während sie liebevoll ihre Blumen rund ums Haus pflegt, erklärt sie mir verschmitzt lachend: „Ich hab mir halt einen Jüngeren angelacht." Sie habe drei Töchter und vier Söhne. Einer hat noch keine Frau, auf den müsse sie noch aufpassen. So hören eben die Sorgen bis ins späte Alter nicht auf.
Ich habe noch Zeit, denn der Bus, der mich zurück nach Kurzras bringt, fährt erst in einer Stunde. Noch einmal nehme ich Platz in der Kirche, betrachte die prächtigen Altäre und Votivbilder. Das Kircheninnere ist ein wahrer „Heiligenhimmel", weil hier – laut Kirchenführer – so viele heilige Frauen und Männer um Fürsprache bei Gott angerufen werden können.
Immer wieder muss ich an die alte Frau und ihren unverheirateten Sohn denken. Ist es echte Sorge oder kann sie nur nicht loslassen? Ich kenne die Beweggründe der beiden natürlich nicht, aber mir wird wieder einmal klar, wie wichtig es ist, Kinder nicht nur an der Hand zu nehmen und zu führen, sondern sie auch zu lehren, rechtzeitig fortzugehen, damit sich ihr Leben erfüllen kann.
Ich schaue zum Gnadenbild der kleinen Madonna auf dem Thron, mit dem Jesuskind im Arm. Auch die Gottesmutter musste ihren geliebten Sohn ziehen lassen, sein ganzes Leiden mit ansehen, damit er seinen vorgezeichneten Weg gehen konnte. Genau wie sie, sollten wir auf den Gott vertrauen, der uns beim Namen rief, in der Gewissheit, dass er immer um uns ist und uns den richtigen Weg zeigt.
Die steile Treppe zur Madonna sind schon viele Wallfahrergruppen hinaufgestiegen, aber vom Pfarrer erfahre ich, dass außer den Leuten von St. Martin im Kofel keine großen Bittgänge mehr zur Gottesmutter vom Schnalstal stattfinden. Aber der Strom der Bus- und Einzelpilger sei ungebrochen, denn Unser Frau ist nun einmal „an guata Platz".

37 Riffian

SÜDTIROL

Die sieben Schmerzen der Madonna

Anfahrt:	Brennerautobahn A 22, Ausfahrt Bozen Süd, Schnellstraße 38 bis Meran Süd, SS 44 Richtung Passeiertal bis Kuens, Parken bei der Kirche
Ausgangspunkt:	Kuens, Kirche
Wegverlauf:	Parkplatz oberhalb der Kirche (ca. 600 m) – Riffianer Waalweg – Rösslhof – Wallfahrtskirche Riffian (504 m); Kompass-WK 53 (Meran und Umgebung)
Höhenunterschied:	Abwärts ca. 100 Hm
Gesamtgehzeit:	ca. 1 Stunde
Anforderung:	Leichte Wanderung
Einkehrmöglichkeit:	Mehrere Lokale in Kuens und in Riffian
Beste Jahreszeit:	Ganzjährig, je nach Schneelage

Ende Oktober ist die Luft noch warm und angenehm mild im Passeiertal. Das berühmte Kurklima breitet sich in den Tälern oberhalb Merans aus, während auf dem Jaufenpass der Schnee auf den Felsen und Hochalmen bereits den Winter ankündigt. Ein langer, goldener Herbst im historischen Herzstück Südtirols, dem ehemaligen Herrschaftsbereich der Burggrafen von Schloss Tirol, neigt sich langsam und unwiderruflich seinem Ende zu.

Meine Wanderung zur Wallfahrtskirche „Zu den Sieben Schmerzen Marias“ in Riffian beginnt in Kuens. Das Gedächtnis der Schmerzen Mariens begeht die katholische Kirche am 15. September. Sie preist Marias Mitleiden im Leben Jesu als Mutter und als Verkörperung der Kirche und Beispiel für alle Gläubigen. Zu den sieben Schmerzen zählt nicht nur die Qual, die ganze Passion miterleben zu müssen, sondern auch die ständige Entfremdung des Gottessohnes von der Mutter, z. B. bei der Suche des zwölfjährigen Jesus im Tempel oder bei der Zurückweisung Marias während der Hochzeit zu Kanaan:

Jesus spricht zu ihr: Was geht's dich an, Frau, was ich tue? Meine Stunde ist noch nicht gekommen.
Seine Mutter spricht zu den Dienern: Was er euch sagt, das tut. (Joh 2, 4–5)

Den Schmerz der Muttergottes drückt eines der häufigsten christlichen Motive am deutlichsten aus: die Pietà, das sogenannte Vesperbild, eine Darstellung, die niemanden kaltlässt. Mit dem Leichnam Jesu in den Armen wird sie zum Sinnbild für Trauer und Leid. Trotzdem bleibt ihr unerschütterlicher Glaube.

Der reizvolle Riffianer Waalweg verläuft ab Kuens meist im schattigen Hochwald bis zum Rösslhof oberhalb der Kirche. „Waale“ sind künstliche Kanäle, die man ab dem 13. Jahrhundert in Südtirol zur Bewässerung anlegte. Der Name leitet sich wahrscheinlich aus dem lateinischen Wort „Aqualis“ (Wasserlauf) ab. Zur Reparatur und zur Pflege dieser Kanäle wurde ein meist schmaler Weg errichtet, der sogenannte „Waalweg“. Ein eigens bestimmter „Waaler“ sorgte für die Instandhaltung

Lohnendes Ziel am Eingang des Passeiertales – die Wallfahrtskirche zu den Sieben Schmerzen Marias in Riffian

und ordnungsgemäße Verteilung des Wassers, besonders in den trockenen Sommermonaten. Heute sind aus den Pfaden entlang der Bewässerungsanlagen beliebte Wanderwege geworden, die ganzjährig begehbar, aber teilweise auch verrohrt sind.
Seit dem September 2010 weist der „Riffianer Waalweg" eine weitere Besonderheit auf, den Besinnungsweg „Zu den Sieben Schmerzen Mariens". Der Gsieser Bildhauer Hartmut Hintner schnitzte sieben eindrucksvolle, ca. zwei Meter hohe Stelen aus Zirbenholz und stellte sie entlang des Weges auf. Sie sind sieben Themen zugeordnet: „Leid ist Leben – Finde deinen Ort – Gib nicht auf – Wage das Leben – Ich bin da – Lebe – Sei bei mir". Ziel des Künstlers war es, die Thematik der sieben Schmerzen auf unsere Zeit zu übertragen, was ihm – in Verbindung mit den ergreifenden Texten im Begleitheft von Burgl Pircher aus Riffian – hervorragend gelungen ist. Abseits von Hektik und Lärm und inmitten herrlicher Natur wird der Waalweg zu einem Pfad der Meditation. Jeder Betrachter kann sich eine oder mehrere Stationen aussuchen, von denen er glaubt, dass sie in irgendeiner Form für ihn zutreffen oder ihn besonders ansprechen. Viel Muße wäre nötig, um sich eine meditative Versenkung in jedes einzelne Bild zu erlauben, dann gäbe es manch Neues zu entdecken. Die Besucher des Besin-

nungsweges sollten deshalb etwas Zeit mitbringen. Was am Ende des Weges bleibt, ist die Einsicht, dass Leid und Schmerz zum Leben dazugehören. Doch wie ein roter Faden zieht sich auch die Erkenntnis über die sieben Stationen, dass wir auf die Liebe Gottes jetzt und in Zukunft vertrauen dürfen. Mit diesem Vertrauen in der Wallfahrtskirche anzukommen, ist ein sehr schönes und beruhigendes Gefühl.

Die Legende berichtet, dass ein Bauer einst im Flussbett der Passer mehrmals einen sonderbaren Lichtschein bemerkte. Als dieses Phänomen bald auch von Nachbarn beobachtet wurde, suchte man an der erwähnten Stelle nach der Ursache der unerklärlichen Erscheinung. Zwischen Geröll und Sand fanden die Bauern schließlich das Gnadenbild der „Schmerzhaften Muttergottes" und man beschloss, an einem besonderen Platz eine würdige Kapelle zu errichten. Der Bau kam jedoch nicht so recht voran, denn mysteriöse Unfälle überschatteten und verzögerten die Arbeiten. Was tagsüber mühsam aufgebaut wurde, stürzte in der Nacht wieder zusammen.

Die Leute beobachteten eine Schar Vögel, die die vom Blut der Handwerker getränkten Holzspäne auf einen nahen Hügel flogen. Sie erkannten den Hinweis der Gottesmutter und errichteten dort, unfallfrei und ohne weitere Zwischenfälle, die endgültige Kapelle.

Der heutige barocke Kirchenbau aus dem 17. Jahrhundert folgte einem gotischen Gotteshaus, das erstmals im Jahre 1310 erwähnt wurde. Erste urkundliche Belege von Wallfahrten stammen aus dieser Zeit. Bereits im Jahr 1395 sind Pilger aus dem Vinschgau nachweisbar. Im Jahr 1498 wurde einem Mann aus Eppan eine Bußwallfahrt wegen „unglücklichem Totschlag" aufgetragen.

„700 Jahre Wallfahrt Riffian" ist auf einem Schriftband am Portal zu lesen und mir wird die besondere Bedeutung

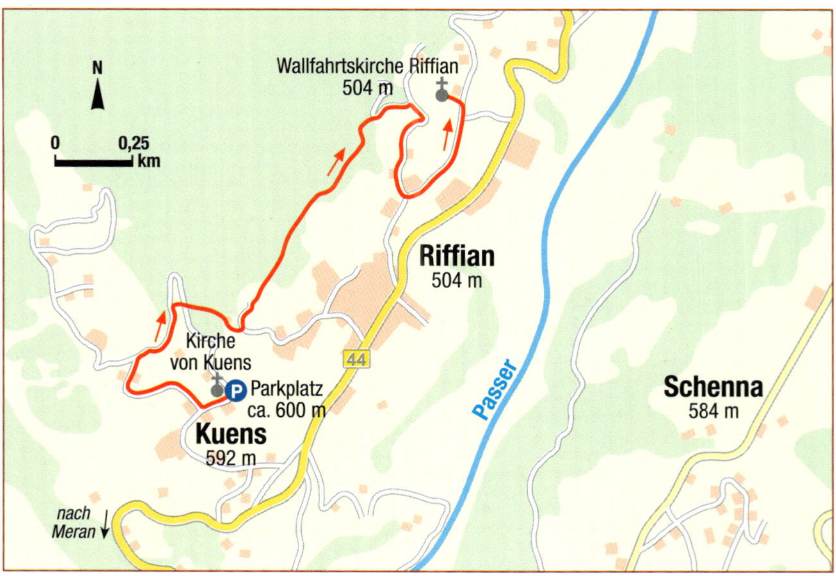

dieser Kirche klar. Riffian ist der bekannteste und wichtigste Wallfahrtsort von Meran und Umgebung. Die Statuen der Kirchenpatrone (Johannes der Täufer und der hl. Nikolaus) an der Stirnseite deuten auf die enge Verbindung mit der Urpfarre Dorf Tirol und der Pfarrkirche von Meran hin. Im Inneren richtet sich mein Blick sofort auf den Hochaltar, einen der schönsten Südtirols, mit der Pietà. Der Blick Marias wirkt verklärt und weltentrückt. Sieben barocke Engel umrahmen die Gnadenfigur und symbolisieren die sieben Schmerzen der Madonna: die Darstellung Jesu im Tempel, die Flucht nach Ägypten, der Verlust des zwölfjährigen Jesus im Tempel, die Begegnung zwischen Jesus und seiner Mutter am Kreuzweg, Kreuzigung und Kreuzestod, die Beweinung Christi nach der Kreuzabnahme und schließlich die Grablegung. Über dem Tabernakel stehen zwei Engel. Der linke weist mit der Hand auf die Madonna und ihr Leben hin und der rechte Engel zeigt auf den Tisch des Herrn, an dem wir Brot und Wein erwarten dürfen.

Ein besonderes Juwel der Kirche ist der uralte Taufstein mit fünf Symbolbildern, die das Taufgeheimnis deuten. Eine nackte Frau (Eva?), ein Knabe und ein gebeugter Mann, welche mit Löwen kämpfen, weisen auf den Kampf zwischen Gut und Böse hin, der mit Hilfe des Glaubens zugunsten der Christenheit entschieden wird.

Beeindruckend ist auch die Friedhofskapelle neben der Kirche, die ursprüngliche Gnadenkapelle. Sie ist innen und außen mit zahlreichen, kulturhistorisch höchst bedeutenden Fresken ausgestaltet, wie wir sie besonders in Südtirol noch häufig finden. Der böhmische Meister Wenzeslaus malte im Jahr 1415 die Kapelle mit Szenen aus dem Neuen und Alten Testament aus.

In Riffian herrscht noch reger Wallfahrtsbetrieb, davon zeugen schon allein mehrere Pilgerwege, die hier enden. Die Bevölkerung hält die Kirchentradition noch hoch in Ehren. Am Sonntag nach Martini wird das „Übersetzungsfest", die Erinnerung an die Übertragung des Gnadenbildes in die Kirche im Jahre 1749, festlich begangen. In den ersten drei Maitagen halten die Gläubigen das vierzigstündige Gebet in der Wallfahrtskirche ab. Diese „Maientage" in Riffian mitzufeiern, gilt für viele Menschen aus nah und fern als eine begnadete Zeit. Ich glaube, die alten religiösen Bräuche sind wie eine schützende Haut für christliches Leben und wirken wie ein allgegenwärtiger, guter Geist.

Die Stationen des Besinnungsweges wollen mir nicht aus dem Kopf gehen, so dass ich in aller Stille auf dem gleichen Weg zurück nach Kuens wandere. Natürlich nehme ich mir jetzt viel mehr Zeit und bleibe an jedem Besinnungspunkt länger stehen. Besonders die vierte Station mit der Bezeichnung „Wage das Leben" hat es mir angetan. In ihrer Not und Ausweglosigkeit schaut eine Frau zum Gipfelkreuz des gegenüberliegenden Ifinger. Ich bin auf so manchem Klettersteig unterwegs und muss mich an Seilen und Haken festhalten. Oft sind solche Passagen nicht ungefährlich. Viele Eisenleitern dienen als Aufstiegshilfen an den Felsen der Klettersteige. Sie sehen aus wie Wege, die die Erde verlassen und direkt in den Himmel führen. Doch das täuscht, denn alle Wege dorthin führen für Christen über das Kreuz, das Kreuz Christi, und das steht auf dem Gipfel ...

38

SÜDTIROL

Bad Dreikirchen am Ritten

Heilige Quellen über dem Eisacktal

Anfahrt:	Brennerautobahn A 22, Ausfahrt Klausen, SS 12 bis Waidbruck, Landstraße bis Barbian, Parken im Ort
Ausgangspunkt:	Barbian, Ortszentrum
Wegverlauf:	Ortszentrum (820 m) – Bad Dreikirchen (1120 m); Kompass-WK 56 (Brixen/Bressanone)
Höhenunterschied:	ca. 300 Hm
Gesamtgehzeit:	ca. 1 Stunde
Anforderung:	Leichte Wanderung
Einkehrmöglichkeit:	Messnerhof Bad Dreikirchen
Beste Jahreszeit:	Frühjahr bis Spätherbst. In schneearmen Wintern ist der Weg auch ganzjährig begehbar, allerdings sind der Messnerhof und die Kirchen geschlossen.

Unsere Italienurlaube mit Sack und Pack, mit Kind und Kegel, begannen meist schon nach dem Brenner auf der Autobahn. Während der Fahrt durch das Eisacktal steigerte sich beim Anblick der unzähligen Burgen und Kirchen und der prallen Obstplantagen unsere Vorfreude derart, dass wir es nicht erwarten konnten, anzukommen, im „Land, wo die Zitronen blühen", am Meer oder am Gardasee. Unsere Neugier, wie es eigentlich hinter

Blick von Bad Dreikirchen auf den Schlern

der Kulisse dieses herrlichen Landstrichs aussieht, der mit so viel Fruchtbarkeit gesegnet ist, blieb stets ungestillt. Nie schenkte uns der hektische Drang nach Süden Zeit für einen Zwischenstopp im Eisacktal. Erst Jahre später, als die Kinder erwachsen wurden und ihre eigenen Wege gingen, das Baden, die Sandburgen, die Gelaterias und Pizzerias längst an Popularität eingebüßt hatten, kamen für uns Zeit und Muße für eine längere Rast in Klausen. Nach einer Besichtigung des ehrwürdigen Klosters Säben, dem „heiligen Berg Südtirols", sitze ich mit meiner Frau in einem kleinen Straßencafé mitten in der belebten Altstadt. Wir sind beeindruckt von der religiösen Kraft, die seit Jahrhunderten von dieser Abtei ausströmt, und kommen mit einer jungen Frau aus Tirol ins Gespräch, die uns von einer Tour auf das Rittner Horn vorschwärmt. Ganz beiläufig erwähnt sie dabei auch den Weiler Bad Dreikirchen mit seinen sonderbaren Gotteshäusern. Neugierig gemacht von der ansteckenden Begeisterung der Tirolerin, entscheiden wir uns spontan, den drei Kirchen einen Besuch abzustatten. Unseren Wagen parken wir in Barbian, bekannt durch seinen Kirchturm, der schiefer steht als der Turm von Pisa. Von dort wandern wir über Wiesen und durch Wälder nach Dreikirchen, das bis heute nur zu Fuß erreichbar ist. Schon nach wenigen Minuten empfin-

St. Nikolaus, St. Magdalena und St. Gertraud – an einem Ort, an dem man Stille fühlen und erleben kann

den wir die Wanderung als Wohltat für unsere Sinne. Der Verkehrslärm ist kaum noch wahrzunehmen, erinnert uns höchstens an das Summen von Bienen. Im Osten bauen sich die Dolomitenberge wie eine riesige Steinmauer über dem Eisacktal auf und tief unter uns erhebt sich, als mächtige Festung des Glaubens, das Kloster Säben.

Der kleine Badeort Dreikirchen überrascht durch seine Idylle. Wir fühlen uns in längst vergangene Zeiten zurückversetzt, als sich die „schönsten Wochen des Jahres“ noch „Sommerfrische“ nannten. Den Quellen an den steilen Berghängen sagt man seit Urzeiten heilende Wirkung nach und diejenigen, die davon tranken, erhofften sich Fruchtbarkeit und neue Energie. Der Legende nach sollen hier in heidnischer Zeit die sagenhaften drei Jungfrauen gelebt haben, die im ganzen Alpenraum berühmt waren. Das hier vermutete vorchristliche Frauenheiligtum gilt auch als Ursprung der Bittgänge nach Dreikirchen.

Unterschiedliche Legenden erzählen, weshalb ausgerechnet drei Andachtsorte hier entstanden sind. Eine Geschichte berichtet von drei Bischöfen, die verfolgt wurden und hier drei Kirchen errichteten. Vielleicht hat man sie aber auch nur in Anlehnung an die drei Jungfrauen gebaut. Die Kirchen stehen unter dem Patronat des hl. Nikolaus, der hl. Magdalena und der hl. Gertraud. Die Gertraudskirche ist erstmals im Jahr 1237 erwähnt, während die bei-

den anderen Gotteshäuser etwa 200 Jahre später entstanden. Die Schlüssel holen wir uns beim nahegelegenen Messnerwirt.
Nur durch viel Geduld und gutes Zureden lässt sich die Pforte der Gertraudskirche öffnen. Sie ist das größte der drei Gotteshäuser, welche von hinten fast ein wenig so aussehen wie brütende Hennen. Im Kirchenschiff steht die Patronin mit Spinnrocken und Schale, dahinter erkennen wir die Apostel und darüber eine Kreuzigungsszene. Links davon, im Altar, die Gottesmutter, die dem Jesuskind einen Apfel reicht. Auf der rechten Seite befindet sich das Taufbecken, in dessen Wasser sich auch eine Verbindung zum alten Frauenheiligtum herstellen lässt.
In der Magdalenenkirche ist ebenfalls hauptsächlich weibliche Heiligkeit anzutreffen. Im Hauptaltar wird Maria von Gottvater und Christus zur Königin des Himmels gekrönt. Bis auf den hl. Martin sind die Frauen unter sich: Barbara, Katharina, Magdalena und Margareta.
Erst in der dritten Kirche, St. Nikolaus, sind die Männer wieder stärker präsent. Im spätgotischen Flügelaltar setzen zwei Engel dem Heiligen die Mitra des Bischofs auf.
An der Außenfassade der Gertraudskirche erkennen wir in Fragmenten den heiligen Christophorus, der das Jesuskind durch das Wasser trägt. Ich erinnere mich an die vielen Christophorus-Darstellungen im Alpenraum, z. B. jene in Heiligenblut in Kärnten (Tour Nr. 28) oder in Ettenberg im Berchtesgadener Land (Tour Nr. 12). Seit jeher ist der Heilige der Schutzpatron der Reisenden und Pilger, welche in früheren Zeiten nicht selten reißende Gebirgsflüsse überqueren mussten und auf unsicheren und schlechten Straßen unterwegs waren.
Nur noch ein Bittgang nach Dreikirchen findet pro Jahr statt. Am Samstag nach Christi Himmelfahrt ziehen bereits um sechs Uhr morgens ca. 20 bis 30 Gläubige von Barbian herauf. Die Messe wird in der Magdalenenkirche abgehalten, denn dort lassen sich noch die Glocken läuten und auch die Messgewänder sind hier aufbewahrt.
Nachdem wir dem Messnerwirt die Schlüssel zurückgebracht haben, setzen wir uns in den gemütlichen Gastgarten, denn wir brauchen eine Pause nach den vielen Informationen, Bildern und Eindrücken, die uns die drei Kirchen vermittelt haben.
Das Gasthaus ist bekannt für seine Südtiroler Speisen in allen Variationen. Eine besondere Spezialität auf der Speisekarte ist das Knödeltris, worauf der Wirt sehr stolz ist. Kasnocken-Knödel, Spinatknödel und Rote-Beete-Knödel serviert er uns auf zerlassener Butter, dazu einen guten Tropfen Rotwein aus dem Eisacktal, der sanft seine Wirkung entfaltet. Kulinarische Köstlichkeiten, die unserem Tag einen weiteren Höhepunkt hinzufügen.
Wer von der guten, alten Sommerfrische schwärmt, ist hier bestens aufgehoben. Er befindet sich in nobler Gesellschaft, denn schon Christian Morgenstern, Sigmund Freud und Franz Defregger entflohen hier dem „lärmenden Stadtleben" und genossen die gepflegte Langeweile mit Bergpanorama und duftenden Almwiesen. Badebetrieb findet in Dreikirchen übrigens noch immer statt. Ein besonderer, verträumter Ort am Fuße des Rittner Horns, dem wir nichts mehr wünschen, als dass ihm noch lange eine Autozufahrt erspart bleiben möge.

39

SÜDTIROL

Latzfonser Kreuz

Der schwarze Herrgott

Anfahrt:	Brennerautobahn A 22, Ausfahrt Klausen, Landstraße nach Latzfons und weiter auf sehr enger, kurvenreicher Straße bis zum Parkplatz bei der Kaserеckalm
Ausgangspunkt:	Parkplatz Kasereck
Wegverlauf:	Parkplatz (ca. 1930 m) – Latzfonser Kreuz (2310 m); Kompass-WK 56 (Brixen/Bressanone)
Höhenunterschied:	ca. 380 Hm
Gesamtgehzeit:	ca. 2 Stunden
Anforderung:	Leichte Wanderung über Wiesen- und Schotterwege
Einkehrmöglichkeit:	Jausenstation Käserei Jochalm, Schutzhaus Latzfonser Kreuz
Beste Jahreszeit:	Frühjahr bis Herbst

Gut 300 Jahre ist es jetzt her, dass die Menschen der Ortschaften Latzfons und Villanders in den Sarntaler Alpen von grauenhaften Gewittern heimgesucht wurden. Um 1700 soll es besonders schlimm gewütet haben, denn drei Jahre hintereinander tobten fürchterliche Unwetter bis hinunter nach Klausen. Dramatische Flutkatastrophen und Hagelschläge verursachten große Schäden. Alles Bitten, Beten und Flehen der verzweifelten Bauern zeigte keine Wirkung. Schließlich schlug ein Geistlicher vor, nach einem Kruzifix zu suchen, dem man noch keine Ehre erwiesen hatte. Nach langem Nachfor-

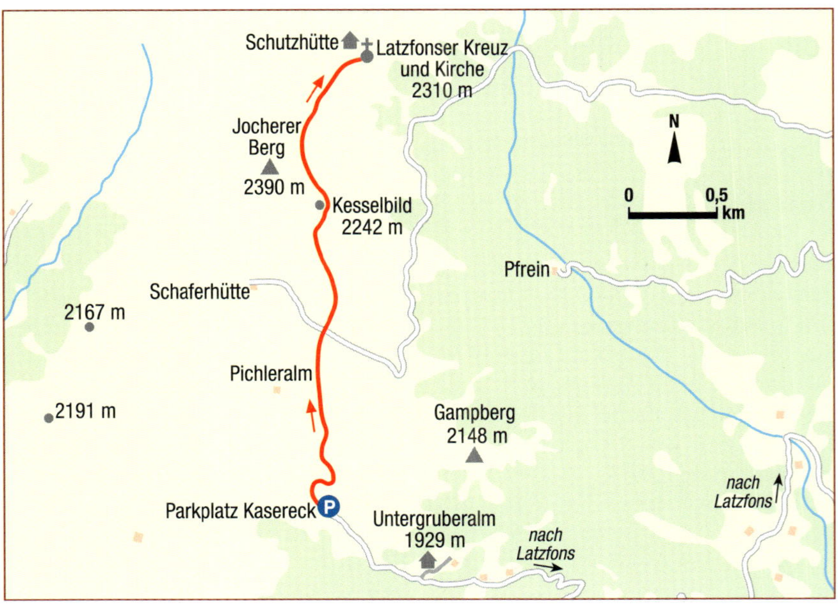

Wallfahrtskirche Latzfonser Kreuz (2310 m) mit Blick auf Langkofel und Rosengarten

schen kam endlich in einer Totengruft, unter allerlei Gerümpel, ein schwarzer Herrgott zum Vorschein. Auf Anraten des Pfarrers trugen sie das Kreuz in einer Prozession den Berg hinauf in Richtung Kassianspitze, die nach dem heiligen Kassian benannt ist, einem Schutzpatron Südtirols, dessen Reliquien im Brixener Dom verehrt werden. Dreimal wollten sie ihn unterwegs abstellen, doch jedes Mal rief eine deutliche Stimme: „Nein, da nicht!“ Erst als sie das Kreuz bis auf 2300 Meter getragen hatten, meldete sich die Stimme nicht mehr.

Die erste Kapelle errichteten die frommen Bauern im Jahr 1743. Sechzig Jahre später kam ein Pilgerhospiz dazu und 1868 entstand die Kirche. So steht der schwarze Herrgott bis heute hoch über Villanders und Latzfons und schickt seinen Segen über das Land.

Lange wusste man nicht, was es mit der schwarzen Bemalung der Christusfigur auf sich hat. Heute ist klar, dass es sich um einen Schutzanstrich aus Baumharz und Ochsenblut handelt.

Der schönste und kürzeste Weg zum Latzfonser Kreuz beginnt am Parkplatz bei der Kasereckalm (1929 m). Der Pfad führt, vorbei an glücklichem Fleckvieh, ideal durch sanftes Wiesengelände, so dass ich nur allmählich an Höhe gewinne. Ich habe viel Zeit an diesem herrlich klaren Tag im Frühherbst, bleibe immer wieder stehen und blicke staunend auf das Gipfelmeer der Dolomiten, aus dem Langko-

fel, Schlernmassiv, Rosengarten und Latemar herausragen.
Langsam wird der Boden felsiger. In der Ferne ist die Kassianspitze zu sehen und darunter die Wallfahrtskirche mit dem Schutzhaus Latzfonser Kreuz. Nach insgesamt zwei Stunden Gehzeit habe ich mein Ziel erreicht. In der Hütte oberhalb der Kirche herrscht noch schläfrige Morgenruhe, niemand ist zu sehen. Ich bin überrascht von der Größe und Geräumigkeit des Gotteshauses in dieser Höhe. Durch die beiden Fenster der Apsis dringt grelle Morgensonne in den Innenraum. Es entfaltet sich eine fast magische Stimmung, denn im hellen Schein ihrer Strahlen ist der schwarze Christus im Hochaltar wie von göttlichem Licht umgeben und blendet meine Augen. Es scheint, als könne ich sein Antlitz nicht ertragen, ohne dabei Schaden zu nehmen. Ich muss an die Geschichte der Verklärung Jesu auf dem Berg Tabor denken:

Und nach sechs Tagen nahm Jesus mit sich Petrus und Jakobus und Johannes, dessen Bruder und führte sie allein auf einen hohen Berg. Und er wurde verklärt vor ihnen und sein Angesicht leuchtete wie die Sonne und sein Kleider wurden weiß wie das Licht …

Als er noch so redete, siehe, da überschattete sie eine lichte Wolke. Und siehe, eine Stimme aus der Wolke sprach: „Dies ist mein lieber Sohn, an dem ich Wohlgefallen habe; den sollt ihr hören".
(Mt 17, 1–2, 5)

In der Mystik aller Religionen haben die Berge ihren festen Platz. Im Christentum sind sie bevorzugte Begegnungsstätten zwischen Gott und den Menschen. Auf dem Berg Ararat landet Noah mit der Arche und als Zeichen des Bundes zwischen dem Schöpfer und den Menschen wölbt sich am Himmel der Regenbogen. Auf dem Berg Sinai erhält Moses von Gott die Tafeln mit den Zehn Geboten, Gesetz und Lebenshilfe zugleich. In der Bergpredigt gibt uns Jesus das Vaterunser und die Seligpreisungen mit auf den Weg durch das Leben. Auf dem Kalvarienberg, der Schädelstätte Golgatha erfüllt sich die Schrift. Das Kreuz Christi markiert in der Auferstehung Ende und Neuanfang zugleich. Auf dem Berg der Himmelfahrt schließlich verheißt uns Jesus: „Siehe, ich bin bei euch alle Tage bis ans Ende der Welt." Wir müssen unseren Weg also nicht allein gehen, wir haben einen Begleiter, selbst in den schwersten Stunden unseres Erdendaseins.
Mir ist, als hätte Gottes Wort hier, im Anblick dieser weiten Bergwelt, noch mehr Energie, mehr Intensität, mehr Strahlkraft. In diesen Regionen, wo sich Himmel und Erde berühren, stellen sich kritische Fragen nach Gott und der Wahrheit nicht. Beim Latzfonser Kreuz ist das für mich besonders deutlich zu spüren. Es wird mir einmal mehr bewusst, wie wichtig es ist, hin und wieder den Takt des Herzens zu überprüfen.
Die Kirche steht wie auf einem Aussichtsbalkon. Je länger ich das grenzenlose Dolomitenpanorama auf mich einwirken lasse, desto mehr Felsnadeln, Kämme und Zacken türmen sich auf. Wollen sie mich auf das Kleine und Unscheinbare aufmerksam machen? Sollte ich mich nicht gleich mit dem ersten Eindruck zufriedengeben, sondern suchen, was gerade deshalb verborgen bleibt, weil es vordergründig so offen vor mir liegt? Heute ist jeder Blick für mich wie das Blättern in einem Bilder-

buch, weil ich mir viel Zeit dafür nehme. Es reift die Erkenntnis, dass es auch hinter dem Horizont noch weitergeht und sich andere, neue Perspektiven ergeben. Ich glaube, ich brauche diese, damit es nicht zu eng wird in meinem Leben. Wenn ich mich im Leben nur an das Sichtbare halten könnte, wäre es tatsächlich beklemmend. Das Wissen, dass Gott für mich da ist, auch wenn ich ihn nicht sehe, ist so eine Perspektive. Sie schafft Mut, sich der Enge und Begrenztheit des Alltags zu stellen, ihn an mich heranzulassen in der ruhigen Gewissheit, nicht allein zu sein.

Aus südöstlicher Richtung zieht sich der alte Pilgerweg von Latzfons herauf. Er führt in knapp drei Stunden über Fahrwege und Grashänge durch den Bergwald zur Klausener Hütte und zum Latzfonser Kreuz. Oberhalb des Hauses flankiert ein Kreuzweg mit 15 Stationen die Strecke von der Hütte bis zum Ziel.

Um es vor Winterschäden zu schützen, bringt Hansjörg Lunger, der Wirt des Schutzhauses, das Kruzifix im Oktober in das Dorf hinunter, in die Kirche St. Peter. Von dort wird der Schwarze Herrgott am Kirchweihtag in einer feierlichen Prozession in die Pfarrkirche St. Jakob überführt. Mitte Juni jedoch kehrt er mit einer großen Wallfahrerschar wieder in sein Sommerquartier zurück. Bereits um fünf Uhr morgens startet der „Gerichtsumgang“, der vier Stunden dauernde Marsch zur Wallfahrtskirche. Zweimal legen die Bittgänger eine Rast ein, bevor sie am Ziel ankommen. Um 9.30 Uhr beginnt die Bergmesse vor der Kirche.

Im Sommer herrscht unter der Kassianspitze reger Betrieb. Neben vielen Einzelwallfahrern kommt in der letzten Juliwoche der Sarner Kreuzgang aus Reinswald und Durnholz herauf und auch der Kirchtag zu Ehren der heiligen Magdalena im Juli erfreut sich großer Beteiligung. In den Monaten Juli, August und September findet jeden Sonntag um 11.00 Uhr die hl. Messe statt.

Der Schwarze Herrgott von Latzfons

Ich sitze noch lange vor der Kirche, lasse die Seele baumeln und schaue wie gebannt auf die Dolomiten mit ihren mächtigen Felsbastionen. Berge wie von einem anderen Stern, ein Festival der Natur und ich darf die Szenerie von meinem Logenplatz aus bestaunen. Gäbe es für mich einmal die Notwendigkeit einer Auszeit, die Situation eines vorübergehenden Ausstiegs von der Alltagshektik, ich glaube, hier am Latzfonser Kreuz, dem höchstgelegenen Wallfahrtsort der Alpen, könnte ich den Verlockungen der Zivilisation einen Bergsommer lang sehr gut widerstehen.

40 Maria Trens

SÜDTIROL

Zeichenkinder

Anfahrt:	Brennerautobahn A 22, Ausfahrt Sterzing, SS 12 bis Maria Trens, Parken bei der Wallfahrtskirche
Ausgangspunkt:	Trens, Wallfahrtskirche
Wegverlauf:	Wallfahrtskirche (997 m) – Weg Nr. 24 über „Gschleng" zum Schloss Sprechenstein (1063 m) – Gasthaus Burgfrieden – Staatsstraße SS 12 (ca. 945 m) – Wallfahrtskirche (997 m); Kompass-WK 56 (Brixen/Bressanone). In der Kirche liegt auch ein Faltblatt über den knapp 6 km langen Weg mit sehr guter Wegbeschreibung auf.
Höhenunterschied:	In Auf- und Abstieg je ca. 260 Hm
Gesamtgehzeit:	ca. 2 Stunden
Anforderung:	Leichte Wanderung
Einkehrmöglichkeit:	Gasthof Burgfrieden
Beste Jahreszeit:	Ganzjährig, bei entsprechender Schneelage

Eigentlich wollte ich mir nur die nach Maria Weißenstein (Tour Nr. 33) wohl bedeutendste Wallfahrtskirche Südtirols ansehen, aber dann macht mich ein Schild auf den „Trenser Pilgerweg" aufmerksam. Ich beschließe, vor der Besichtigung den Rundweg zu gehen und mich so auf die Kirche einzustimmen. Der aussichtsreiche Weg führt zunächst auf einer Forststraße in Richtung Sterzing. Nach deren Ende zweige ich an einer Weggabelung ab zur Ruine Sprechenstein. Über einen Steig geht es hinunter zur Staatsstraße. Hier be-

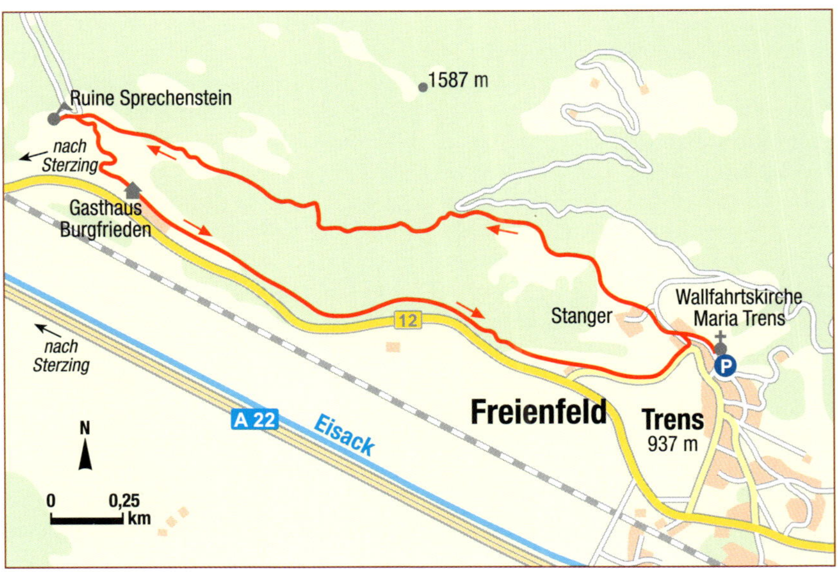

Schon am Ortseingang gut sichtbar – die Wallfahrtskirche Maria Trens

findet sich der erste Bildstock des Pilgerweges.

Die knapp 1000 Bewohner von Maria Trens können sich des besonderen Schutzes der Gottesmutter sicher sein, denn der Ort liegt am Fuße des Höllenkragens, der seit Jahrhunderten für Bergstürze, Lawinenabgänge und Überschwemmungen verantwortlich ist. Der Legende nach fand ein Bauer unter dem Geröll einer Mure eine unversehrte Marienstatue. Er trug sie nach Hause, doch am nächsten Tag war sie verschwunden und fand sich erst nach langem Suchen in der Dorfkapelle neben der Pfarrkirche wieder. Bald fanden sich viele Beter ein und begründeten die Wallfahrt nach Maria Trens. 1345 verlieh Papst Clemens VI. zu Avignon einen Ablass zum Bau der Marienkirche. Gebetserhörungen und unzählige Bittgänge verwandelten Maria Trens bereits hundert Jahre später in einen blühenden Wallfahrtsort. Seither blieb der Ort auf wundersame Weise von allen möglichen Naturkatastrophen verschont.

Der Pilgerweg besteht aus fünfzehn Besinnungsstationen. Bereits ab dem Jahr 1646 führte ein Pilgerweg von Sprechenstein nach Maria Trens. Während des Zweiten Weltkrieges wurde er

Wie so häufig ist auch hier zu lesen: „Maria hat geholfen!"

durch Bombardierungen jedoch größtenteils zerstört. Reste dieses alten Weges verbinden heute die 13. und 14. Station mit der neuen Route.
Nach der langen Autofahrt tritt für mich der Verkehrslärm völlig in den Hintergrund, der Blick auf das Wesentliche schärft sich wieder wie von selbst. Je mehr Stationen ich zurücklege, desto ruhiger werden meine Gedanken und ich bin froh, dass ich mich auf diesen Weg eingelassen habe. Er drängt sich nicht auf, lässt viel Spielraum für eigene Gedanken. Kein Kontrast könnte größer sein als der zwischen der Ruhe der Stationen und dem hektischen Straßenverkehr zuvor. Aus meinem anfänglichen Spaziergang wird tatsächlich ein Weg der Besinnung. Die einzelnen Stationen weisen auf viele wichtige Themen unserer Zeit hin. So rückt für mich an der vierten Station, zu der eigens eine Trinkwasserleitung gelegt wurde, die Bedeutung dieses lebenswichtigen Elements in den Vordergrund. Wir alle brauchen dieses täglich und besonders in den Bergen waren Wasserquellen für die Bevölkerung zu allen Zeiten überlebensnotwendig. Die Station weist aber auch auf unsere Verbindung zu Gott hin, dessen Liebe für uns genauso bedeutsam ist wie lebendiges, gesundes Trinkwasser. Ich muss an das Gespräch am Jakobsbrunnen denken, das Jesus mit der Frau aus Samaria führte:

„Jesus antwortete ihr: Wer von diesem Wasser trinkt, wird wieder Durst bekommen; Wer aber von dem Wasser trinkt, das ich ihm gebe, wird niemals mehr Durst bekommen; Vielmehr wird das Wasser, das ich ihm gebe, in ihm zur sprudelnden Quelle werden, deren Wasser ewiges Leben schenkt." (Joh 4, 13–14)

Es kommt also auf das richtige Wasser an, es reicht nicht, mit „allen Wassern gewaschen" zu sein.

Beeindruckend auch die zehnte Station, die Reiterkapelle, mit einem Bild der Trenser Gottesmutter. Sie wurde aus Dank für die Errettung von feindlichen Reitern erbaut, die einst hier umkehrten und Trens verschonten. Die letzte Station ist das Gnadenbild im Hauptaltar der Wallfahrtskirche. Sie hat „eine einfachedle Haltung und besonders das Haupt der Gottesmutter einen wunderlieben Ausdruck. Wir alle sind gewohnt, das Liebfrauenbild im weiten, reichbestickten Mantel zu sehen; aber lange Zeit stand es mantellos, in seiner schlichten Einfachheit auf dem Altar. Zeiten und Geschmack sind verschieden; vielleicht kommt einmal die Zeit in welcher das Gnadenbild in seiner edlen Schlichtheit wieder geschätzt wird." So beschreibt ein kleiner Kirchenführer die Muttergottes von Trens und erinnert an die Zeit, als es unter wohlhabenden Gläubigen durchaus üblich war, die Figur aus Dank mit prächtigen Kleidern, Kronen und allerlei Pomp zu schmücken.

Die zahlreichen Kerzen und Votivtafeln erzählen von großer Volksfrömmigkeit, lebendiger Wallfahrtstätigkeit und einem großen Einzugsgebiet. Die Mesnerin erzählt mir von vielen Bussen mit Pilgern aus Deutschland und Österreich. Der Volkskundler Dr. Peter Stürz schrieb im Jahr 1978: „Unzählige Menschen aus der nahen Umgebung und aus weiter Ferne sind im Laufe der Jahrhunderte zur Gnadenmutter nach Trens gepilgert. Sie sind gekommen, um in großer leiblicher und seelischer Not Hilfe und Trost zu finden oder nach glücklicher Erhörung ihren Dank abzustatten."

Der Initiator des Trenser Pilgerweges, Pfarrer Neumeier, weiß von erstaunlichen Bräuchen zu berichten. Besonders bei der Geschichte von den „Zeichenkindern" läuft mir ein kalter Schauer über den Rücken. Totgeborene Kinder konnten kein christliches Begräbnis erhalten, weil sie ungetauft waren. Die Angehörigen kamen von weit her, legten die kleinen Leichen auf den Altar unter das Gnadenbild von Trens, massierten und rieben den leblosen Körper. Zuckungen, einen offenen Mund, geöffnete Augen und Hautrötungen deutete man als Lebenszeichen. Auf Grund dieser „Zeichen" holte man schnell einen Geistlichen, der die Taufe durchführte und so ein christliches Begräbnis ermöglichte. Erst im ausgehenden 17. Jahrhundert wurde dieser Brauch seitens der Kirche verboten.

Vor dem Hauptportal der Wallfahrtskirche reicht mein Blick weit über die eisernen Grabkreuze des Friedhofs auf die Berge Südtirols. Was mögen die Menschen in ihrer Angst und Verzweiflung für unsägliche Strapazen auf sich genommen haben, welche allerletzte Hoffnung und Willenskraft hat sie mit ihren toten Säuglingen über das Gebirge bis zur Gottesmutter von Trens getragen? Glaube versetzt Berge, lässt Eis und Steine schmelzen, verwandelt Wüsten in fruchtbares Land und führt uns zur sprudelnden Quelle des Lebens.

41 Maria Waldrast

TIROL

Über die Serles zur Gottesmutter im Lärchbaumstock

Anfahrt:	Brennerautobahn A 13, Ausfahrt Matrei am Brenner, zurück auf B 182 Richtung Matrei bzw. Innsbruck, in Mühlbachl am nördlichen Ortsrand abbiegen zur Mautstraße bis Maria Waldrast. Großer Parkplatz vor dem Kloster
Ausgangspunkt:	Parkplatz vor dem Kloster
Wegverlauf:	Kloster (1638 m) – Serlesjöchl (2384 m) – Serles (2717 m) Rückweg wie Hinweg; Kompass-WK 83 (Stubaier Alpen)
Höhenunterschied:	ca. 1100 Hm
Gesamtgehzeit:	ca. 5½ Stunden
Anforderung:	Mittelschwere Bergtour, ab dem Serlesjöchl ist Trittsicherheit und Schwindelfreiheit erforderlich!
Einkehrmöglichkeit:	Klostergasthof Maria Waldrast
Beste Jahreszeit:	Frühsommer bis Herbst

Die ganze Nacht zucken die grellen Blitze wie Leuchtspuren am Himmel und ein Donnerschlag folgt dem nächsten. Die heftigen Gewitter in den Stubaier Alpen wollen nicht aufhören.
Ich bin sehr spät angekommen in Maria Waldrast, dem Wallfahrtskloster am Fuß der Serles. Stockdunkle Nacht umgibt mich auf dem leeren Parkplatz. Ich muss im Auto übernachten, denn im Klostergasthof brennt längst kein Licht mehr. Mir bleibt nur eine kurze Ruhephase und ich beobachte - eingemummt im Schlafsack - das gewaltige Szenario am Himmel. Meine geplante Tour auf die Serles, den „Altar Tirols", scheint nicht durchführbar, zu gefährlich sind die Gewitter. Der Berg scheint mich heute nicht haben zu wollen. Aber gegen vier Uhr morgens beruhigt sich die Lage etwas und es hört wenigstens auf zu regnen. Unschlüssig über mein weiteres Vorgehen steige ich aus dem Wagen. Der Wind hat spürbar nachgelassen. Soll ich noch einige Stunden hier ausharren, um wenigstens die Wallfahrtskirche zu besuchen oder doch gleich zurückfahren? Aber dann sehe ich zwischen den dicken Wolken, nur für wenige Sekunden, das Gipfelkreuz der Serles und spüre, wie mich eine innere Stimme auffordert: „Probiere es doch, du wirst sehen, es regnet nicht mehr heute und umkehren kannst du ja immer noch." Warum eigentlich nicht? Ich packe kurzentschlossen meine Sachen zusammen und marschiere los.
Die Tour beginnt mitten im Gelände des Klosters. Seit 1621 betreuen die Serviten das Bergheiligtum oberhalb von Matrei am Brenner. Der Orden wurde vor gut 300 Jahren in Florenz von wohlhabenden Kaufleuten gegründet, die sich besonders der Pflege der Marienverehrung widmeten. Doch den Serviten zu Füßen der Serles standen wechselvolle Zeiten bevor. Nach der Zerstörung und Aufhebung der Abtei unter dem Reformkaiser Joseph II. mussten die Mönche Maria Waldrast verlassen und konnten erst 1846 mit dem Wiederaufbau beginnen, der nach langen 42 Jahren vollendet wurde.

Das höchstgelegene Wallfahrtskloster der Alpen – Maria Waldrast am Fuß der Serles

Zur zweiten Aufhebung des Wallfahrtsortes kam es im Jahr 1941, als die Gestapo Inventar und Gebäude beschlagnahmte und die Mönche als Staatsfeinde den „Gau Tirol“ innerhalb von 48 Stunden verlassen mussten. Nach dem Ende des Krieges durften sie zurückkehren und bereits am 17. Juni 1945 fand wieder ein Gottesdienst auf der Waldrast statt.

Unmittelbar am Klosterbrunnen, dessen Wasser heilbringende Wirkung nachgesagt wird, zweigt die Pfadspur zur Serles ab und führt anfangs steil durch den Wald bergauf. Im schmalen Lichtkegel der Stirnlampe tauchen die schemenhaften Umrisse von Bäumen auf, heben sich wie ein Scherenschnitt ab vor meiner einsamen Beleuchtung, weichen wieder zurück in die geheimnisvolle Unsichtbarkeit, um neuen Schattenbildern Vorrang zu geben. Die Spur quert steile Geröllrinnen entlang des Südosthanges der Serles und ich bin froh, als es langsam dämmert. Auch wenn der Himmel mit dichten, schwarzen Wolken droht, kann ich die unzähligen Latschen und deren verschlungene Wurzeln, die den Weg bedecken, schon ganz gut erkennen. Nicht ungefährlich, denn dicht über dem Boden verzweigt, stellt das Gehölz ideale Stol-

perfallen für Morgenmuffel dar. Wer hier falsch „einfädelt", wird Probleme bekommen, alsbald wieder die horizontale Stellung zu erreichen.
Längst habe ich alle Bedenken über das Wetter beiseitegewischt, freue mich unterwegs zu sein und auf meine Eingebung gehört zu haben. Während ich darüber nachdenke, reißt der Himmel einen Spalt auf. Noch immer ist kein Tropfen Regen gefallen, auch wenn sich dort oben dramatische Szenen abspielen. Es wogt der Kampf zwischen Sonne und Wolken hin und her. Immer wieder ziehen Nebelwände in die Serlesgrube, setzen sich vorübergehend fest, werden wieder auseinandergetrieben, dampfen in die Höhe und verdecken die Bergspitzen. Hell gegen Dunkel, Licht gegen Finsternis, Gut gegen Böse, für jeden sichtbar. Könnte es in meinem tiefsten Inneren nicht auch so aussehen, wenn ich unschlüssig bin beim Abwägen von Risiken, gegen eine Versuchung ankämpfe, wenn meine Gedanken hin und her fliegen im Wettstreit der Gefühle? Dann ist es gut, wenn ich wieder auf die Stimme meines Herzens höre, die mich laut und deutlich mahnt, wenn ich sie hören will und ihr Raum gebe. Je öfter ich mich auf sie verlasse, desto selbstverständlicher werde ich ihr folgen und ich weiß, sie wird mich nie auf eine falsche Fährte führen.
Nach den Krüppelholzgewächsen wendet sich der Steig langsam nach rechts und führt zwischen den Felswänden von Lämpermahdspitze und Serles auf steilen Schuttrinnen zum begrünten Serlesjöchl (2384 m). Hier reißt der Nebel urplötzlich und wie bestellt auf. Wie eine Befreiung wirkt für mich die grandiose Aussicht und die schroffen Felsen um mich herum verlieren ihren bedrohlichen Charakter. Es folgt eine steile Felsstufe mit einer senkrechten Eisenleiter, der sich ein kurzer, seilgesicherter Steig anschließt. In vielen Kehren führt die Spur danach mäßig steil den Südwestrücken hinauf. Schließlich sind es nur noch wenige

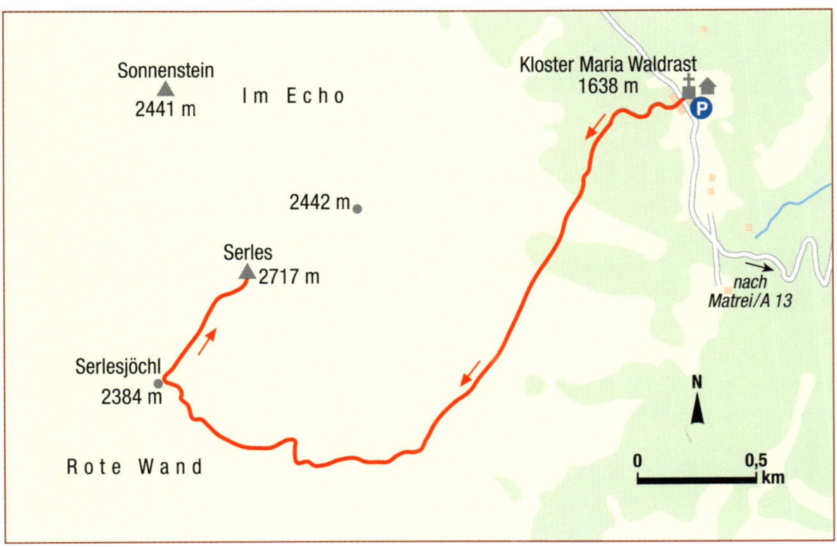

Lohn aller Mühen: Blick vom Gipfel der Serles auf Innsbruck, die Europabrücke und die Nordkette

Minuten über Felsplatten, Geröll, Schutt und einen gefahrlosen Felsabsatz bis zum großen Plateau mit dem riesigen Gipfelkreuz.

Seine isolierte Lage zwischen den Gebirgstälern erhebt die Serles zu einer fabelhaften Aussichtsplattform und die Bezeichnung „Altar Tirols“ klingt nicht mehr übertrieben. Langsam schleicht sich das Gefühl ein, Teil der Landschaft zu sein. Ich fühle mich eingebettet in eine grenzenlose Harmonie von Gipfeln. Der Panoramablick reicht über Karwendelgebirge, Stubaier und Zillertaler Alpen, bis zu den Dolomiten und zum Großvenediger. Im Wipptal vor der großen Stadt Innsbruck ist die elegant geschwungene Europabrücke zu sehen und unter mir das Wallfahrtskloster Maria Waldrast. Ein unglaubliches Hochgefühl macht sich in mir breit, angesichts eines solchen Gipfelblicks. Natürlich weiß ich, dass es mich auch wieder verlassen wird, spätestens auf der Autobahn.

Es kommt leichter Wind auf, der sich irgendwie im Gipfelkreuz verfängt. Er erzeugt einen singenden, melodischen Ton, den ich nicht beschreiben kann. Mir wird plötzlich klar, dass Musik und Stille einander brauchen. Wie können wir die Klänge hören, wenn sie im

Wolken und Sonne kämpfen an diesem Tag um die Vorherrschaft am Himmel.

Lärm des Alltags untergehen? Ich glaube, Stille macht Musik erst möglich.
Nach einer Viertelstunde Rast und Ruhe aber schließt sich mein Gipfelfenster wieder. Der Kampf am Himmel ist entschieden, denn die dichten Wolken haben endgültig die Oberhand über die müde Herbstsonne gewonnen und tauchen die Region über 2500 Meter in tristes Grau. Am „Altar Tirols" wird es ungemütlich kalt.
Beim Abstieg fällt dichter Nebel in die Serlesgrube ein und kriecht bis in den letzten Winkel des Tales hinein. Doch es bleibt trocken. Zum ersten Mal höre ich die Glocken der Wallfahrtskirche, so, als wollten sie mir die Richtung weisen. Ich muss an den Jakobsweg denken. In den kleinen Dörfern läuteten die Kirchenglocken früher stundenlang, so lange, bis bei schlechtem Wetter auch der letzte Pilger vor Einbruch der Nacht sicher die Herberge erreichte. Glocken, die nicht nur die Stunde schlagen oder zum Gebet rufen, sondern auch Orientierung und die Zuversicht des richtigen Weges geben.
Wieder komme ich im Bereich der niederen Krummholzgewächse zu den großen Geröllfeldern und stelle fest, dass sie, auch bei Tageslicht betrachtet, Konzentration beim Gehen erfordern. Auf den schmalen Pfaden, die sie queren, besteht durchaus Abrutschgefahr.

Wie als zusätzliche Mahnung bemerke ich zwischen Latschen und einer Schuttrinne das Gedenkkreuz für Reinhard Heider, der im Jahr 2002 hier verunglückte. Die Inschrift drückt den Schmerz der Hinterbliebenen aus: „Dein Herz schlug das letzte Mal an diesem Ort. Hier hast du diese Welt verlassen, hier gingst du fort". Kalter Schauder läuft mir über den Rücken und angesichts solcher Worte wird mir wieder einmal bewusst, wie jäh das Glück in den Bergen zu Ende sein kann.

Nach insgesamt fünfeinhalb Stunden kann ich zwischen den Bäumen erstmals die rosafarbene Vorderfront der Kirche erkennen. Der Wallfahrtsort liegt inmitten ausgedehnter Bergwälder und herrlicher Almböden. Der Parkplatz hat sich mittlerweile gut gefüllt. Die Masse der Besucher bewegt sich zwischen dem Kloster und der 300 Meter entfernten Auffindungskapelle hin und her.

Die Legende erzählt von den Hirtenbuben Johann und Peter aus Mützens, die zu Ostern im Jahr 1407 auf dem Waldrastjöchl ein etwa ein Meter hohes Bildnis der Madonna mit dem Jesuskind fanden, das aus einem Lärchenbaumstock herauswuchs. Männer aus der Gegend sägten die Statue aus dem Stamm und brachten sie nach Matrei hinunter. 22 Jahre später vernahm der Holzhacker Christian Lusch aus Mühlbachl eine Stimme, die ihn mehrmals aufforderte, eine Kapelle auf der Waldrast zu bauen. Am dritten Pfingsttag wurde ihm aufgetragen, auf den Berg zu steigen, wo ihm die richtige Stelle gezeigt würde. In der Nacht kam dort Glockengeläut auf und der Mann sah eine Frau mit langem, weißem Gewand, die ein Kind auf dem Arm trug. Als die Erscheinung wieder verschwunden war, markierte er die genaue Stelle, an der schließlich das erste Kirchlein in der Almmulde erbaut wurde.

Alsbald ereigneten sich erste Marienwunder und die Waldrast wurde zu einem beliebten Wallfahrtsort. Nach und nach entstanden Unterkünfte für einen Kaplan und einen Mesner. Im Jahr 1489 errichtete man eine Herberge für Pilger. Ab dem Jahr 1515 wurde mit dem Bau der zweiten Kirche begonnen und 1621 schließlich kamen die Serviten nach Maria Waldrast.

Als ich die Kirche betreten will, ist gerade ein Wallfahrergottesdienst zu Ende. Ganze Scharen von Menschen strömen ins Freie. Nach der Einsamkeit der Serles irritiert mich die Unruhe und ich versuche, die Stille bei der Muttergottes wiederzufinden.

Im Deckenfresko über dem Chor wird die legendäre Auffindung des Gnadenbildes dargestellt. Je länger ich dieses Bildnis betrachte, desto stiller wird es in mir und ich erkenne, dass Stille weit mehr sein kann, als nur die Abwesenheit von Lärm und Hektik, mehr als Erholung beim Lesen und Spazierengehen. Stille ist einfach da, kommt auf mich zu, geschieht einfach. Stille beginnt, wenn ich bereit bin, Gott zu begegnen, dem Gott, der selbst in der Stille der Heiligen Nacht auf die Welt gekommen ist.

Als ich zurück zum Parkplatz gehe, schaue ich noch einmal hinauf zur Serles. Plötzlich, wie am Morgen, treiben die Wolken auseinander und das mächtige Gipfelkreuz ist für einige Sekunden zu sehen, dann hüllen es die Nebel sogleich wieder ein. Was für ein Abschied von der Waldrast! Gut, dass ich auf meine innere Stimme gehört habe ...

42

TIROL

Heiligwasser

Einkehr für Leib und Seele

Anfahrt:	Inntalautobahn bis Ausfahrt Innsbruck Ost, über den Südring bis zum Eisstadion, hier links abbiegen, über Igls nach Patsch bis zur Römerstraße. Links abbiegen zum Parkplatz auf der rechten Seite
Ausgangspunkt:	Parkplatz nach Abzw. Römerstraße
Wegverlauf:	Parkplatz (ca. 1100 m) – Abzweigung nach Heiligwasser – Teerstraße bis zur Wallfahrtskirche (1250 m); Kompass-WK 036 (Innsbruck und Umgebung)
Höhenunterschied:	ca. 200 Hm
Gesamtgehzeit:	ca. 30 Minuten
Anforderung:	Leichter Spaziergang auf der Teerstraße
Einkehrmöglichkeit:	Alpengasthof Heiligwasser
Beste Jahreszeit:	Ganzjährig
Tipp:	Der Wallfahrtsort ist auch mit der Patscherkofel-Seilbahn ab Igls erreichbar (Fahrt bis zur Mittelstation, anschl. kurzer Fußweg)

Nein, fotografieren dürfe ich sie nicht. Ihre alte Schürze sei dreckig und ihre Haare ganz zerzaust und stünden außerdem kreuz und quer in die Luft. Die alte Wirtin vom Gasthof Heiligwasser wird ganz ungehalten, als ich sie frage, ob ich ein Foto von ihr machen dürfe. Dabei haben wir uns ganz gut unterhalten und über Gott und die Welt gesprochen. Wir sitzen schon eine ganze Weile auf der Bank neben dem Brunnen, aus dem das heilige Wasser fließt, das dem Wallfahrtsort seinen Namen gibt.

Nur gut dreißig Minuten war ich vom Parkplatz oberhalb von Igls unterwegs, auf der steilen, für den Autoverkehr gesperrten Teerstraße nach Heiligwasser. Deutlich hebt sich das weiße Gebäudeensemble mit der Wallfahrtskirche und dem Gasthaus vom dunklen Grün des Bergwaldes ab. Hier, auf einer Höhe von 1250 Metern, bietet sich dem Betrachter ein schöner Blick auf Innsbruck und seine umliegenden Berge.

Von der Bank neben dem Brunnen kann ich gut auf das Gemälde über dem überdachten Haupteingang der Wallfahrtskirche sehen. Es erzählt die Ursprungslegende aus dem Jahre 1606 von der Entstehung des Gnadenortes. Das Bild zeigt die gekrönte Gottesmutter als Königin des Himmels im hellen Lichtschein mit rotbraunem Kleid und blauem Mantel, daneben das Jesuskind und zwei Hirten.

Johann und Paul Mayr, zwei Bauernbuben aus Igls, zwölf und vierzehn Jahre alt, plagte großer Kummer, denn beim Hüten des Weideviehs in den steilen Hängen am Fuße des Patscherkofels waren ihnen ein halbes Dutzend Rinder abhandengekommen. Nach stundenlanger, vergeblicher Suche und in größter Verzweiflung wandten sie sich schließlich an Maria. Plötzlich, mitten im Wald, umgab sie ein heller Lichtschein. Gestalten, die einen langen Wallfahrerzug bildeten, zogen durch wegloses Gelände. Als die Kinder an den Platz kamen, an dem sich heute die Kirche befindet, stand dort eine wunderschöne Frau mit einem Knaben an

Etwas oberhalb Innsbrucks an den unteren Hängen des Patscherkofels liegt Heiligwasser.

der Hand. Zu ihren Füßen entsprang eine frische, singende Quelle, die es zuvor dort nicht gegeben hatte. Die Frau wies den Hirten den Weg zu ihren verlorenen Tieren und sprach die Bitte aus, man möge ihr zu Ehren an der neuen Quelle eine Kapelle errichten. Dann beugte sie sich noch mit ihrem Kind über die neu entsprungene Quelle und beide segneten diese mit ihren schneeweißen Händen. Die Buben trauten sich jedoch nicht von der Erscheinung zu erzählen und behielten ihr Geheimnis für sich. Einer von ihnen kam immer wieder an den mystischen Ort bei der Quelle zurück. Im Jahr 1651, nach fast 50 Jahren, nahm er einen kleinen Jungen aus der Nachbarschaft mit, der von Geburt an stumm war. Der Legende nach begann dieser an der Quelle plötzlich zu sprechen und Maria zu loben. Nun brach der Mann sein Schweigen und berichtete über sein lange gehütetes Geheimnis von der Marienerscheinung. Die Kunde von den wundersamen Begebnissen verbreitete sich wie ein Lauffeuer und bald zogen viele Wallfahrer zu einem „Taxbaum" oder „Muttergottesbaum" bei der Quelle, an dem vermutlich ein Marienbild hing.

Der rege Zustrom von Pilgern veranlasste den Prämonstratenserabt Dominikus Löhr aus dem Stift Wilten im Jahre 1661 zum Bau einer gemauerten Kapelle und eines Mesnerhauses. Durch seine Lage an der heiligen Quelle kam der Gnadenort auch zu seinem Namen, in der Bezeichnung „ad sacrum fontem". Ein Jahr später brachten die Prämonstratenser eine gotische Madonna aus ihrem Kloster und feierten den ersten Gottesdienst. 1665 weihten sie den heiligen Platz „in honorem sanctissimae virginis ad nives", der heiligsten Jungfrau zum Schnee, dem Abbild der Gottesmutter von Santa Maria Maggiore in der bedeutendsten Marienkirche Roms. Die Wallfahrtskirche gehört seit jeher zur Urpfarre Patsch und somit zum Stift Wilten, das heute mitten in Innsbruck liegt, nur wenige Minuten von der Altstadt entfernt. Unter der Leitung der Prämonstratenser-Chorherren wurden auch viele Um- und Anbauten und Verschönerungen durchgeführt, zuletzt im Jahre 1990. Den Mönchen ist es auch zu danken, dass es den Gnadenort heute überhaupt noch gibt, denn zur Zeit der rigorosen Auflassung und Zerstörung der Wallfahrtsorte und Kirchen unter dem knallharten Reformer Kaiser Joseph II., drohte auch Heiligwasser die Spitzhacke. Doch ein Attest, von den Wiltener Mönchen in Auftrag gegeben, bestätigte die heilende Wirkung des Quellwassers und verhinderte gerade noch den Abbruch.

Bereits im Jahre 1138 kamen die Prämonstratenser, die nach den Regeln des hl. Augustinus leben, nach Wilten und ließen sich am Fuße des Bergisels nieder. Bis heute ist das Stift ein bedeutendes geistiges Zentrum geblieben, das in vielen Gemeinden des Innsbrucker Raums auch für die Pfarrseelsorge zuständig ist.
Seitdem anlässlich der letzten Großrenovierung auch der Bergwald vor den Gebäuden gerodet wurde, um mehr Sonnenlicht an das Mauerwerk zu lassen, ist Heiligwasser gut von Innsbruck aus zu sehen und lockt Ausflügler in ständig steigender Zahl an. Daran dürfte aber auch die Familie Thurnbichler nicht ganz unbeteiligt sein, die seit Generationen das Gasthaus neben der Wallfahrtskirche bewirtschaftet und die köstlichsten Speisen auf die Teller zaubert. Einen fast schon legendären Ruf genießen die hausgemachten Kuchen und der Kaiserschmarrn der alten Wirtin. Sie macht dem Mehlspeisenland Österreich alle Ehre. Zusammen mit der wunderbaren Aussicht und der

kleinen, freundlichen Wallfahrtskirche stellt das Gasthaus eine ideale Verbindung von Leib und Seele dar.

Zu den schönsten Erlebnissen an den vielen Gnadenorten, die ich besucht habe, zählen immer wieder Begegnungen und Gespräche mit Menschen, die in direkter Beziehung zu den heiligen Plätzen stehen. Ordensbrüder, Nonnen, Mesner oder wie hier, die Wirtin vom Gasthaus Heiligwasser. Interessant zu erfahren, wie diese Beteiligten die vielen Wallfahrten erleben. Die alte Frau erzählt von der Mühe, die es ihr manchmal machte, wenn nach dem Gottesdienst alle Bittgänger fast gleichzeitig ins Gasthaus kamen und ihre verschiedenen Wünsche erfüllt haben wollten. Aber sie habe es immer als ihre Aufgabe angesehen, auf diese Weise ihren Beitrag zu einer gesegneten Wallfahrt zu leisten. Neben dem Weg, gemeinsamen Beten und Singen, gehören eben auch Einkehr und Geselligkeit zu einem gelungenen Bittgang.

Urplötzlich steht die alte Wirtin auf und verlässt mich in Richtung des Kreuzweges nach Patsch. Dabei hebt sie beschwörend den Zeigefinger. „Nicht fotografieren“, sagt sie streng und löst sich nach und nach in der Dunkelheit des Hohlweges auf. So ganz traut sie mir wohl doch nicht.

Im Vorraum der Kirche listet ein kleiner Zettel die vielen Wallfahrten auf, die von Mai bis Oktober nach Heiligwasser ziehen. Es herrscht reger Betrieb und alle Pfarrgemeinden aus der Umgebung sind daran beteiligt. Jeden Samstag findet außerdem um 9.00 Uhr die hl. Messe statt, die in der Regel von den Mönchen aus Wilten zelebriert wird.

Noch ein paar kräftige Schluck vom eiskalten Wasser des heiligen Brunnens, dann trete ich den Rückweg zum Parkplatz an. Dabei nehme ich eine Abkürzung durch den Bergwald. Zwei Tiroler Bergwanderer, die zum Patscherkofel unterwegs sind, erzählen mir die Geschichte vom „Heiligwasseresel“. Ich habe auch davon gelesen, wollte die Erzählung aber nicht so recht glauben. Das berühmte Grautier soll regelmäßig von Heiligwasser nach Innsbruck heruntergetrabt sein, um in der Stadt einzukaufen. Zielsicher habe sich der Esel zwischen den Geschäften bewegt und immer vorgedrängt. Einem Professor soll er im Gasthaus sogar das Brot vom Teller gefressen haben. Nachdem die Tragkörbe mit den Waren von den Einkaufszetteln gefüllt waren, machte sich das schlaue Tier wieder auf den Heimweg. Es muss wohl doch was dran sein an diesem „Heiligwasseresel“, denn die beiden Männer schwören Stein und Bein auf den Wahrheitsgehalt ihrer Geschichte.

Blick in das kleine Wallfahrtskirchlein

Literatur- und Quellennachweis

Abeln, Reinhard - Kner, Anton, Freier Tag oder Feiertag, Freiburg 2000

Adam, Adolf, Sinn und Segen des Sonntags, Leutersdorf 2001

Andergassen, Leo, Die Kirchen von Kurtatsch, Bozen 2006

Bauer, Christoph, Dr., Textbeitrag über Mirakelbücher, Südostbayerische Rundschau, Tittmoning 2008

Birnbacher, Korbinian - Brugger, Walter u. a., Wallfahrtskirchen: Ein Führer zu den Wallfahrtskirchen in der EuRegio Salzburg - Berchtesgadener Land - Traunstein, Berchtesgaden 2007

von Bomhard, Peter, Sachrang, Prien am Chiemsee

Breitenbach, Roland, Pilgern - Den eigenen Weg finden, Freiburg 2009

Brucker, Walter, Wallfahrtskirche Maria Ettenberg, Ottobeuren 1995

DAV-Sektion Berchtesgaden, 125 Jahre Funtenseehaus, Berchtesgaden 2004

Demmel, Fritz, Birkenstein, Passau 2005

Dengg, Michael - Brettenthaler, Josef, Lungauer Volkssagen, Salzburg 1957

Dermühl, Peter - Westermann, Michael, Die schönsten Wallfahrtsorte, Kraftquellen in Bayern, Böhmen, Österreich und Südtirol, Augsburg 2007

Dünser, Oskar M. Prior Fr., Wallfahrtsort Maria Waldrast, Salzburg 2005

Fohrer, Eberhard, Venetien, Erlangen 2005

Glaser, Theodor, Bergpredigten, Rosenheim 2005

Göttl, Bertl, Der Salzburger Jahreskreislauf, Lostage, Kräuter und Heilige, Salzburg 2001

Gondola, Vasco Senatore, Der Wallfahrtsort Madonna della Corona, Verona 2010

Graber, Georg, Sagen aus Kärnten, Graz 1941

Gruber, Karl, Kirchenführer Schnals, Lana 2004

Gruber, Karl, Südtiroler Wallfahrten, Bozen 1989

Grün, Anselm, Der Himmel beginnt in dir, Freiburg 2000

Grün, Anselm - Altmann, Petra, Klarheit, Ordnung, Stille, München 2009

Hartlieb, Gabriele - Quarch, Christoph - Schellenberger Bernardin, Spirituell leben, Freiburg 2006

Hartwagner, Siegfried Dr. - Ehrensdorfer, Ina, Pfarrkirche Heiligenblut, Ried im Innkreis 2004

Häfner, Johann, Dürrnberger Liebfrauenbüchlein, Salzburg 1888

Häfner, Johann - Kriss, Rudolf, Sitte und Brauch im Berchtesgadener Land, Berchtesgaden 1998

Heyl, Johann Adolf, Volkssagen, Bräuche und Meinungen aus Tirol, Brixen 1897

Hutter, Clemens, Arnoweg - Der Salzburger Rundwanderweg, München 1999

Hutter, Clemens, Pilgerwege im Salzburger Land, Innsbruck 2007

Jedlicka, Katja - Thümmel, Erika, Wallfahrtsbasilika Mariazell, Ried im Innkreis 2007

Kemp, Cornelia - Bartl, Edith, Religiöse Sinnbilder, Freilassing 1982

Kohlhaupt, Paula, Alpenblumen - Farbige Wunder Teil I + II, 1963/64

Kostenzer, Helene und Otto: Alte Bauernregeln, Rosenheim 2003

Lahnsteiner, Josef, Unterpinzgau, Zell am See, Taxenbach, Rauris, Eigenverlag Hollersbach 1980

Laireiter, Matthias, Heimat Großarl, Eigenverlag 1987

Lang, Johannes, Geschichte von Bad Reichenhall, Neustadt/Aisch 2009

Lennartz, Monika, Gnadenkindl - Jesuswallfahrten in Bayern und Österreich, Begleitbuch zur Ausstellung an Weihnachten 2003 in Salzburg

Lohmann, Michael, Bergwiesen und Almen-Natur erleben, Ravensburg 1991

Mandl, Franz, Almen im Herzen Österreichs - Dachstein, Niedere Tauern, Salzkammergut, ANISA, Verein für alpine Felsbild- und Siedlungsforschung, 2003

Mayer, Reinhold, Haunsbergdenkmäler, Obertrum/Salzburg 2008

Mayr, Eresta SR., Mein Birkenstein, Passau 2007

Melchers, Erna und Hans, Das große Buch der Heiligen, Gütersloh 1978

Miller, Bonifaz, Weisung der Väter - Apophtegmata Patrum, Trier 2003

Müller, Peter, Die Seele laufen lassen, München 2004

Nationalpark Berchtesgaden Forschungsbericht 30, versch. Autoren, Die Wallfahrt über das Steinerne Meer, Berchtesgaden 1994

Nationalpark Berchtesgaden, Das höchste Leben, Almwirtschaft im Berchtesgadener Land, Berchtesgaden 2004

Neuhardt, Johannes, Maria Kirchental, Salzburg 2007

Neuhardt, Johannes, Wallfahrten im Erzbistum Salzburg, München-Zürich 1982

Neuhardt, Johannes, Salzburger Volkskultur, 34. Jahrg., Salzburg, Novemberheft 2010, hier: Glaube und Aberglaube - Nachlese zur Sonderschau im Dommuseum zu Salzburg, Sommer 2010

Nouwen, Henri J. M., Ich hörte auf die Stille, Freiburg 2001

Österreichisches Bundesdenkmalamt, Die Kunstdenkmäler Österreich, Dehio-Handbuch Salzburg, Wien 1986

Österreichisches Bundesdenkmalamt, Die Kunstdenkmäler Österreich, Dehio-Handbuch Tirol, Wien 1980

Pausch, Johannes - Böhm, Gert, Such dir deinen Himmel, München 2004

Pötscher, Augustinus M. P. Dr., Maria Luggau, Kärnten, 2005

Rampold, Josef, Vinschgau, Bozen 1974

Rampold, Reinhard, Die Wallfahrtskapellen Klobenstein, Innsbruck 2007

Renk, Anton, Kraut und Ruebn - Kleine Geschichten aus Tirol, Linz 1904

Rosenegger, Josef - Molodovsky, Nikolai: Wallfahrten zwischen Inn und Salzach, Freilassing 1985

Sänger, Das Geheimnis von Loreto, Heimatblätter Reichenhaller Tagblatt, Bad Reichenhall 2009

Schaumann, Gabriele und Walther, Unterwegs vom Pustertal zum Plöckenpass. Auf den Spuren der Karnischen Front, 1915-1917, Klagenfurt 2003

Schemmann, Christine und Karlheinz, Wallfahrten im Gebirge, München 1991

Schinzel-Penth, Gisela, Sagen und Legenden um das Berchtesgadener Land, Frieding, 1982

Schmid, Elmar, St. Bartholomä am Königssee, München 1994

Schönlaub, Hans P., Vom Urknall zum Gailtal, Hermagor 1991

Schrott, Balthasar, Das Latzfonser Kreuz, Bozen 1978

Schwarz, Erica - Baumann, Ernst, Berchtesgaden, Freilassing 1982

Seewald, Peter, Die Schule der Mönche, Freiburg 2001

Spiegel-Schmitt, Alfred, Textbeitrag im Berchtesgadener Heimatkalender 2001, Berchtesgaden

Stary, Othmar P., Benediktinerabtei Seckau, Eigenverlag 1999

Suppan, Placidus P., Wallfahrtskirche Frauenberg (Hrsg.), Pfarr- und Wallfahrtskirche Mariä Opferung Frauenberg bei Admont, Eigenverlag 2004

Thöni, Matthias, Die Marienwallfahrt zu den hl. Drei Brunnen in Trafoi, Selbstverlag 2005

van Saucken, Paolo Caucci (Hrsg.), Pilgerziele der Christenheit, Jerusalem - Rom - Santiago de Compostela, Stuttgart 1999

Weidl, Reinhard, Wallfahrtskirche Maria Gern, Salzburg 2007

Werner, Richhilde und Paul, Der bayerische Heiligenhimmel - Frommer Brauch im Jahreslauf, Berchtesgaden 2003

Wieser, Anton, Der Weg über die heiligen Berge, Eigenverlag

Winding, Norbert, Hochgebirge, Hohe Tauern - Großglockner, Salzburg 1995

Wölger, Martha, Steirische Mess, Graz-Wien 1975

Wolf, Notker, Gott segne Sie, Reinbek 2009

Wolfsgruber, Karl, Die Kirchen von Tramin, Bozen 1992

Zaisberger, Frederike - Hörmann, Fritz (Hrsg.), Frieden-Schützen 1809-2009, Werfen-Golling 2009

Zierl, Hubert, Der Eigensinn der Schöpfung, Salzburg-München 1995

Ortsregister

Abbildungsnachweis

S. 13: Fotolia
S. 15: Tourismusverband Alpenregion Tegernsee – Schliersee, Rudolf Baier
S. 16: Tourismusverband Alpenregion Tegernsee, Tourismusinformationsbüro Fischbachau
S. 19: Tourismusverband Kitzbüheler Alpen, Walter Schroll
S. 21: Tourismusverband Kitzbüheler Alpen, Stefan Astner
S. 49: Tourismusverband Salzburger Saalachtal
S. 52: Tourismusverband Salzburger Saalachtal
S. 68: Wikipedia
S. 71: Tourismusverband Berchtesgadener Land
S. 87: Pfarrverband Dienten-Embach-Lend
S. 93: Tourismusverband Mondsee
S. 95: Tourismusverband Wolfgangsee
S. 96: Tourismusverband Wolfgangsee
S. 113: Tourismusverband Lungau
S. 115: Tourismusverband Mariapfarr
S. 119: Wikipedia
S. 123: Tourismusverband Mariazeller Land
S. 127: Tourismusverband Mariazeller Land
S. 129, 133, 145, 147, 148: Wikipedia
S. 151: Archiv Consorzio di Promozione Turistica del Tarvisiano
S. 161: Wikipedia
S. 169: Fotolia
S. 181: Fotolia
S. 183: Wikipedia
S. 187: Fotolia
S. 201: Fotolia
S. 219: Hubert Gogl
S. 225, 227: Stift Wilten/Reinhold Sigl

Alle übrigen Fotos stammen vom Autor. Sollten Sie im Abbildungsnachweis einen Irrtum entdecken, bitten wir um Hinweise an den Verlag. Allfällige Ansprüche werden gerne nachträglich abgegolten.